Die Gegenwendigkeit der Störung

Markus Rautzenberg

Die Gegenwendigkeit der Störung

Aspekte einer postmetaphysischen Präsenztheorie

diaphanes

1. Auflage
ISBN 978-3-03734-073-8
© diaphanes, Zürich-Berlin 2009
www.diaphanes.net
Alle Rechte vorbehalten

Umschlagzeichnung: Nikolai Franke
Satz und Layout: 2edit, Zürich
Druck: Majuskel, Wetzlar

Inhalt

I. Einleitung

1. Ausgangspunkt Medientheorie

Die Medientheorie steht heute nach einem nunmehr schon fast zwanzig Jahre anhaltenden Boom an einem Wendepunkt der über die philosophische Valenz der Medienkategorie selbst entscheiden könnte. Es geht dabei um nichts weniger als um die Frage, ob die inzwischen stark diversifizierte Mediendebatte mehr oder weniger nur eine dem Phänomen Computer geschuldete, intellektuelle Modeerscheinung ist oder ob mit dieser Kategorie wirklich eine neue Perspektive eröffnet werden konnte. Immer vernehmlicher werden diejenigen Stimmen, die dem Medienbegriff endlich feste Konturen geben wollen und eng umrissene Definitionen anmahnen, die es dann erlauben sollen, wieder »zu den Sachen selbst« zu gelangen. Die Ungeduld, die bei diesen Versuchen etwa bei Lambert Wiesing oder Matthias Vogel zu spüren ist, verdankt sich einer starken Ausdifferenzierung der Medientheorie, die für deren Kritiker bereits in eine »Entgrenzung« des Medienbegriffs umgeschlagen ist.

Die folgenden Ausführungen gehen demgegenüber davon aus, dass das große Verdienst der Medientheorie darin besteht, ein Theoriefeld eröffnet zu haben, das kein Mittel zum Zweck ist (etwa verbindliche Definitionen zu produzieren), sondern eine im Kern *philosophische* Suchbewegung angestoßen hat, die *als solche* von Bedeutung ist. Dass es bis heute keine kanonische Antwort auf die Frage »Was ist ein Medium?« gibt, mag bisweilen frustrieren, kann jedoch nicht als Argument gegen die Medientheorie angeführt werden, denn hier sind nicht Antworten oder Definitionen von Bedeutung, sondern die *Formen des Fragens* selbst. Aufgrund dessen wird im Folgenden auch nicht versucht, den bereits existierenden Medienbegriffen einen neuen hinzuzufügen. Vielmehr geht es um einige Grundlagen eines *möglichen* Medienbegriffs, der weder auf die agonale Konfrontation, noch auf eine die Differenzen nivellierende Synthese der bereits vorhandenen Medientheorien abzielt. Dabei ist natürlich nicht zu vermeiden, dass Konzeptionen dessen, was ein Medium sei, immer schon implizit vorausgesetzt sind.

Inzwischen haben sich innerhalb der Medientheorie selbst die Fronten weitgehend verhärtet: Den Positionen des Medienapriori, die den Begriff des Mediums zusehends in jene Vakanzstelle einrücken lassen, die das durch den Poststrukturalismus entthronte cartesianische Subjekt hinterlassen hat, stehen jene Theorien gegenüber, die diesen Begriff am Vorbild des Zeichens orientieren und somit marginalisieren wollen. Während innerhalb letzterer Position vergessen wird, dass die Bedeutung des Medienbegriffs gerade in seiner *Differenz* zum Zeichenbegriff besteht, kulminiert erstere in einem Absolutheitsanspruch von Medien*technologien*, welche die Friktionen und Diskontinuitäten auch der Mediengeschichte außer Acht lässt. Um diese Gefahren der Verkürzung zu vermeiden, ist es daher eine wichtige Motivation dieser Arbeit Medienvollzüge und Zeichenprozesse nicht reduktiv aufeinander zu beziehen.

Ein weiteres kommt hinzu: Im selben Maße, wie das kulturwissenschaftliche Interesse an Phänomenen der Präsenz, Materialität und Performativität seit Anfang der achtziger Jahre stetig gewachsen ist, sinkt der Stern der Semiotik zusehends. Semiotik sei, so die weitgehend vorherrschende These (Steiner, Gumbrecht, G. Böhme, Mersch), gegenüber Phänomenen der Präsenz, Performativität und Materialität letztlich defizitär, da ihr eben genau das entgehe, was Zeichenprozesse überhaupt erst konstituiert. Eben das war auch die Ur-Intuition avancierter Medientheorie, wie sie etwa im Topos der »Materialität der Kommunikation« zu erkennen ist.

Dass sich bei dieser Argumentation der blinde Fleck der Beobachtung jedoch nur um eine Stelle verschiebt, wird derzeit innerhalb der Medientheorie zum Problem, was eine symptomatischen Bewegung innerhalb der sich ausdifferenzierenden Theoriebildung nach sich zieht. Momentan zeichnet sich nämlich die Tendenz ab, Medien und Medialität überhaupt der Ebene des Symbolischen zuzuordnen (ein Punkt den selbst ansonsten so unterschiedliche Ansätze wie die Dieter Merschs, Hartmut Winklers und Lambert Wiesings gemeinsam haben), was jedoch genau jene Qualität aus der Diskussion heraussubtrahiert, die ursprünglich das Interesse an Phänomen des Medialen motiviert hat, *nämlich die Liminalität des Mediums zwischen Wahrnehmungs- und Zeichenprozessen, zwischen aisthesis und semiosis.* Auf diese Weise beginnt jetzt das, was im Folgenden von mir »postmetaphysische Präsenztheorie« genannt wird, die Medientheorie aus denselben Gründen zu erodieren, wie diese seinerzeit die Semiotik und Semiologie.

Es ist zudem bemerkenswert, wie innerhalb eines historischen Zeitraums, in dem sich digitale Medien aus den Labors und Universitäten heraus zur Alltäglichkeit entwickelt haben, gleichzeitig eine geisteswissenschaftliche Richtung entsteht, die den Präsenzaspekt ins Zentrum der Aufmerksamkeit rückt. Diese Ausrichtung hin zu Präsenzphänomenen stellt Aspekte in den Mittelpunkt der Aufmerksamkeit, die im Zeitalter des Digitalen im Verschwinden begriffen zu sein scheinen. Diese Verschwindensrhetorik, die von Autoren wie Jean Baudrillard, Paul Virilio oder auch Neil Postman als Schreckgespenst gepflegt wird, beinhaltet die bekannten Topoi des »Verschwindens des Köpers« oder der »Simulakra«. Den kulturpessimistischen Kern dieser Thesen bringt Dieter Mersch auf die prägnante Formel:

>»Die Abenteuer des Realen scheinen sich restlos in die Simulation verflüchtigt zu haben: Es herrscht das Imaginäre, das Phantasma, die unendliche Wiederholbarkeit, die das Ganze des Seienden in lauter Gespinste aus kalkulierbaren und manipulierbaren Texturen verwandeln.«[1]

Dieser immernoch vorherrschenden Beurteilung digitaler Medien liegt die Vorstellung des Computers *als Rechenmaschine* zugrunde, die, als kybernetische Monade und Triumph »instrumenteller Vernunft« (Horkheimer) seit Descartes und Leibniz, den Menschen in absehbarer Zeit überflüssig mache. Einen der extremsten Standpunkte dieser Art vertritt sicherlich der amerikanische Robotik-Experte und Direktor des *Mobile Robots Laboratory* an der Universität Pittsburgh, Hans Moravec, in dessen »Mind Children: The Future of Human Intelligence«, er sogar die These vertritt, dass das menschliche Nervensystem inklusive Gehirn in nicht allzu ferner Zukunft verlustfrei auf Festplatten speicherbar sei.[2] Friedrich Kittlers an Lacan geschultes Technikapriori ist ein weiteres, wenn auch sehr viel ernster zu nehmendes Beispiel.

Dieser im Falle Moravecs radikal-cartesianischen Interpretation digitaler Medien, die, wenn auch wesentlich subtiler, noch in den Interpretationen des Digitalen von Baudrillard bis Steiner zu spüren ist, steht jedoch die alltägliche Erfahrung des Mediengebrauchs gegenüber. Angesichts navigierbarer Polygonräume mit *force-feedback*

---

1   Mersch 2002b, S. 22.
2   Vgl. Moravec 1988.

interfaces vom medizinischen Operationsroboter bis zum »Dual-Shock-Pad« von Sonys *Playstation*; in der Interaktion mit Hypertext, DVD-Menüs, *computer aided design* oder in den Techniken der *digital cinematography*, die mit Film und Fotografie medientechnisch nicht mehr viel gemein haben, zeigt sich eine mediale Praxis, die nicht mehr nur rezeptiv, sondern *immersiv* verfährt. Für Immersion, das Eintauchen (lat. *immersio*) in Zeichenwelten, ist jedoch gerade eine somatisch-aisthetische Involviertheit konstitutiv, während man es gleichzeitig; von der Binärebene bis hinauf zum *graphical user interface* (GUI), natürlich immerzu mit Zeichenprozessen zu tun hat. Das bedeutet, dass im Medium Computer eine Koinzidenz sich scheinbar ausschließender Ebenen zu beobachten ist, welche die Theorie nachhaltig irritiert. Die Anatomie dieser Irritation, die in Kapitel drei und vier in den Begriffen der *ekstasis des Realen* und der *Störung* verdichtet wird, bildet das neuralgische Zentrum dieses Buches, das den Eigenlogiken medialer Vollzüge im Spannungsfeld von *aisthesis* und *semiosis* gewidmet ist. Die dort gewonnene Begriffsarmatur wird dann im letzten Kapitel auf digitale Medien zurückbezogen.

2. Die Gegenwendigkeit der Störung

Es gehört zum eigentümlichen Charme von »How to do things with words«, dass John Langshaw Austin seinem Grundlagentext der Sprechakttheorie die Gestalt einer ironischen Anleitung zur richtigen Verwendung von Sprache in Form *eines Kompendiums von Fehlschlägen und missglückten Sprechakten* gegeben hat. Der Erfindungsreichtum, den Austin dabei an den Tag legt, ist geradezu legendär. Es wimmelt von getauften Pinguinen, Pferden, die in Ehrenämter erhoben, bedauernswerten Erbtanten, denen diabolische Fallen gestellt werden usw.; Beispielen also, in denen eine zuvor aufgestellte Regel ad absurdum geführt und damit die Fragilität eines jeden Sprechaktes aufgezeigt wird. Das hat bei Austin Methode. Eine Methode allerdings, die hier im Einzelnen nicht referiert werden soll,[3] deren zugrunde liegende Intention allerdings deswegen von besonderer Bedeutung ist, weil sie einen entscheidenden Anstoß für alles Folgende

---

3   Vgl. hierzu Felman 1983 und Krämer 2001, S. 135–154.

liefert und direkt ins Zentrum des Problemkomplexes der »Störung« führt.

Austin geht es um die »Klärung aller möglichen Formen und Spielarten des etwas nicht ganz regelrechten Tuns«,[4] um zu verstehen, *was es eigentlich heißt*, etwas zu tun. Hier »wirft das Abnormale Licht auf das Normale und hilft uns, den blendenden Schleier der Mühelosigkeit und des Offensichtlichen zu durchdringen, der den Mechanismus der natürlichen und gelungenen Handlung verbirgt.«[5] Obwohl es mir weder um Sprechakttheorie, Sprachphilosophie noch um Handlungstheorie geht, folgt meine Beschäftigung mit Begriff und Phänomen der Störung einer ähnlichen Perspektive, angewandt auf Medientheorie und Ästhetik. Es handelt sich um den Versuch, aus der Perspektive der Störung zu fragen, was das eigentlich heißt: Medium und Medialität. Was passiert, wenn ein Medium nicht funktioniert, nicht mehr im Hintergrund seinen scheinbar stets gefälligen Dienst verrichtet, also plötzlich *in der Störung als Medium überhaupt erst sichtbar wird?*

Mit direktem Bezug auf Austin stellt Jacques Derrida in »Signatur Ereignis Kontext« die in diesem Zusammenhang entscheidende Frage:

»ist diese allgemeine Möglichkeit diejenige eines Mißlingens oder eine *Falle*, in die die Sprache *fallen* oder sich wie in einem Abgrund verlieren kann, der außerhalb ihrer selbst oder vor ihr liegt? Was hat es mit dem *Parasitentum* auf sich? Mit anderen Worten, *umgibt* die Allgemeingültigkeit der von Austin anerkannten Gefahr [gemeint ist die Gefahr des Scheiterns der Sprechakte, M.R.] die Sprache wie einen *Graben*, ein äußerer Ort des Verderbens, aus dem der Sprechakt (*locution*) nie herauskäme, den er vermeiden könnte, wenn er bei sich selbst, in sich bliebe, im Schutze seines Wesens oder seines Telos? Oder ist diese Gefahr im Gegenteil seine innere und positive Möglichkeitsbedingung? Dieses Äußere sein Inneres? Die Kraft und das Gesetz seines Auftretens selbst?«[6]

Übertragen auf eine Theorie der Medien bedeutet das im Zusammenhang der nachfolgenden Ausführungen: Ist Störung nur als tun-

---

4   Austin 1986, S. 350.
5   Ebd., S. 235.
6   Derrida 1999b, S. 345.

lichst zu Vermeidendes, als ein der Dynamik von Medialität vollkommen Heterogenes zu verstehen? Sind Störungen im medialen Vollzug etwas »Abnormales«, dessen man sich nur zu entledigen hätte, um »zu den Sachen selbst« zu gelangen? Oder vielleicht im Gegenteil eine der Medialität konstitutiv eingeschriebene Bedingung ihrer Möglichkeit? Zumindest die Informationstheorie hat darauf eine scheinbar klare Antwort:

> »Der Begriff der Störung spielt in gängigen Theorien sprachlicher Verständigung, seit er von Claude Shannon in die Informationstheorie eingeführt wurde, die Rolle des Unglücksboten: Er markiert in der Regel jenen Bereich kommunikativer Verständigung, in dem die Unterbrechung ihres problemlosen Vollzugs thematisch ist. [...] Der erfolgreiche und ungehinderte Austausch von Information, durch den sprachliche Verständigung im ungestörten Standardfall charakterisiert sein soll, wird durch *Rauschen* (noise) gestört, das im Interesse der Wiederherstellung ungestörten Informationsaustausches getilgt werden muss.«[7]

In der Tat, bei Shannon ist die »Noise-Source« jene Ebene innerhalb der Informationsübermittlung, die der Information selbst als deren Anderes gegenübergestellt ist und die gelingende Übermittlung ständig gefährdet. Entscheidend ist dabei jedoch, dass *information* und *noise* bei Shannon zunächst qualitativ nicht voneinander geschieden sind, ein Höchstmaß an Information also, wie es bei Shannon deshalb heißt, nicht von einem Höchstmaß an Rauschen unterschieden werden kann. Bei Shannon ist das Rauschen zunächst einmal nicht mehr und nicht weniger als reine »Materialität der Kommunikation« (wie man heute sagen würde), der die Information erst *abgerungen* werden muss. Es muss auf der Seite des Empfängers *eine Selektion* stattfinden, die sich nicht bereits der Verfasstheit des Ausgangsmaterials verdankt. Kurzum: Rauschen und Information sind keine Eigenschaften eines dinghaften Ausgangsmaterials, sondern Ergebnis einer Zuschreibung seitens eines Empfängers. Dies ist die erste wichtige Stufe einer Beschreibung des Rauschens.

Rauschen wird zur *Störung* (mit allen negativen Konnotationen, die dieser Begriff etymologisch mit sich führt) in dem Moment, in dem eine selektive Vorentscheidung bereits stattgefunden hat. Die begriff-

---

7 Jäger 2004, S. 42–43.

liche Unterscheidung zwischen Rauschen und Störung, die es so im Englischen beispielsweise nicht gibt,[8] verweist auf eine nachträgliche Attribuierung, die in der Geschichte der Medientheorie folgenreich geworden ist. Im Kontext der Arbeit des während des zweiten Weltkriegs vom Nachrichtentechniker zum Kryptographen beförderten Shannon wird das Rauschen zur *Störung*, nämlich zur »feindlichen Interzeption«. Hinter dem Rauschen wird nunmehr ein Code vermutet, der vom Feind nur *getarnt* wird, um die Dechiffrierung durch den Gegner zu verhindern. Dem Rauschen wird im Zuge dessen seine spezifische, aller Semiose radikal heterogene Dignität abgesprochen. Es zeigt sich nunmehr als verkappter *Sinn*. Dies ist der zweite Schritt in der Beschreibung des Rauschens als Störung. Und diese zweite Konzeption des Rauschens als getarnter Sinn, der nur auf Entschlüsselung wartet, wird dann entscheidend für die Medientheorie insbesondere bei Friedrich Kittler, aber auch noch bei einem Theoretiker wie Martin Seel.

In dessen »Ästhetik des Erscheinens« oszilliert der Begriff des »Rauschens« ständig zwischen den eben genannten Polen. Seel versucht dem Rauschen eine Positivität zu geben, indem er es der »negativen« Definition der Informationstheorie entreißt und das Rauschen in Form einer »Vergegenwärtigung unendlicher Möglichkeiten« als Modus ästhetischer Erfahrung profiliert. Diese »unendlichen Möglichkeiten« sind allerdings dem Shannonschen Rauschen, entgegen Seels Intentionen, insofern wieder verwandt, als auch das als getarnter Sinn beschriebene Rauschen Shannons ein Raum potentiellen Sinns ist. Für Kittler, dessen »informationstheoretischer Materialismus« entscheidend von Shannon geprägt ist, ist das Rauschen gar das »Reale« selbst, dass sich dann qua digitalem Medium selbst lesbar macht, so dass das Reale, eigentlich Jacques Lacans Theorie entlehnt, zur *physis* wird und zwar ganz im aristotelischen Sinn: belebte Natur, die qua Medium spricht.

---

8   Generell ist zu betonen, dass der begrifflichen Trennung von ›Rauschen‹ und ›Störung‹ eher eine Eigenart des Deutschen als eine distinkte terminologische Unterscheidung zugrunde liegt. Zum Beispiel bedeutet der englische Begriff *noise* sowohl Störung als auch Rauschen: »Störung ist also, wie wir mit der sich hier auf den Begriff ›noise‹ beziehenden Ausgabe der *Encyclopaedia Britannica* von 1911 sagen können ›a word of doubtful origin‹, dessen deutsche Begriffsgeschichte das Wort ›Rauschen‹ umfassen muß, auch wenn sich im Deutschen ›Störung‹ als der allgemeinere Begriff durchgesetzt hat.« Roesler/Stiegler 2005, S. 229.

Das Problem ist hierbei, dass durch eine Engführungen von Rauschen und Sinn das Moment radikaler Alterität aus dem Begriff der Störung und des Rauschens heraussubtrahiert wird, die an Wahrnehmung und Sinnlichkeit gerichtete Widerständigkeit der Störung unterschlagen und somit das Verhältnis von *aisthesis* und *semiosis* im Prozess medialen Vollzuges aus dem Blick gerät. Mehr noch: die im Phänomen der Störung erlebbare Differenz von Medium und Zeichen wird hierdurch verwischt, indem Medialität auf Semiose reduziert wird.

Demgegenüber ist auf den Intuitionen der ersten informationstheoretischen Konzeptionierung des Rauschens zu beharren und das Verhältnis von Rauschen und Information bzw. Störung und »gelingendem« medialen Vollzug als *Interdependenz in der Differenz* dieser beiden Ebenen zu beschreiben und somit für die Medientheorie fruchtbar zu machen. Denn das Spezifikum des Medialen ist es (im Gegensatz zum Zeichen), dass sich Medialiät einer paradoxen Gleichzeitigkeit von Anwesenheit und Abwesenheit verdankt. Medien bringen etwas in Anwesenheit, indem sie selbst abwesend sind, ihre »Aisthetisierungsleistung« (Sybille Krämer) besteht in ihrer Selbstsubtraktion, ihrem Zurücktreten hinter sich selbst. In der Störung ist diese Dynamik durchkreuzt, wodurch die Materialität des Mediums in eine Präsenz getrieben wird. Die Transparenz, die für das Funktionieren von Medien scheinbar unabdingbar ist, wird getrübt. Aber ist die Störung wirklich nur die Negativseite problemlosen medialen Vollzuges?

Martin Heideggers Zeuganalysen von »Sein und Zeit« bis zum »Ursprung des Kunstwerkes« können als Antwort darauf, nämlich als medienästhetische Störungstheorie *avant la lettre* gelesen werden, worauf Peter Geimer als erster hingewiesen hat (Geimer 2002). Wie Medien wird Zeug im Modus der Störung »aufsässig« und offenbart seine dinghafte *Vor*handenheit, welche die dienliche *Zu*handenheit des Zeugs durchkreuzt. Entscheidend ist jedoch, dass Heidegger – nicht umsonst am Beispiel des Zeichens – einen Modus dieser »Aufsässigkeit« entdeckt, der nun unter dem Namen der »Auffälligkeit« die zuhandene Dienlichkeit des Zeichens nicht etwa durchkreuzt, sondern allererst ermöglicht. Damit etwas als Zeichen fungieren kann, muss es sich auf irgendeine Weise von seinem Hintergrund abheben, »auffällig« werden, allerdings so, dass die auffällige Materialität als dem Prozess der Semiose genuin Fremdes stets mitgeführt wird. In mediale Vollzüge sind ein »Streit« und eine Interdependenz von Transparenz und Opazität, Vollzug und Entzug konstitutiv eingeschrieben, die auf Anerkennung von Alterität drängen. Transparenz und Opazität sind jene Modi zwischen denen mediale Vollzüge oszillieren. Störung ist dabei konstitutiv für *beide*.

Welche Bedeutung liegt aber in Begriff und Phänomen der Störung, die es rechtfertigt, diese in den Mittelpunkt einer Arbeit zur Medientheorie im Spannungsfeld von Zeichentheorie und Ästhetik zu stellen? In den letzten zwanzig, fünfundzwanzig Jahren haben sich innerhalb der Philosophie theoretische Suchbewegungen herauskristallisiert, die unter Namen wie »iconic turn«, »performative turn« oder »medial turn«, trotz je verschiedener Perspektivierungen und Ausgangslagen in unterschiedlichen Bereichen der Geisteswissenschaften, durch die Suche nach einem »Diesseits der Zeichen« motiviert sind, also *Präsenzeffekte* des Nicht-Semiotischen und nicht sinnhaft Verfassten wieder einholen wollen. Dieses Projekt sieht sich gleichzeitig mit der Derrida'schen Dekonstruktion des Präsenzbegriffs konfrontiert, die als Endpunkt einer für die Philosophie des zwanzigsten Jahrhunderts maßgeblichen Metaphysikkrit von Nietzsche bis Heidegger historisch unhintergehbar geworden ist.

Ende der sechziger Jahre erodiert Derridas Dekonstruktion der Präsenzkategorie das Vertrauen in die explikative Kraft von Zeichentheorie, denn Zeichen verweisen nur auf andere Zeichen, zirkulieren in sich, ohne repräsentationalen Bezug zu einem Referenten außerhalb des Zeichenuniversums. Dies ist die letzte einer Reihe von narzisstischen Kränkungen, denen sich nicht nur das im zwanzigsten Jahrhundert arg gebeutelte cartesianische Subjekt, sondern auch die Wissenschaft selbst gegenübersieht. Nicht genug damit, dass das Ich nicht mehr Herr im eigenen Hause ist. Zeichen, auf denen im Zuge des Strukturalismus die Hoffnung auf eine den Naturwissenschaften angenäherte Positivität der Geisteswissenschaften ruhte, sind nicht mehr durch Referenz verbürgt, so vage diese auch immer sein mochte.

Derrida überbietet somit die bereits in Ferdinand de Saussures und Charles Sanders Peirce' Zeichentheorien angelegte Vorstellung von der unendlichen Abdrift zwischen Signifikant und Signifikat bis zu dem Punkt, an dem die Idee einer wie auch immer motivierten Verbindung dieser beiden Ebenen verabschiedet wird. Gleichzeitig verweist Derridas These von der »Exteriorität des Signifikanten« auf eine materielle Ebene der Schrift, die dem sprachlichen Zeichen vorgängig ist und dieses im selben Maße konstituiert wie subvertiert. Damit wird die Vorstellung von einem »Innen« und »Außen« des Zeichenuniversums selbst problematisch. Dieser Faden, dem Derrida selbst später nicht weiter gefolgt ist, wird Mitte der achtziger Jahre unter dem Schlagwort der »Materialität der Kommunikation« wieder aufgenommen. Und hier beginnt das, was ich im Folgenden *postmetaphysische Präsenztheorie* nennen werde, in deren Zentrum die Frage steht, wie nach dem Sturz referentieller Weltbezüge das nichtsdestotrotz beständig insistierende Reale wieder erfasst und beschrieben werden kann, ohne dass sich die Theoriebildung in den Fallstricken metaphysisch-essentialistischen Denkens verfängt.

In bestimmten Konzepten – von denen hier exemplarisch Aisthetik, Materialität der Kommunikation und Performativität herausgegriffen, dargestellt und in Zusammenhang gebracht werden – kommt sowohl ein Ungenügen an der Orientierung an reinen Zeichenphänomenen und hermeneutisch-sinnzentrierten Methoden, als auch ein Bemühen um eine neue Präsenztheorie[9] zum Ausdruck, die jedoch nicht hinter die Erträge des Poststrukturalismus (und insbesondere Derridas) zurückfallen will. Ansätze zu einer solchen postmetaphysischen Präsenztheorie im Zeichen von Präsenz, Ereignis und Materialität finden sich bei Roland Barthes, Michel Serres, George Steiner, Karl-Heinz Bohrer, Hans-Ulrich Gumbrecht, Gernot Böhme und Dieter Mersch, um nur diejenigen zu nennen, die im Folgenden exemplarisch eine Rolle spielen werden. Nicht zu übersehen ist auch, dass die Bildwissenschaften zu weiten Teilen durch ein Bemühen um die nichtsemiotisch- bzw. nicht-sinnhaften Elemente von Bildlichkeit geprägt sind und von dort ihren Ausgang nehmen.[10]

---

9 »Präsenz« wird hier nicht definiert, da es ein grundsätzliches Anliegen meiner Arbeit ist eben einen Beitrag für einen philosophisch fruchtbaren Begriff der Präsenz zu liefern. Präsenz ist hier gemäß der skizzierten Theorietradition vorläufig als jene Ebene gedacht, die sich der semiosis entzieht und in unmittelbarer Gegenwärtigkeit »angeht« und affiziert.

10 Vgl. hierzu Böhm 1994 und 2007, Didi-Huberman 1999, Freedberg 1989. Grundsätzlich ist zu sagen, dass eine Geschichte der Präsenztheorie(n), die nicht nur aktuelle Theorieentwicklungen, sondern auch deren Wurzeln in der Philosophiegeschichte etwa bei Schelling, Nietzsche und der Phänomenologie zu berücksichtigen hätte, noch nicht geschrieben ist.

Derrida steht hier deswegen im Zentrum, weil sich bei ihm eine bestimmte Metaphysikkritik vollendet und *gleichzeitig* das Interesse an der »Exteriorität der Signifikanten« (Grammatologie) eine Virulenz gewinnt, die letztlich (insbesondere in Deutschland) in den Begriff der »Materialität der Kommunikation« ebenso mündet wie in den Boom der Medientheorie. Das meint postmetaphysische Präsenztheorie. Diese Entwicklung ist mit dem Aufkommen digitaler Medien engzuführen, da neuere Präsenztheorie Kategorien stark macht, die explizit *gegen* die »Simulakra« des Digitalen ins Feld geführt werden. Und diese Simulakra werden zunehmend (etwa bei Dieter Mersch, aber auch schon bei George Steiner) als Endpunkt eines präsenzvergessenen Ultrastrukturalismus konzeptioniert.

Eine meiner Thesen ist hingegen, dass jene Präsenztheorie *gerade auch durch die spezifische Vollzugslogik des Digitalen im Medium Computer* mitinspiriert ist, in digitalen Medien also eine Eigenlogik waltet, die Dichotomien wie Präsenz- und Sinneffekt immer schon unterläuft und somit die Theorie fruchtbar irritiert. Diese Logik kann folgendermaßen skizziert werden:

Wovon ein Programmcode »spricht«, ereignet sich im Moment seiner prozessualen Performativität, so dass der einzige Unterschied zwischen der Logik formaler Sprachen und der *Vollzugs*logik des Programmcodes im Akt seines elektronischen Ereignens besteht. Dieser Unterschied ist allerdings entscheidend, denn hierdurch dreht sich das Verhältnis von Repräsentation und Repräsentiertem, von Zeichen und Bezeichnetem um: Innerhalb der performativen Prozessualität digitaler Medienvollzüge verweisen »Zeichen« nicht mehr auf ein ihnen Vorhergehendes, sondern *erzeugen* im Vollzug erst das, worauf sie sich »beziehen«. Hier kommt die These von der genuinen *Nachträglichkeit* des Medialen in einen fundamentalen Erklärungsnotstand.

Dadurch, dass der Computer in der Lage ist, durch seine ihm eigene Performativität radikal nicht-repräsentationale Medienphänomene zu generieren, kommt ausgerechnet unter den Vorzeichen des Digitalen jeder Medienbegriff an seine Grenzen, der sich zu stark am Vorbild einer auf Referenz und »verlustfreien Übertragung« basierenden *semiosis* und Informationstheorie orientiert, weil mit einem solchen Medienbegriff digitale Medien streng genommen gar nicht mehr als Medien konzipiert werden können. Denn auf technischer Ebene gehorchen digital generierte Phänomene nicht mehr dem Konzept »sekundär-parasitärer« *Repräsentation*, sondern vielmehr dem genuin performativer *Präsentation*.

Digital generierte Medienphänomene sind nicht in erster Linie Sinn-, sondern Präsenzeffekt, oder im Sinne Clément Rossets: nicht *Double*, sondern *Reales*. Genauer: Sie sind *sowohl* das eine *als auch* das andere. Der Computer verdankt sich also als Medium einer konstitutiven Paradoxie, die Oppositionen wie Symbolisches und »Reales«, Wiederholung und Ereignis, Sinn- und Präsenzeffekte von vornherein aufweicht. In der Koinzidenz sich vermeintlich ausschließender Ebenen ist die *Gegenwendigkeit* digitaler Medien begründet, und an diesem Punkt ist eine strenge Dichotomie von reiner Gegenwart und medialer (im Sinne von sekundär-defizitärer) Vergegenwärtigung nicht mehr konsistent aufrechtzuerhalten.

Der Begriff der »Gegenwendigkeit« – der Philosophie Martin Heideggers entlehnt[11] – bezeichnet dabei eine Qualität, die sich dem Begrifflichen verweigert, indem sie sich durch ihre Wendigkeit dem Zugriff sprachlicher Arretierung entgegenstellt, ständig entgleitet, jedoch durch eine eigentümliche Insistenz wiederum sich nicht ignorieren lässt.

Störung ist eben eine solche gegenwendige Dynamik, die als konstitutive Paradoxie medialer Vollzüge begriffen werden muss. Am Störungsbegriff zeigt sich eine Materialität der Kommunikation, die Präsenz eines Mediums, die allerdings nicht mit Stoff oder Substanz verwechselt werden kann, da sie nicht in dinghafter Anwesenheit aufgeht. Ihr Modus ist vielmehr die paradoxe Anwesenheit in der Abwesenheit, Vollzug im Entzug.

Die nachfolgenden Überlegungen sind daher als Versuch zu verstehen, auf die Frage, wie Präsenz und Materialität auf eine nicht-naturalistische Weise zu denken sind, mit der Positivierung des Begriffs der Störung eine Antwort zu geben. Positivierung insofern, als die Störung nicht mehr als auszuschließendes Akzidens gelingender Vollzüge gedeutet werden kann, sondern als dem Prozess von Medialität konstitutiv eingeschrieben gedacht werden muss. Dieser Ansatz eröffnet eine noch wenig beachtete Perspektive sowohl auf

---

11 »Mit dem verbergenden Verweigern soll im Wesen der Wahrheit jenes Gegenwendige genannt sein, das im Wesen der Wahrheit zwischen Lichtung und Verbergung besteht. Es ist das Gegeneinander des ursprünglichen Streits.« Heidegger 1994a, S. 41–42.

Medien als auch auf Zeichenprozesse und könnte somit auch innerhalb der Ästhetik jene Bruchstellen von *aisthesis* und *semiosis* analysieren helfen, die sich der Ebene des Sinns und der Bedeutung nicht subordinieren.

Die Perspektive des Fehlschlags, der Störung und der Unterbrechung einzunehmen ist natürlich nicht neu. Austin wurde bereits genannt, Freuds »Psychopathologie des Alltagslebens« kann als weiteres Beispiel dienen. Beiden ist gemeinsam, dass ihre Beispiele sich aus dem Alltäglichen speisen, das scheinbar Normale, auf der Hand Liegende betrachten. Es geht um Phänomene, die mitunter sehr banal und alltäglich scheinen, jedoch – und darauf kommt es an – keineswegs trivial sind. Die Dynamik von Anwesenheit und Abwesenheit, die sich im täglichen Umgang mit Computern, Handys und Fernsehern ebenso zeigt wie in der Kunst, ist nicht zuletzt deswegen so schwer zu fassen, weil sie vollkommen ubiquitär ist. Postmetaphysische Präsenztheorie hat dabei die Schwierigkeit, dass die Metaphysik, die sich tief in der Begrifflichkeit sedimentiert hat, nicht einfach zu verabschieden ist. Selbst ein radikaler »Postmetaphysiker« wie Jacques Derrida hat immer wieder betont, dass es utopisch wäre zu meinen, man könne der Metaphysik und ihren Oppositionen entfliehen, da es eben diese Schemata sind, die es erlauben, überhaupt über etwas zu sprechen.

Es ist ein grundsätzlicher Zug jener Theoriebewegung, die ich als »postmetaphysische Präsenztheorie« bezeichne, sich über den Horizont konventioneller Ästhetik hinaus auch Phänomenen ästhetischer Alltagserfahrung zugewandt zu haben. Inszenierte Störungen in der Kunst sind exemplarische Sonderfälle einer medialen und alltagsästhetischen Eigenlogik, die *als solche* in den Blick zu bringen erforderlich ist. Eine »Ästhetik der Störung«, die das Augenmerk auf jene Bruchstellen von *aisthesis* und *semiosis* legt, die sich den genannten medialen Paradoxien verdanken, könnte einer der nächsten Schritte sein, für die hier einige Grundlagen geliefert werden sollen. Zudem wirft eine Theorie der Störung ein neues Licht auf das Verhältnis von Transparenz und Opazität, dessen Klärung ein wichtiger Kern nicht nur der Medientheorie seit Aristoteles, sondern auch der Wahrnehmungstheorie und Ästhetik ist und damit auch den Bildwissenschaften zuarbeitet. Es geht darum aufzuzeigen, dass die beschriebenen Eigenlogiken medialen Vollzuges Bestandteil ganz alltäglicher ästhetischer, medialer und semiotischer Praxis sind, angefangen vom ständigen Scheitern von Sprechakten bis zum Absturz von »Windows« und der alltäglichen »Widerständigkeit« der Technik. Aus diesem Blickwinkel bezieht ein Nachdenken über Störung seine Legitimation. Umfang und Fokus der Arbeit sind nicht dazu angetan, ein abschließendes Statement abzugeben, es geht nicht darum, bereits alle Antworten mitzuliefern, sondern zunächst einmal überhaupt die richtigen und für weitere Überlegungen fruchtbaren *Fragen* zu stellen. Fragen, die – so weit es eben möglich ist – nicht bereits ihre eigenen Antworten implizieren.

II. Was ist postmetaphysische Präsenztheorie?

1. Die »Elfenbeinbarrikaden« der Dekonstruktion

> Der Sprachphilosoph möchte, daß alles sanft bleibt.
> Soll er doch einmal bauen, zur See fahren, Steine zertrümmern,
> ein wenig ablassen von der strengen Mattigkeit,
> dem Filz, der Logik, vom ständigen Moll.
>
> *Michel Serres*

Dass die französische Erstausgabe von Michel Serres' »Die fünf Sinne. Eine Philosophie der Gemenge und Gemische« im Jahr 1985 erscheint, markiert zusammen mit einigen anderen geisteswissenschaftlichen Strömungen aus derselben Periode eine Wende innerhalb der Theoriebildung, deren Suchbewegung noch nicht abgeschlossen ist. Diese hat sich heute in diverse »Sub-*turns*« (*performative turn, iconic turn, medial turn, topographical turn*) ausdifferenziert, was allerdings in der Retrospektive nicht darüber hinwegtäuschen kann, dass all diesen theoretischen Wenden und Hakenschlägen eine *gemeinsame* Grundmotivation zu eigen ist, die im Folgenden skizziert werden soll und den Hintergrund für alles Weitere bildet.

Fast zum selben Zeitpunkt, an dem die Firma Apple ihr *Graphical User Interface* (GUI) zur Marktreife gebracht hat, das von nun an durch seine einfache piktographische Benutzeroberfläche das Medium Computer aus den Büros und Laboratorien zum allgegenwärtigen, von jedem nutzbaren Medium werden ließ und fortan mit zunehmender Vehemenz alle gesellschaftlich-kulturellen Ebenen durchdringt[1], wendet sich der Mathematiker und Wissenschaftshistoriker Serres einer Theorie des *Körpers* zu, dessen »Gemenge und

---

1   Wolfgang Coy dazu: »Ich meine damit, daß man, so man dies überhaupt auf einen Zeitpunkt reduzieren will, mit der Einführung des Macintosh einen Schnitt in der Rechnergeschichte ansetzen kann. Dabei ist selbstverständlich, nicht zu übersehen, [sic!] daß fast alle einzelnen Konzepte des Mac bereits bei Xerox PARC realisiert waren und mehrere Rechner wie der ICL Perq, einige Xerox-Rechner, die LMI Lisp-Machine ebenso wie der Apple Lisa-Rechner die Funktionalität des Mac bereits realisierten (und übertrafen). Vergleichsweise niedriger Preis und massenhafte Akzeptanz charakterisierten den Durchbruch beim Mac.« Coy 1994, S. 31. Die Markteinführung des Apple Macintosh erfolgte 1984.

Gemische« der »strengen Mattigkeit« der Logik, wie sie im Medium Computer exemplarisch manifestiert zu sein scheint, diametral gegenüberstehen. In frappierender Klarheit formuliert Serres hier eine Programmatik, an der sich die Geisteswissenschaften bis heute abarbeiten und die im Rückblick, mit dem Abstand von nun über zwanzig Jahren, einem Zwischenfazit unterzogen werden kann. Was Michel Serres hier in dem Kapitel »Sanft und Hart« als Problemstellung formuliert, ist in seiner Deutlichkeit kaum zu übertreffen und skizziert das grundlegende Spannungsfeld, in das sich jene Theorie einschreibt, die im Folgenden *postmetaphysische Präsenztheorie* genannt wird.

> »Das unmittelbar als *factum brutum* Gegebene gehört häufig, wenn auch nicht immer, dem Bereich entropischer Größenordnungen an: es schüttelt die Muskeln, zerreißt die Haut, blendet die Augen, bringt das Trommelfell zum Platzen, verbrennt die Kehle, während das sprachlich Gegebene sich stets als sanft darbietet. ›Sanft‹, das gehört in den Bereich der kleinen Energien, in den Bereich der Zeichen; das Harte zuweilen in jenen Bereich großer Energien, die wie eine Ohrfeige sind für den Körper, die ihn umwerfen und zerreißen. Der Körper ist in eine materielle Umwelt eingetaucht, während das durch die Sprache und in ihr Gegebene aus Logischem gewebt ist. Logische Sanftheit und materielle Härte bilden einen spürbaren Unterschied, der erkennbar außerhalb der Sprache liegt.«[2]

Serres fordert unmissverständlich, die *aisthesis*, das noch nicht sinnhaft, sondern sinn*lich* verfasste »*factum brutum*« aisthetischer Widerständigkeit gegenüber der *semiosis*, dem »Reich der Zeichen« (Barthes), in der Theorie wieder zu ihrem Recht kommen zu lassen.[3] Die ganze Anlage und Durchführung der »Fünf Sinne« ist da-

---

2   Serres 1998, S. 148.

3   Die Begriffe *aisthesis* und *semiosis* werden im Folgenden als *umbrella terms* verwendet, die auf der einen Seite den Akt der sinnlichen Wahrnehmung und auf der anderen die Ebene der Zeichen meinen, die mit den beiden Begriffen heuristisch auseinander gehalten werden sollen. Mir ist bewusst, dass das einer zu starken Vereinfachung gefährlich nahe kommt, jedoch wird sich diese Vereinfachung – die zum Beispiel die schon bei Aristoteles im Begriff der *aisthesis* mitgedachte prädikative Seite genauso wenig eigens thematisiert, wie jene Phänomene der *semiosis*, die sich nicht konventioneller und arbiträrer Zeichensysteme verdanken (etwa innerhalb der sogenannten »Biosemiotik«) – hoffentlich durch die komplexe Darstellung dieses Verhältnisses, die ein Fokus dieser Arbeit bildet, rechtfertigen lassen.

rauf angelegt, diese Forderung einzulösen. Dieser umfangreiche Text kommt ohne jeden Fußnotenapparat aus, beschäftigt sich nie direkt mit den Theorien der Wahrnehmung von Aristoteles bis Merleau-Ponty, sondern fokussiert die Aufmerksamkeit auf die »Gemenge und Gemische«, die ständig sich im Fluss befindlichen Stasen und Aggregatzustände des Stofflichen, des Körpers und des Flüssigen; dem, was im digitalen Zeitalter mitunter despektierlich *Wetware* genannt wird. Das »Verschwinden des Körpers« oder die »Agonie des Realen« sind nicht erst seit Serres »Fünf Sinne« zu populären Topoi der Medientheorie geworden.[4]

Die »Härte« des Materiellen resultiert aus dem unausweichlichen *Zu-Stoßen* des in der *aisthesis* Widerfahrenden, einer Alterität, der nicht auszuweichen ist. Das »Sanfte« der *semiosis* besteht im Gleiten der Zeichen, in ihrer Anschmiegsamkeit und Flüchtigkeit, in ihrer Konventionalität und Arbitrarität. Dass dabei dieses »Harte« des Stofflichen und der schieren Materialität bei Serres immer wieder mit der Atmosphäre des Gewaltsamen umgeben ist, hat eine Eigenlogik, die noch im Detail ausgearbeitet werden wird. Für den Augenblick ist es wichtig festzustellen, dass die Attribute »hart« und »sanft« sich allen Dichotomisierungsversuchen zum Trotz gegenseitig *bedingen* und selbst bereits nur als Mischverhältnisse denkbar sind:

»Anscheinend gibt es zwei Arten von Gegebenem: das eine ist sanft und geht durch die Sprache hindurch, das einschmeichelnde, seidige, ölig-weiche, an-

---

4 Vgl. in diesem Sinne exemplarisch: Rötzer (Hrsg.) 1991, Baudrillard 1978, 1990 und 1991, Langenmeier (Hrsg.) 1993, Dotzler 1996, Flusser 1997. Eine seltsame, mehr oder weniger explizite Technikfeindlichkeit ist auch bei Serres an einigen Stellen sehr deutlich. Dieser Topos hat seine Wurzeln in der im Zuge des Zivilisationsprozesses zunehmend agonalen Gegenüberstellung von Körper und Geist. In dem von Dietmar Kamper und Christoph Wulf 1982 herausgegebenen Band »Die Wiederkehr des Körpers«, der diese These eindrücklich dokumentiert und weiterentwickelt, wird die Rolle des Körpers im Spannungsfeld von Repression und Subversion nicht umsonst just zu dem Zeitpunkt wieder virulent, an dem das »digitale Zeitalter«, im Sinne der Ubiquität digitaler Medien, erst eigentlich beginnt. Hier zeigt sich die »Wiederkehr des Körpers« als eine parabolische Wiederkehr, die letztlich wiederum in ein Verschwinden münde: »[...] die als Not erfahrenen Beschränkungen des Raumes und der Zeit werden schrittweise eliminiert, und es ist keine Frage, daß die menschlichen Körper, wie sie das subtile Resultat einer Millionen Jahre während Evolution sind, auf diesem Wege von der Bildfläche der Erde verschwinden werden.« Kamper/Wulf (Hrsg.) 1982, S. 17.

mutige, logisch-strenge Reich der Sprache; das andere kommt mit unerwarteter Härte daher, ein Gemisch aus Sanftem und Hartem, das uns ohne Vorwarnung weckt mit seinen Schlägen. Wir müssen das Gegebene mit diesem Gemisch identifizieren, das sich der Bestimmung durch die Sprache widersetzt und noch über keinerlei Begriffe verfügt. Das Gegebene, das ein Gemisch darstellt und mit spitzen Dornen bewehrt ist, reißt uns aus dem Schlaf der Sprache, wenn der Orkan die weiche Membran unseres Gehörkastens oder Kerkers mit seinen Peitschenhieben zerfetzt.«[5]

Das »Gegebene« ist so immer schon sanft *und* hart, zwischen *aisthesis* und *semiosis* aufgespannt; und in diesem »Gemisch« verwirren sich die Kategorien, die in der Gegenüberstellung von sanft und hart noch so klar auseinandergehalten werden konnten. Daher kommt es, dass Serres hier bereits die Sprache in Kategorien der *aisthesis* (»öligweich«, »seidig«) zu beschreiben genötigt ist. Die »Dornen«, die mit Gewalt aus dem »Schlaf der Sprache« reißen, sind *Präsenzerfahrung* radikaler Alterität *innerhalb* der vermeintlich einlullenden Sanftheit der *semiosis*.

Die Frage, wie Präsenz, Materialität oder schlicht *aisthesis* mit der Konstitution von Sinn zusammenhängen, ist ein Thema, das sich dem Ariadnefaden gleich durch die Geschichte der okzidentalen Philosophie zieht und seit den frühen achtziger Jahren wieder an Brisanz gewonnen hat. Einen Grund für diese Brisanz, für die Virulenz einer Kategorie, die spätestens seit Jacques Derrida endgültig desavouiert schien, liegt in der spezifischen Art und Weise, in welcher der Begriff des Zeichens durch den des Mediums herausgefordert wird. Denn der Ariadnefaden führt bekanntlich nicht nur aus dem Labyrinth heraus, sondern ebenso direkt in dessen Zentrum. Und genau hier lauert der »Minotaurus« des für die Semiotik Inkommensurablen:[6] die Präsenz. Dabei sollte man doch meinen, dass man sich – zumindest was die Zeichentheorie betrifft – endgültig der »bleiernen Last des Referenten« (so ein Ausdruck Umberto Ecos)[7] entledigt hätte. Ein-

---

5   Serres 1998, S. 150.
6   Charles Sanders Peirce hat sich der Metapher des Minotaurus und des Labyrinths nicht nur mehrfach bedient; das Labyrinth und der Minotaurus in dessen Zentrum ist eines von Peirce' zentralen Darstellungsformen zur Verdeutlichung der Komplexität der Zeichenverkettung, welche er auch mehrfach gezeichnet hat (siehe die Reproduktion eines dieser Zeichnungen in Hankins/Silverman 1995, S. 145).
7   Eco 1977, S. 149.

mal mehr tritt hier das Problem der Vergleichbarkeit des scheinbar Unvergleichbaren zutage und wird zu einem theoretischen Gravitationsfeld, innerhalb dessen zentrale Fragen nicht nur der Zeichentheorie, sondern auch der Ästhetik und Medienphilosophie zur Disposition stehen.

Bereits 1967, mitten in der Hochzeit des französischen Strukturalismus, läutet die Totenglocke für jede Art »metaphysischer« Zeichentheorie. In diesem Jahr erscheinen Jacques Derridas »Grammatologie« sowie die Aufsatzsammlung »Die Schrift und die Differenz« nahezu zeitgleich. Derrida radikalisiert hier die Saussuresche Zeichentheorie bis in ihre letzte Konsequenz. Der als metaphysisch entlarvte Traum von einem »transzendentalen Signifikat« scheint ausgeträumt, das Signifikat endgültig vom Signifikanten abgelöst zu sein. Übrig bleibt die konstitutive Abwesenheit eines Zentrums, auf das sich das Reich der Zeichen beziehen könnte. Zeichen verweisen nicht mehr auf ein »Reales«, sondern ausschließlich auf andere Zeichen. *Aisthesis*, das »Harte« der »bleiernen Last des Referenten«, scheint durch eine undurchdringliche Membran scharf vom Reich der Zeichen getrennt. Die Idee des Zeichens, das auf ein Bezeichnetes verweist, wird so zum Phantasma, zum metaphysischen Begehren.

Im vollen Bewusstsein der Tragweite seines Projekts spricht Derrida von dieser Form der dichotomen Trennung dieser beiden Bereiche in seinem Aufsatz »Die Struktur, das Zeichen und das Spiel im Diskurs der Wissenschaften vom Menschen« als von einem »Ereignis«, das sich in der Theorie bereits vollzogen habe. Ausgehend vom Begriff der Struktur und des Zeichens zeigt Derrida auf, wie die Geschichte der Metaphysik die Geschichte einer Unmöglichkeit ist, nämlich der immer wieder aufgenommenen Suche nach dem »Ursprung«, einem »Zentrum«, um das sich eine jeweils historisch gegebene *episteme* gruppieren könnte. Am Beispiel des Begriffs der »Struktur« führt Derrida aus:

> »Die Struktur oder vielmehr die Strukturalität der Struktur wurde, obgleich sie immer schon am Werk war, bis zu dem Ereignis, das ich festhalten möchte, immer wieder neutralisiert, reduziert: und zwar durch einen Gestus, der der Struktur ein Zentrum geben und sie auf einen Punkt der Präsenz, auf einen festen Ursprung beziehen wollte.«[8]

---

8   Derrida 1994, S. 422.

Diese Bewegung, dieser Gestus, der hier nachgezeichnet wird, ist der Ort des Ereignisses, von dem Derrida spricht und als dessen philosophische Inauguratoren er Nietzsche, Freud und Heidegger nennt. Derridas These ist, dass dieses Zentrum immer schon ein Abwesendes war, das eben durch diese Abwesenheit das Konzept der »Struktur« oder des »Zeichens« erst ermöglicht. Dieses Zentrum ist die Präsenz, ein Phantasma, das durch seine philosophiegeschichtlichen Stadien im Verlauf des Derridaschen Textes durchdekliniert wird. Dieses Phantasma sei »die Bestimmung des Seins als Präsenz in allen Bedeutungen dieses Wortes. Man könnte zeigen, dass alle Namen für Begründung, Prinzip oder Zentrum immer nur die Invariante einer Präsenz (eidos, arche, telos, energeia, ousia, aletheia, Transzendentalität, Bewußtsein, Gott, Mensch usw.) bezeichnet haben.«[9]

Der zitierte Text Derridas aus der Aufsatzsammlung »Die Schrift und die Differenz« geht auf einen Vortrag gleichen Namens zurück, den Derrida bereits 1966 im Rahmen einer überaus prominent besetzten und wissenschaftshistorisch bedeutsamen Konferenz an der Johns Hopkins Universität in Baltimore hielt. Innerhalb dieser Konferenz, an der neben Derrida auch Roland Barthes und Jacques Lacan teilnahmen und die allgemein als der Beginn der amerikanischen Rezeption des französischen Poststrukturalismus gilt,[10] vollbrachte Derrida durch eben diese Dezentrierung des Zeichenbegriffs das »Kunststück, seinen Hörern den Strukturalismus auszureden, noch bevor sie ihn überhaupt richtig entdeckt hatten«.[11] Die wissenschaftshistorischen Folgen innerhalb der amerikanischen Literaturwissenschaften sind symptomatisch für die Ausgangsposition postmetaphysischer Präsenztheorie. Die schnelle Aufnahme des Poststrukturalismus innerhalb der amerikanischen Literaturwissenschaft verdankte sich dessen Anschlussfähigkeit an den *New Criticism*, einer streng textimmanenten Analysemethode, die in den sechziger Jahren in die Krise geraten war. Im *New Criticism* geschulte Literaturwissenschaftler konnten mit der Dekonstruktion »weiterhin Texte auf ihre Differenzen und Oppositionen hin absuchen, freilich mit dem entscheidenden Unterschied, dass es jetzt nicht länger darum ging, aus diesen Spannungen heraus eine Einheit zu ermitteln, sondern um

---

9   Ebd, S. 424.
10   Vgl. Winthrop-Young 2005, S. 29–32.
11   Ebd., S. 29.

den umgekehrten Nachweis, dass eine solche Einheit immer schon unmöglich sei.«[12] Das Fatale dieses allzu bequemen Platztausches[13] bringt Geoffrey Winthrop-Young auf den Punkt:»Die Elfenbeintürme des New Critizism wurden geschleift, und aus ihren Trümmern errichtete man die Elfenbeinbarrikaden der *deconstruction*.«[14]

Die Derridasche Dezentrierung des Zeichenbegriffs hat so gleichzeitig eine *Enthermeneutisierung* der Zeichentheorie zur Folge, die den Zeichenbegriff beziehungsweise den Vorgang der Semiose sozusagen *kybernetisiert*.[15] Diese Austreibung des als Maske der Präsenz entlarvten Sinns aus dem Bannkreis des Zeichens scheint eben die Schwierigkeiten zu beseitigen, welche die Semiotik Saussurescher Provenienz seit jeher mit dem »fatalen Referenten«[16] hatte. Die Loslösung des Zeichens von seinem Referenten ist bereits bei Saussure angelegt, dessen linguozentristische Theorie sich nicht für die Ebene des Außersprachlichen interessiert. Für Saussure sind sowohl Signifikant als auch Signifikat tendenziell bereits der Sphäre des Aisthetischen enthoben. Derrida radikalisiert Saussures Ansatz insofern, als bei ihm auch das Signifikat im Verhältnis zum Signifikanten abdriftet und das Spiel der Signifikanten allein in den Mittelpunkt des Interesses rückt, wobei im Zuge dessen jedoch gleichzeitig der Aufweis

---

12   Ebd., S. 29.

13   ... den Derrida selbst anlässlich eines Vortrags hinreichend gegeißelt hat: Vgl. Derrida 1997.

14   Winthrop-Young 2005, S. 29–30.

15   Diesen Zusammenhang stellt Derrida selbst her. Das Projekt der »Grammatologie« wird im Vorwort explizit in den Kontext der Kybernetik gestellt. Vgl. Derrida 1983, S. 21. Es geht hier um jene Derridasche Überbietung der strukturalistischen Zeichentheorie, die Francois Dosse als Derridas »Ultrastrukturalismus« bezeichnet, Vgl. Dosse 1997, S. 30 ff. Auch Dosse setzt die große Zäsur innerhalb seiner »Geschichte des Strukturalismus« im zweiten Band im Jahr 1967 an, dem Erscheinungsjahr von »Die Grammatologie« und »Die Schrift und die Differenz«.

16   Eco 1977, S. 149. Der Referent, also die feststellbare Anwesenheit eines Sinns, ist deshalb stets ein Störfaktor der Zeichentheorie, da aufgrund der Arbitraritätsthese, die ein Schlüsselaxiom nicht nur der Saussureschen Linguistik darstellt, das Signifikat oder das worauf sich Zeichen »eigentlich« beziehen, niemals ohne Rest eingeholt werden können. Außer im Fall eng umgrenzter Spezialfälle wie den indexikalischen (Kausalbeziehung) oder ikonischen Zeichen (Ähnlichkeitsbeziehung) muss sich die Zeichentheorie nicht mit realen Referenten »herumschlagen«. Und selbst für die Menge der ikonischen Zeichen kann innerhalb der strukturalistischen Eigenlogik der Semiotik nachgewiesen werden, dass diese konventionell und arbiträr verfasst sind (Vgl. Eco 1994, S. 200–214).

einer genuinen »Exteriorität des Signifikanten«[17] in den Blick kommt; eine Spur die Derrida selbst nach der »Grammatologie« nicht weiter verfolgt hat,[18] die jedoch ein wichtiger Ausgangspunkt dessen bildet, was in der Folge dann ab 1985 »Materialität der Kommunikation« genannt werden wird. Diese Entwicklung schreibt sich gleichzeitig in die Geschichte der Kybernetik ein. Der entscheidende Binarismus von Präsenz/Absenz wird durch den von Muster/Zufall ersetzt. Wir befinden uns hier im Zeitalter des von Katherine Hayles beschriebenen »Posthumanismus«.[19]

Derrida entkoppelt den Zeichenbegriff von jedem Bezug zu einem wie auch immer gearteten Referenten jenseits des Zeichenuniversums und entlässt in einer kongenialen Radikalisierung des Saussureschen Zeichenbegriffs das Spiel der Zeichen in ein konstitutiv unabschließbares Kontinuum der Signifikantenverkettung, ohne Verbindung zu einem »Außen«, einem, wie er es nennt, »transzendentalen Signifikat«. Dieses »transzendentale Signifikat«, dessen metaphysischer Urgrund die Präsenz ist, ist bei Derrida immer schon ein Abwesendes, dass eben *durch seine Abwesenheit* das Spiel der Zeichen erst ermöglicht. Das Signifikat ist niemals »eingeholt«, sondern perpetuiert durch seine für das Reich der Zeichen *konstitutive* Abwesenheit die *différance*,[20] das nie stillstehende Abdriften des Sinns, dem sich die *semiosis* nur in einer Art unendlichen Approximation annähert, ohne ihn je »arretieren« zu können.

Interessanterweise trifft sich Derrida an diesem zentralen Punkt mit der Kybernetik in einer Weise, dass von einer radikalen Kybernetisierung der Zeichentheorie durch Derrida gesprochen werden kann. Denn der Kern und das eigentlich antimetaphysische Skandalon der Kybernetik liegt in der Tatsache, dass sie mit *formalen Sprachen* arbeitet und diese – wie Sybille Krämer gezeigt hat[21] – keiner Semantik bedürfen, um intelligibel zu sein. Formale Sprachen und die auf diesen basierenden Kalküle und Algorithmen – mit Krämer verstanden als *symbolische Maschinen* – sind eben deshalb maschinenhaft, weil sie, um zu funktionieren, zunächst einmal keiner Interpreta-

---

17 Derrida 1983, S. 29.
18 Vgl. Wellbery 1993.
19 Hayles 1999.
20 Derrida 1999a.
21 Krämer 1988.

tion, keines *Sinns* oder *telos* bedürfen. Sie sind rein syntaktisch und benötigen auf funktionaler Ebene keine Semantik, oder zugespitzt formuliert: Die Semantik von Kalkülen fällt mit ihrer Syntaktik zusammen.[22] Eben das ist auch eine zentrale Einsicht, die aus Derridas Austreibung des »transzendentalen Signifikats« resultiert und gleichzeitig die Definition der Funktionsweise des Binärcodes, der wiederum Grundlage der Turingmaschine und in deren Folge des digitalen Computers ist. Die Referenzlosigkeit *formaler* Sprachen wird so, indem deren Funktionsweise auf diejenige natürlicher Sprachen abgebildet wird, zum Vorbild des »Ultrastrukturalismus«.

Man hat es hier im Kern mit einer Form zu tun, die noch dem entspricht, was Lacan mit der Kategorie des Symbolischen meint. Denn das Symbolische bei Lacan ist nicht einfach mit Sprache oder Diskurs gleichzusetzen, sondern bezeichnet genau diese oben beschriebene »Signifikantenmaschine«, die, unabhängig von der Ebene der Signifikate, die zur Ordnung des Imaginären gehört, aus disjunkten Differenzen besteht, deren Minimalform und Urszene Freuds »Fort-Da«-Spiel ist, der Binarismus von 0 und 1.[23] Der »Skandal« dabei ist nicht nur, dass dieses kybernetische Signifikantenuniversum nicht um ein Zentrum (Präsenz, Sinn) kreist, sondern im Gegensatz zu

---

22   »Wenn man also einmal angeben müßte, was ein bestimmtes Programm in einer Sprache auf höherer Ebene bedeutet, so müßte man letztlich auf deren Reduktion als Maschinensprache, ja sogar auf die entsprechende Maschine verweisen. Man würde sagen müssen: ›Sie bedeutet das, was diese Maschine mit diesem Kode tut.‹« Weizenbaum 1977, S. 143.

23   Es ist hierbei zu ergänzen, dass Freuds »Fort-Da«-Spiel in »Jenseits des Lustprinzips« nicht nur den Binarismus von Anwesenheit und Abwesenheit als Urszene des Spracherwerbs und des in der Ordnung des Symbolischen eingefalteten »Wiederholungs«- beziehungsweise »Todestriebs« aufweist, sondern auch jenen von *Ich und Nicht-Ich* inauguriert. Das »Fort-Da« Spiel dient als dyadisches System einer Art *Objektivierung*: dem Erkennen-Können, dass das Ding *Nicht-Ich* ist und das ich *Ich* ist, während folglich das was Nicht-Ich ist ein Etwas sein muss, das ein Ding ist. Der Binarismus liegt also hier nicht nur in den Begriffen für *Anwesendes* und *Abwesendes* (also Fort und Da), sondern auch in der Dichotomie von Ich/Nicht-Ich, derzufolge die Erkenntnis des *Dings* als Ableitung erfolgt, da das was nicht da ist, nicht Ich sein kann. Vielen Dank an Andreas Wolfsteiner für diesen Hinweis. Das ist die Ebene des »Bemächtigungstriebes« (Freud 1975b, S. 226), die dem »Fort-Da«-Spiel eingeschrieben ist. Dies ist auch insofern von besonderem Interesse, da eben jener »Bemächtigungstrieb« als Angstfigur gegenüber der Eigenlogik digitaler Medien wieder auftaucht, hier dann allerdings mehrfach verwandelt als »Dämon der Ähnlichkeit«, der die Unterscheidung von Ich und Nicht-Ich unterläuft.

natürlichen Sprachen dieses auch in keiner Weise benötigt, um zu funktionieren.

Diese Abwesenheit von Präsenz, die als imaginäres Phantasma entlarvt wird, ruft rund zwanzig Jahre später eine Gegenbewegung auf den Plan, die Präsenz als ein Erleben reformuliert, das nicht im Nullpunkt eines konstitutiv abwesenden »transzendentalen Signifikats« aufgeht. Das kühle[24] ultrastrukturalistische Universum, die »Elfenbeinbarrikaden« des Derridaschen Signifikantenkontinuums münden in eine spezifische Spannung innerhalb der Theoriebildung und führen zu Gegenentwürfen, welche die Insistenz des »Dass« wieder zu ihrem Recht kommen lassen wollen, *ohne allerdings hinter die Analysen Derridas zurückzufallen.*

2. Gegenprogramm: »Erlebte Form«

George Steiner diagnostiziert vier Jahre nach Serres' »Fünf Sinne« in seinem Essay »Von realer Gegenwart« Derridas Position als die Vollendung eines Vertragsbruchs zwischen »Wort und Welt«. Dieser gebrochene Vertrag sei, so Steiner, das Signum einer Welt, die in die Kälte referenzloser Indifferenz geworfen sei. Steiner macht keinen Hehl daraus, dass er unter diesem gebrochenen Vertrag auch die Gottesferne des sogenannten modernen Menschen subsummiert. Obschon seine weitläufige Argumentation mehr als einmal an bekannte kulturpessimistische Topoi aus dem Umfeld der »konservativen Revolution« erinnert, macht er es sich dennoch nicht so leicht, wie es auf den ersten Blick scheinen mag und es Botho Strauß' Nachwort zur deutschen Ausgabe suggeriert. Es geht um die nach-metaphysische Restituierung dessen, was Steiner »reale Gegenwart« nennt, also eben jenes Minotaurus, den Derrida endgültig aus dem Labyrinth der Philosophie vertrieben zu haben schien: die Präsenz.

---

24 Eben diese in der Kybernetisierung des Zeichenbegriffs fundierte »Kühle« des dezentrierten Signifikantenkontinuums ist Ausgangspunkt auch von Dieter Merschs Kritik an Derrida: »Doch zahlt die Radikalisierung den Preis absoluter Immaterialität, die das Denken der *différance* spiegelt und nurmehr eine sich ständig verwischende Spurenschrift aus lauter bedeutungslosen Markierungen einbehält, die für nichts mehr stehen, nichts abbilden oder darstellen, noch irgendeinen Halt finden außer in den kühlen und trostlosen Über-Schreibungen eines mit sich selbst beschäftigten interskripturalen Spiels.« Mersch 2002b, S. 234.

Steiner begreift den nicht nur durch Derrida inaugurierten Bruch von »Wort und Welt« als eine Form der Sprachkritik, die mit der Moderne eins sei und den unhintergehbaren *status quo* der momentanen historischen Situation bilde. Steiner behauptet eine Kontinuität zwischen dieser »Sprachkritik«, die die Abwesenheit eines »transzendentalen Signifikats« postuliert, und dem, was er die »Mathematisierung unseres beruflichen, gesellschaftlichen und auch bald privaten Lebens«[25] nennt. Verantwortlich dafür ist – natürlich – die Allgegenwart digitaler Medien:

»Computer sind weit mehr als pragmatische Werkzeuge. Sie initiieren, sie entwickeln nicht-verbale Methoden und Konfigurationen des Denkens, der Entscheidungsfindung, sogar, so ist zu argwöhnen, ästhetischer Wahrnehmung. [...] Bildschirme sind keine Bücher; das ›Narrative‹ eines formalen Algorithmus ist nicht das eines diskursiven Erzählens. So ist es weder der logos in irgendeiner transzendenten Konnotation, noch sind es die weltlichen, empirischen Systeme logisch-grammatikalischer, mündlicher oder schriftlicher Äußerungen, die jetzt die wichtigsten Träger spekulativer Energie, verifizierbarer und anwendbarer Erkenntnisse und Informationen [...] sind. Es ist die algebraische Funktion, die lineare oder nicht-lineare Gleichung, der binäre Code. Im Zentrum des Zukünftigen steht das ›byte‹ und die Zahl. Vor diesem umfassenden Hintergrund der Krise des Wortes, der Aufhebung von Bedeutung können wir, so glaube ich, die negative Semiotik, die Impulse zur Dekonstruktion am zwingendsten erfassen, die in der Philosophie des Sinns und in der Kunst des Lesens während der letzten Jahrzehnte so sehr im Vordergrund gestanden haben. In ihren Bereich fällt die nihilistische Logik und der konsequente Extremismus ›nach dem Wort‹.«[26]

Es wird zu zeigen sein, dass das Fehlen einer medientheoretischen Perspektive an diesem Punkt zu einigen unfruchtbaren Vereinfachungen bezüglich der Konstitution digitaler Medien führt.[27] Wichtig ist es an diesem Punkt zunächst einmal die angesprochene Korrelation von semiotisch-philosophischer Sprachkritik nach Derrida und dem Aufkommen digitaler Medien, die Engführung von kybernetisierter Semiotik und Maschinensprache festzuhalten, die als Movens eini-

---

25   Steiner 1990, S. 154–155.
26   Ebd, S. 155.
27   Vgl. Kapitel V.

gen *antimedialen*, mitunter geradezu technikfeindlichen Strömungen innerhalb postmetaphysischer Präsenztheorie, zugrunde liegt.

Was Steiner der von ihm diagnostizierten Inflation sinnentleerter Zeichenprozesse in Zeiten digitaler Medien gegenüberstellt, ist nun die Rehabilitierung dessen, was er das Erlebnis »realer Gegenwart« nennt, das – paradigmatisch für die postmetaphysische Präsenztheorie, die ich hier nachzuzeichnen versuche – den Körper und die *aisthesis* in den Mittelpunkt stellt.

Es geht um die Beschreibung von Präsenz angesichts von Zeichenphänomenen, die als Erfahrung radikaler Alterität beschrieben werden:

> »In den meisten Kulturen, in den Zeugnissen von Dichtung und Kunst bis in die neueste Moderne wurde die Quelle der ›Andersheit‹ als transzendental dargestellt oder metaphorisiert. Sie wurde als göttlich, als magisch, als dämonisch beschworen. Es ist eine Gegenwart von strahlender Undurchdringlichkeit. Diese Gegenwart ist die Quelle von Kräften, von Signifikationen im Text, im Werk, die weder bewußt gewollt sind, noch bewußt verstanden werden. Es ist heute Konvention, diesen Überschuß an Vitalität dem Unbewußten zuzuschreiben. Eine solche Zuschreibung ist eine weltliche Formulierung dessen, was ich ›Alterität‹ genannt habe.«[28]

Steiners Essay hat seine stärksten Momente in den Beschreibungen von Ereignissen, in denen dieses Erleben »realer Gegenwart«, einer Alterität, geschieht. Diese ist immer aisthetisch gegeben, ohne dabei schon unmittelbar *sinnstiftend* zu sein. Der Körper, die Materialität der Oberfläche ist hier aller vorhergehenden Tiefenmetaphorik zum Trotz der Ort des ästhetischen Erlebens:

> »Es gibt Passagen bei Winckelmann, in Kenneth Clarks Untersuchungen über Aktdarstellung, in denen Worte zum sorgfältigen Dienst an der Berührung gepresst werden, in denen die Sprache zu einer nur um einen Schritt entfernten Entsprechung zu den taktilen Ebenen, Kurven, der gerundeten Wärme oder intendierten Kälte des Marmornen und des Metallischen gemacht wird. Die besten Leser von Texten, von Architekturkompositionen (sie sind selten) können die Genesis ihres eigenen Sehvermögens vermitteln; sie können nahe bringen, wie sich in Ihnen selbst die relevante Strukturierung und Verknüp-

---

28   Steiner 1990, S. 276.

fung zu begrifflicher Form gestaltet und dementsprechend auch in der Rezeption des Beobachters. Die das Werk animierenden und die am Wahrnehmungsakt beteiligten Nervensysteme verschränken sich miteinander.«[29]

In dem Moment also, wo »Worte zum sorgfältigen Dienst an der Berührung gepresst werden«, werden Zeichen für Präsenz durchlässig. Diese Beschreibung des ästhetischen Erlebens zeigt die von Derrida als undurchlässig postulierte Membran zwischen »Wort und Welt«, zwischen Zeichen und Referent als ein dynamisches Geschehen. Diese Membran wird sozusagen semipermeabel und zeigt ein osmotisches Verhältnis von *aisthesis* und *semiosis* im Augenblick ästhetischen Erlebens.[30] Was hier beschrieben wird, ist auf eine Formel gebracht jenes Erleben, dem sich postmetaphysische Präsenztheorie widmet, jener Minotaurus, dessen paradoxer Ort das Zentrum der dezentrierten Struktur ist; der singuläre, flüchtige, nicht wiederholbare Augenblick ästhetischen Erlebens: die Epiphanie *erlebter Form*.[31]

Erlebte Form ist es auch, was andere post-semiotische und posthermeneutische Ästhetiken und Kulturtheorien umtreibt. Von Karl Heinz Bohrers Begriff der »Plötzlichkeit«,[32] über die kulturwissenschaftlichen Aneignungen des Performanz-Begriffs in den achtziger und neunziger Jahren bis zur philosophischen Rehabilitierung der *Aisthetik* zum Beispiel bei Gernot Böhme[33] oder Dieter Mersch[34] steht jenes Phänomen erlebter Form im Fokus kulturwissenschaftlicher Theoriebildung nach Derrida.

---

29   Ebd., S. 246.

30   Diese Membranmetapher findet Rückhalt bei Derrida selbst, der in dem Aufsatz »Die zweifache Séance« das *Hymen* als ein spezifisches *Dazwischen* konstruiert, das weder innen noch außen, weder Vereinigung noch Trennung ist, ein »Nicht-Ort«, wenn man so will, der im Modus eines reinen Dazwischen oszilliert. Vgl. Derrida 1995.

31   Ebd., S. 244. Der Begriff des Erlebens, der auf der phänomenologischen Unterscheidung von Erlebnis und *Erfahrung* beruht, wird hier, wie auch bei Hans-Ulrich Gumbrecht, im Sinne eines vorprädikativ-aisthetischen *Angehens* in der Korrelation von Leib und Welt gebraucht. Dieses Erleben ist an die *aisthesis* gebunden (*aisthestai*, gr. Erleben).

32   Bohrer 1981.

33   Böhme 2001.

34   Mersch 2001, 2002a, 2002b, 2004.

Während Bohrers Entdeckung des »Plötzlichen« die Virulenz eines Zeitmodus von der Romantik über Nietzsche bis in die literarische Moderne aufdeckt, der sich in seiner Ereignishaftigkeit sowohl semiotischen als auch hermeneutischen und systemtheoretischen Zugriffen sperrt, transformiert die sich seit den achtziger Jahren bis heute zunehmend ausdifferenzierende Performativitätsdebatte von ihrem Ausgang bei John Langshaw Austin zu einer Theorie des Ereignisses, des Körpers und der Materialität, die nicht nur in Ästhetik und Sprachphilosophie, sondern auch in Anthropologie und Ethnologie ihren Niederschlag findet.[35] Gernot Böhme fundiert Ästhetik in der *Aisthetik* und findet mit der Kategorie der »Atmosphäre« einen Gegenstand, der sich semiotischen Ansätzen entzieht und allein über die Wahrnehmung vermittelt ist.[36]

Die geradezu anti-semiotische bis technikfeindliche Ausrichtung einiger dieser Theorien ist in der eben beschriebenen, durch Derrida vollendeten »Kybernetisierung« der Zeichentheorie begründet. Diese kybernetisierte Zeichentheorie entbehrt jedes Verweises auf ein Nicht-Semiotisches, seit das »Phantasma« der Präsenz dekonstruiert ist. Mit der Entkopplung von der »bleiernen Last des Referenten« scheint die Semiotik zwar ihrer metaphysischen Vorurteile entledigt, gleichzeitig jedoch auch ihres heuristischen Werts für jede Form von Präsenztheorie beraubt worden zu sein. Das Dilemma dabei ist: Es gibt natürlich auch keinen Weg zurück. Eine sozusagen naive Semiotik gibt es nicht mehr, da diese durch ihre Sinn- und Bedeutungszentriertheit von vornherein desavouiert scheint.[37] Im Ergebnis bedeutet das die Erosion des Zeichenbegriffs überhaupt, was bereits bei Michel Serres im zitierten Kontext deutlich zum Ausdruck kommt. Die Gegenüberstellung von »Hart« und »Sanft« verdankt sich einem Ungenügen an der kühlen »Mattigkeit« sprachlicher »Logik«, den »Elfenbeinbarrikaden« präsenzvergessener Zeichentheorie, wobei jetzt vielleicht zu sehen ist, dass es sich hier nicht eigentlich um Sprache, sondern um den *kybernetisierten* Zeichenbegriff handelt, der so mit dem Lacanschen Begriff des Symbolischen und damit dem Shannon-

---

35 Vgl. zum Stand der Forschung: Wirth 2002 sowie Fischer-Lichte/Wulf (Hrsg.) 2001 und Carlson 1996.
36 Böhme 2001.
37 Steiners wenig befriedigender Ausweg besteht schlicht in der Negierung der Derridaschen Leistung und in der Aburteilung zeitgenössischer Theorieströmungen überhaupt.

schen der *Information* zuzsammenzufallen scheint. Eine Entwicklung, die wiederum für Friedrich Kittlers Medientheorie entscheidend ist.

Kontemporäre postmetaphysische Präsenztheorie kann sich daher gerade im Hinblick auf das metaphysische Erbe keinen Rückfall in eine wie auch immer geartete Form des Essentialismus erlauben. Präsenztheorie auf der Höhe des momentanen Reflexionsniveaus hat also die schwierige Aufgabe, ein grundlegendes methodisches und philosophisches Problem zu reformulieren, das vielleicht wie folgt beschrieben werden kann:

Zum Einen kann auf einen Zeichenbegriff nicht verzichtet werden, denn das, was in der Präsenzerfahrung erlebbar wird, ist nur an der Schwelle zum Zeichen überhaupt artikulierbar (das »Gemisch« bei Serres, die »erlebte Form« bei Steiner). Eine nicht-analytische Philosophie wie diejenige postmetaphysischer Präsenztheorie kann es sich dabei jedoch nicht in dem Wittgensteinschen Diktum bequem machen, dass, wenn man von etwas nicht sprechen kann, man besser schweigen solle. Eben dieses Außersemiotische, das am Rand der Zeichen für Momente aufzuscheinen vermag, die *erlebte Form*, ist es, worauf es ankommt. Oder genauer: Das Moment der Unruhe zwischen *semiosis* und *aisthesis* ist eben jenes Schwellenphänomen, das zu beschreiben postmetaphysischer Präsenztheorie aufgegeben ist.

Auf dem Spiel steht hier unter anderem die Frage, ob der Begriff des Zeichens überhaupt mit Phänomenen der Präsenz methodisch kompatibel sein kann. Diese Frage wird aufgrund der allgemeinen Dichotomisierung von *semiosis* und *aisthesis* zumeist verneint. So schreibt Hans-Ulrich Gumbrecht:

»Und wenn die von mir begründete Aussage zutrifft, daß sich die beiden Dimensionen [gemeint sind hier die zwei Dimensionen ästhetischen Erlebens, Bedeutung und Präsenz] nie zu einer stabilen Komplementaritätsstruktur entwickeln werden, müssen wir einsehen, daß es nicht nur unnötig, sondern in analytischer Hinsicht sogar kontraproduktiv wäre, wollte man versuchen, eine Verbindung herzustellen und einen komplexen Metabegriff zu bilden, der die semiotische und nichtsemiotische Definition miteinander verschmilzt.«[38]

---

38 Gumbrecht 2004, S. 130.

Nun ist es aber gerade diese seltsam paradoxe Formulierung einer »nichtsemiotischen Definition« des Zeichens, die Semiotik wieder funktional für Präsenztheorie macht und so etwas wie den theoretischen *nucleus* für eine postmetaphysische Präsenztheorie bilden könnte. Was tatsächlich nicht mehr möglich ist, ist der in den Methoden der strukturalistischen Semiotik noch aufgehobene geisteswissenschaftliche Traum eines am Vorbild der Naturwissenschaften orientierten Theorie- und Methodengebäudes, einer strengen Systematik. Man kommt dem, um was es hier geht, jedoch weiter auf die Spur, wenn man einen Komplex hinzunimmt, der im Zuge der Geschichte postmetaphysischer Präsenztheorie, wie sie oben kurz skizziert wurde, immer mehr an Relevanz gewonnen hat: den Begriff des Mediums. Im Gegensatz zum Zeichenbegriff, wie er sich in der Folge Saussures und Derridas entwickelt hat, unterhält die Kategorie Medium Verbindungen sowohl zu semiotischen als auch zu nicht-semiotischen Phänomenen, denn der Boom speziell der deutschen Medientheorie verdankt sich gerade der *Unterscheidung* von Zeichen und Medium. Diese These grundiert den Begriff der »Materialität der Kommunikation«.

3. Materialität der Kommunikation – Aisthetik – Performativität

Im selben Jahr, in dem Michel Serres' »Fünf Sinne« erscheint, ergehen sich einige Geisteswissenschaftler auf den Straßen des damals noch zu Jugoslawien gehörenden Dubrovnik und sinnieren nicht nur über die Erträge der dort seit den späten siebziger Jahren angesiedelten literatur- und sprachwissenschaftlichen Tagungsreihe, sondern auch über die Perspektiven ihrer Fächer selbst.

> »Anstatt weiterhin mit langwierigen Abstechern in die Geschichte unserer Fächer auf unserem imaginären Weg zu einer möglichen geistigen Zukunft weiterwandern zu wollen, waren wir alle sofort überzeugt (ja, es war wirklich wie die Parodie eines kollektiven Erweckungserlebnisses), als einer von uns mehr oder weniger nebenbei das Thema ›Materialität der Kommunikation‹ vorschlug.«[39]

---

39   Gumbrecht 2004, S. 22.

Was dieses Stichwort für die Anwesenden so reizvoll macht, ist nur im Zusammenhang der oben beschriebenen historischen Situation einer »Geisteswissenschaft« zu begreifen, die einerseits der »Interpretation«, der Fokussierung auf Sinnphänomene, die die Geschichte ihrer eigenen Fächer prägt, nicht mehr viel zutraut, andererseits noch nicht über eine Begriffsarmatur verfügt, um jenes »Nichthermeneutische« (Gumbrecht), um das es in der Materialität der Kommunikation geht, in den Blick zu bekommen:

> »Vor dem Titelblatt des 1988 erschienenen Bandes *Materialität der Kommunikation* steht die – irgendwie unbeholfene – Schlüsseldefinition des diesem Thema gewidmeten Kolloquiums, das dann wirklich zwei Jahre nach jenem beschwingten Sonntagmorgengespräch auf der Stradun stattfand. ›Materialität der Kommunikation‹ thematisieren, steht dort, heiße ›die Frage nach den selbst nicht sinnhaften Voraussetzungen, dem Ort, den Trägern und den Modalitäten der Sinn-Genese stellen‹.«[40]

Diese Frage hat mehrere Quellen und eine (nicht nur wissenschafts-) politische Pointe. Vor allem ist hier an Walter Benjamin zu denken, dessen Medienästhetik in der *aisthesis* gründet und die Frage nach dem, was man heute vielleicht mit Friedrich Kittler das *technische Apriori* einer Epoche nennen würde, in einer Zeit stellt, in der diese Rückbesinnung der Ästhetik auf die *aisthesis* und die damit einhergehende Fokussierung auf die medialen Ermöglichungsgrundlagen der Sinngenese innerhalb der wissenschaftlichen Landschaft völlig singulär ist. Die in Benjamins Aufsatz »Das Kunstwerk im Zeitalter seiner technischen Reproduzierbarkeit« in den dreißiger Jahren aufgeworfenen Fragen nach dem Verlust der »Aura« sind einer originellen Analyse der Technizität der Reproduktionsmedien (Fotografie und Film) entnommen, die als *Ermöglichungsgrundlage von Sinnkonstitution* von Benjamin erstmalig erkannt und entsprechend thematisiert werden.[41] Die medial induzierten kulturellen Umwälzungen, die von Benjamin mit der These vom »Verlust der Aura« beschrieben werden, erklären sich – und das ist die zentrale Pointe, die nicht nur das Projekt einer »Materialität der Kommunikation«,

---

40 Ebd., S. 24.
41 Dass sich diese theoretische Ausrichtung Benjamins nicht auf den Kunstwerkaufsatz und flankierende Texte beschränkt, wird in Kapitel IV thematisch.

sondern in deren Folge auch die neuere Medientheorie inspiriert – nicht aus den *Inhalten* oder *Botschaften*, sondern aus den (in diesem Fall technischen) Medien selbst, die diese Inhalte *erst konstituieren.* Diese Medien sind jedoch nicht selbst von der Natur des »Sinns« oder der Bedeutung, sondern zunächst einmal in der *aisthesis* fundiert und somit, wenn schon nicht der *semiosis* vorgängig, so doch dieser zumindest auf unhintergehbare Weise *äußerlich.* Seit Benjamin (und damit noch vor Shannon) sind Medien nicht neutrale Kanäle, die dem von ihnen transportierten Sinn indifferent gegenüberstehen, sondern als *Materialität* der Sinngenese konstitutiv eingeschrieben, ohne dabei schon selbst Sinn zu sein; eine Argumentation, die zentrale Argumente der sogenannten »Toronto-School« der Medientheorie (Harold Innis, Marshall McLuhan, Derrick de Kerckhove) vorwegnimmt.

Hier wird der Aspekt der *Aisthetisierungsleistung* von Medien in den Vordergrund gerückt, was einen entscheidenden Schritt hin zum Verständnis des Verhältnisses von Zeichen- und Präsenzphänomenen bedeutet. Die Frage, die dabei im Zentrum steht – die Kernfrage von Medien*philosophie* überhaupt – ist die nach der Konstitutionsleistung von Medien, die eben deshalb das Vermittelte, ihre »Botschaft«, formen oder überhaupt erst generieren können, weil die Medialität des Mediums – zumindest zu einem entscheidenden Teil – selbst *nicht* semiotischer, sondern aisthetischer Natur ist.[42] In der Materialität des Sinnlichen wird die Immaterialität eines Sinns erst gegenwärtig.[43] In diesem *Geschehen* einer Vergegenwärtigung von Sinn besteht die Aisthetisierungsleistung von Medien und diese ist der *Präsenzeffekt* des Medialen im Spannungsfeld von *aisthesis* und *semiosis.* Die Aufdeckung dieser Materialität des Sinnlichen ist – neben der Diskursanalyse Michel Foucaults und der damals einsetzenden deutschen Rezeption des französischen »Poststrukturalismus« – der Ausgangspunkt der »Materialität der Kommunikation« und Inauguralintuition jeder Medientheorie, die Medien nicht mehr nur im Hinblick auf »gelingende Kommunikation« untersucht. Auch Friedrich Kittlers in diesem Sinn materialistische Medientheorie speist sich aus dieser

---

42 Eben das ist die Ebene der Derridaschen »Exteriorität des Signifikanten«.
43 So eine Formulierung Sybille Krämers aus der Einleitung zu *Performativität und Medialität*: Krämer 2004c, S. 20.

Grundannahme.[44] Obwohl Kittlers Theorie des Technikapriori zunächst alles andere als den Körper und die *aisthesis* fokussiert, ist auch bei ihm die Trennung von Zeichen und Medium fundamental, die im Begriff einer »Materialität der Kommunikation« impliziert ist.

Avancierte Medientheorie im Zeichen der »Materialität der Kommunikation« fußt im Aufweis eines der Ebene der *semiosis* Inkommensurablen, der Materialität des Mediums selbst, allerdings ohne *semiosis* und *aisthesis* zu dichotomisieren. Denn die Fruchtbarkeit jeder Thematisierung einer »Materialität der Kommunikation« liegt in der Unabweisbarkeit der *Verschlingung von aisthesis und semiosis, die dabei jedoch stets die unhintergehbare Differenz dieser beiden Ebenen offen halten muss,* also das eine nicht im anderen aufgehen lassen darf. Und eben diese *Interdependenz in der Differenz* theoretisch durch jede Aporie hindurch auszuhalten ist das Signum postmetaphysischer Präsenztheorie, die eben deswegen *postmetaphysisch* ist, weil sie sich des von Derrida aufgezeigten Dilemmas jederzeit bewusst sein muss, dass die metaphysischen Grundlagen jeder theoretischen Rede und jeder Beschreibung eines Phänomens zwar aufgezeigt, jedoch nicht verabschiedet werden können:

> »An und für sich ist gar nichts auszusetzen an der Sinnproduktion, der Sinnidentifikation und dem metaphysischen Paradigma. Was unsere bescheidenen wissenschaftlichen Rebellionen zu problematisieren suchten, war eher eine *institutionelle* Konfiguration, in deren Rahmen die absolute Vorherrschaft sinnbezogener Fragen schon seit langem zur Preisgabe aller übrigen Arten von Phänomenen und Fragen geführt hatte. Infolge dieser Situation sahen wir uns einem vollständigen Mangel an Begriffen gegenüber, die es und gestatten würden, mit der von uns selbst so bezeichneten ›Materialität der Kommunikation‹ umzugehen.«[45]

Dass an dieser Stelle auf scheinbar widersprüchliche Art nach Begriffen gerufen wird, die das Nicht-Begriffliche erfassen sollen, ist Konsequenz und ständige Aporie postmetaphysischer Präsenz-

---

44 Kittlers eigene Entwicklung ist eng mit dem »Geist von Dubrovnik« vernüpft und es ist kein Zufall, dass auch sein wirkungsmächtiges »Aufschreibesysteme 1800/1900« im selben Jahr erscheint wie Serres' »Fünf Sinne« und die Idee einer »Materialität der Kommunikation«.
45 Gumbrecht 2004, S. 32.

theorie. Derrida selbst hat sich bekanntlich niemals der Illusion hingegeben, die Metaphysik »überwunden« zu haben:

> »[...] *es ist sinnlos,* auf die Begriffe der Metaphysik zu verzichten, wenn man die Metaphysik erschüttern will. Wir verfügen über keine Sprache – über keine Syntax und keine Lexik –, die nicht an dieser Geschichte beteiligt wäre. Wir können keinen einzigen destruktiven Satz bilden, der nicht schon der Form, der Logik, den impliziten Erfordernissen dessen sich gefügt hätte, was er gerade in Frage stellen wollte.«[46]

Auf der bereits von Gumbrecht angesprochenen institutionellen Ebene ist hier jedoch noch eine weitere Motivation im Spiel, die eng an die zeitgeschichtlichen Gegebenheiten der späten achtziger Jahre geknüpft ist. Mit dem langsamen Verfall der sozialistischen Staaten, der letztlich 1989 mit dem Fall der Berliner Mauer an einen entscheidenden Kulminationspunkt gelangte, verloren die theoretischen Vorgaben des Marxismus ihre auch akademische Credibilität. Das Konzept der »Materialität der Kommunikation« hingegen schloss anscheinend die wie auch immer vage Hoffnung auf einen *postmarxistischen Materialismus* ein; eine Theorie, die den Begriff des Materialismus wieder ernst nehmen konnte, ohne sich in den ideologischen Fallstricken einer teleologischen Geschichtsmetaphysik zu verfangen:

> »Außerdem bewegten sich unsere Hoffnungen irgendwo zwischen der zynischen und der naiven Erwartung, daß wir durch die überwältigend einleuchtende Konvergenz zwischen Materialität und Materialismus erstens dazu verpflichtet wären, dem Marxismus treu zu bleiben (für den sich fast alle von uns in noch jüngeren Jahren entschieden hatten und der bei einigen von uns – mit ganz schlechtem Gewissen – soeben seine Überzeugungskraft einzubüßen begonnen hatte) und das zweitens unsere Kollegen aus mehreren osteuropäischen Ländern – was damals hieß: aus den sozialistischen Staaten – die Möglichkeit erhalten würden, zwei Jahre später wieder nach Dubrovnic zu kommen.«[47]

---

46   Derrida 1994, S. 425.
47   Gumbrecht 2004, S. 23.

Das Nachwort zu dem 1990 erschienen Sammelband »Aisthesis«,[48] belegt die These, dass es sich bei dem Projekt der »Materialität der Kommunikation« um eine Theoriebewegung handelte, die über die Grenzen des Eisernen Vorhangs hinweg stattfand und aus dieser Situation einen Großteil ihrer Fruchtbarkeit bezog.[49] Die Herausgeber des Sammelbandes vereinigen einige zentrale Texte französischer Theoretiker, in der erklärten Absicht, den »Kunstbegriff wesentlich weiter zu fassen, die Verbindung zwischen Technologie und (schönen?) Künsten, [...], wiederherzustellen.«[50] Hier ist der entscheidende theoretische Konnex zwischen »Materialität der Kommunikation« und der an sie anschließenden Medientheorie und Ästhetik genannt. Sich einer zweihundertjährigen Technikphobie innerhalb der deutschen Geisteswissenschaften und insbesondere der Ästhetik entgegenzustellen, ist eine grundlegende Motivation postmetaphysischer Präsenztheorie, die hierin eine ihrer wichtigsten Wurzeln hat. Sie stellt sich einer Entwicklung entgegen, die von Benjamin ausgehend und die Erträge des Poststrukturalismus und deren Heideggerrezeption einbeziehend ihren Hauptgegner in der Hegelschen Ästhetik findet:

»Hegels Ästhetik ist die Summe dieser [technophoben und sinnesvergessenen] Entwicklung. Sie erhebt die Idealität des Sinns gegen die Materialität der Sinne zur absoluten Norm. ›Das Vertilgtwerden gerade der sinnlichen

---

48   ... der von Karl Heinz Barck mitherausgegeben wurde, der seinerseits fünf Jahre zuvor an den Dubrovniker Tagungen beteiligt war und von dem Gumbrecht vermutet, dass von ihm der Begriff »Materialität der Kommunikation« stammen könnte: Ebd., S. 22.

49   »Für uns in der DDR besteht ob der merkwürdigen (und noch wenig aufgeklärten) Tatsache, daß trotz Marxismus sich eine wirklich materialistische Sicht/Ansicht von Ästhetik nicht durchgesetzt hat, Grund, die Erfahrungen anderer Kulturen/Länder aufzuarbeiten und bekanntzumachen, in deren Denktradition die ästhetische Idealisierung nicht so mächtig gewesen ist.« Barck et. al. (Hrsg.) 1990, S. 461. Das ist natürlich noch elegant und zurückhaltend formuliert. Klar ist, dass die »offizielle« marxistische Ästhetik innerhalb der sozialistischen Welt nie über eine plumpe Vulgärform der »Widerspiegelungsthese« sozialer Verhältnisse in der Kunst hinausgekommen war, deren Dekonstruktion sich überhaupt nicht lohnt, da es innerhalb dieser Ästhetik nie überhaupt nur ein Problembewusstsein bezüglich der eigenen metaphysischen (und ironischerweise zutiefst »bürgerlichen«) Voraussetzungen gab und geben konnte.

50   Ebd., S. 450.

Materialität‹ (Ästhetik) wird beherrschend in der bis heute nachwirkenden Tradition philosophischer (auf Wahrheit und Bedeutung fixierter) Ästhetik.«[51]

Die mit dem Begriff der »Aisthetik« angezeigte »neue Ästhetik« hat die Aufgabe, jenes in der Wahrnehmung gegebene »Harte« des nicht auf den Begriff zu bringenden *Widerfahrnisses* ästhetischen Erlebens wieder in den Blick zu bekommen. Und dieses nicht-semiotische Erleben ist eng mit der Materialität des ästhetischen Objekts verflochten, das allerdings, und das ist eine weitere Pointe dieser Neuakzentuierung, *überhaupt kein Kunstobjekt mehr sein muss*, um für die ästhetische Theorie interessant zu sein. Aisthetik thematisiert die *Präsenzeffekte* ästhetischen Erlebens selbst in der Ubiquität alltäglicher Wahrnehmungsvollzüge. Von daher ist es möglich, eine Ästhetik der Natur abseits vom Kantschen Begriff des Erhabenen ebenso in den Blick zu bekommen wie Design oder materielle Oberflächenstrukturen.[52] So geht zum Beispiel Gernot Böhmes Begriff der »ästhetischen Arbeit«[53] von dieser in der Aufwertung der *aisthesis* begründeten Erweiterung der Ästhetik ebenso aus, wie derjenige der *Atmosphäre*, der in einer entscheidenden Definition Böhmes nicht umsonst unweit der klassischen aristotelischen Definition des Mediums als des *Dazwischen* (gr. *ta metaxu*) angesiedelt ist: »Das heißt also, Atmosphären sind etwas *zwischen* Subjekt und Objekt. Sie sind nicht etwas Relationales, sondern die Relation selbst.«[54]

---

51   Ebd., S. 462. Diese Forderung nach einer nicht mehr sinnzentrierten Ästhetik, welche die *aisthesis* gegenüber der *semiosis* wieder aufwertet, konvergiert mit jener »konkreten Ästhetik«, die von Heiner Müller gefordert wurde und deren Programmatik im Nachwort zu »Aisthesis« zitiert wird: »Konkret heißt, daß man zwei Zeilen aus einem Text wirklich genau untersuchen und vielleicht sogar sagen kann, was an einem Text nicht stimmt. Sicher, es gibt kein vollkommenes Kunstwerk, ohne Schlieren, und wenn man den Fehler tilgt, tilgt man vielleicht etwas in anderem Zusammenhang ganz Wichtiges. Es wäre aber nützlich, wenn man da ein Instrumentarium hätte, um festzustellen: Wo ist die Schliere?« Ebd., S. 466.

52   Vgl. zu einer in diesem Sinne neuen Ästhetik der Natur: Seel 1996.

53   »Als ästhetische Arbeit soll diejenige Tätigkeit bezeichnet werden, die Dinge, Räume, Arrangements gestaltet im Hinblick auf die affektive Betroffenheit, die ein Betrachter, Empfänger, Konsument usw. dadurch erfahren soll.« Böhme 2001, S. 53.

54   Ebd., S. 54.

Es ist deutlich, in welch engem Zusammenhang *aisthesis* und *semiosis* aller Dichotomisierungen zum Trotz eigentlich gedacht werden müssen. Die Schwierigkeit für eine adäquate Beschreibung dieser Dynamik besteht nicht zuletzt in ihrer Ereignishaftigkeit. Auch Hans-Ulrich Gumbrecht kommt in seinem bereits erwähnten Text zur »Produktion von Präsenz« zu dem Schluss, dass ästhetisches Erleben immer ein *Geschehen*, ein Hin und Her von Sinn- und Präsenzphänomenen ist. Das ist gemeint, wenn er davon spricht, dass diese zwei Ebenen nie in einer »stabilen Komplementaritätsstruktur« erfassbar seien.[55]

Das bedeutet jedoch nicht, dass sie überhaupt nicht erfassbar sind. Es kommt »nur« darauf an, den Blick beharrlich auf den Moment zu lenken, in dem Zeichen- und Präsenzphänome, Sinn und Sinnlichkeit, wenn man so will, noch nicht auseinandergefallen sind, die *Schlieren* (Heiner Müller) des ästhetischen Objekts erlebbar werden. Dieses Auseinanderfallen ist nämlich – das sollte deutlich geworden sein – kein Mangel, keine unwissenschaftliche Unschärfe, die es methodisch auszumerzen gilt. Im Gegenteil: Nur in dieser Dynamik, in dem Moment des plötzlichen Aufscheinens einer Aisthetisierung von Sinn via Medium kann man dem Gegenstand der Beobachtung, dem ästhetischen Erleben gerecht werden. Wenn dieses Hin und Her von Sinn- und Präsenzebenen nur in seiner ereignishaften Dynamik adäquat gefasst werden kann, so ist damit gleichzeitig gesagt, dass die Aisthetisierungsleistung von Medien eng an die jeweils spezifische *Performativität* des Medien*gebrauchs* gekoppelt ist.

Die Fokussierung auf die Aisthetisierungsleistung und Performativität von Medien sollte in die Lage versetzen, auf diese Art und Weise Bedeutungskonstitution im Moment ihres Vollzugs zu erfassen, indem die medialen Ermöglichungsgrundlagen von *semiosis* in die Beschreibung des semiotischen Prozesses integriert werden könnten. Steiners *erlebte Form* würde sich so als ein Ineinander von *semiosis* und *aisthesis* erweisen, dessen ephemerer Status eine Erfassung in Form der Darstellung einer Dynamik erfordern würde.

In diesem Zusammenhang kommt die Beschäftigung mit Phänomenen des Performativen – ein letztes Element dieser (unvollständigen) Aufzählung der Ingredenzien postmetaphysischer Präsenztheorie – in den Blick. Der Begriff der Performativität, der ursprünglich

---

55 Gumbrecht 2004, S. 130.

der Sprechakttheorie John Langshaw Austins entnommen ist, erfährt in den späten achtziger und neunziger Jahren eine Renaissance in den Geisteswissenschaften, indem dieser Begriff mit dem der *performance* amalgamiert wird. Grund für die Attraktivität dieses Konzepts, dass einen Sprechakt bezeichnet, *der tut, was er sagt*, ist die bereits bei Austin angelegte Dimension der *Überschreitung* rein sprachlicher Mechanismen.

Der Begriff der Performativität erlaubt einen Perspektivwechsel innerhalb der Sprachphilosophie weg vom Konzept der Sprache als Repräsentation hin zur Sprache als *Handlung*. Seine eigentliche Sprengkraft erhält der Begriff der Performativität allerdings erst in den Geisteswissenschaften, um dort unter Einbeziehung der Theatralitätsebene der *performance* den Aufführungscharakter symbolischer Vollzüge zu betonen. In einer komplexen Aneignung des Derridaschen Begriffs der Iteration[56] zeigt Judith Butler in diesem Sinne auf, wie durch ritualisierte Wiederholungen sprachlicher Äußerungen und Bezeichnungen Geschlechteridentität (bzw. Identität überhaupt) *erzeugt* wird und somit innerhalb dieser performativen Genderkonstitution Symbolisches sich in sozialer Realität sedimentiert.

>»Der Arzt, der das Kind in Händen hält und sagt: ›Es ist ein Mädchen!‹, steht am Beginn einer langen Kette von Anrufungen, durch die das Mädchen transitiv seine Geschlechtsidentität zugewiesen bekommt. Geschlechtsidentität ist das Resultat einer rituellen Wiederholung, die sowohl das Risiko des Scheiterns birgt als auch sich langsam sedimentieren und festigen kann.«[57]

Hier kommt in Form der *Inkorporation* symbolischer Ordnungen jene Unterscheidung von phänomenalem Leib und semiotischem Körper ins Spiel, welche die in den sechziger Jahren in den Künsten vollzogene *performative Wende*[58] mit Austins Sprechakttheorie kurzschließt: »Statt Werke zu schaffen, bringen Künstler [in den sechziger Jahren] zunehmend Ereignisse hervor, in die nicht nur sie selbst, sondern auch die Rezipienten, die Betrachter, Hörer, Zu-

---

56 Vgl. Derrida 1999b sowie zum Begriff der Iteration insbesondere Rheinberger 2005.

57 Butler 1998, S. 74.

58 Zum Begriff der »performativen Wende« Vgl. Fischer-Lichte 2004, S. 29 und Mersch 2002a, S. 157–245.

schauer involviert sind. [...] Der Materialstatus fällt nicht mit dem Signifikantenstatus zusammen, er löst sich vielmehr von ihm ab und beansprucht ein Eigenleben.«[59] Dieses »Eigenleben« der Materialität äußert sich zum Beispiel in der leiblichen Kopräsenz von Zuschauer und Akteur, wobei sich auch diese Unterscheidung im Zuge derartiger Präsenzeffekte zunehmend verwischt. Auch hier ist Materialität als dynamischer Präsenzeffekt zwischen *semiosis* und *aisthesis* verortet, wobei es ein Verdienst des hier nur sehr holzschnittartig skizzierten Performativitätsbegriffs ist, die *Ereignishaftigkeit* performativer Vollzüge betont zu haben.

Im Spannungsfeld performativer Vollzüge nehmen Medien nicht die Position eines Vermittlers ein, sondern sind Ereignis der *Phänomenalisierung*: »Sie wirken dabei nicht durch Symbolisierung, sondern durch Somatisierung, indem sie also verkörpern. Das, was sie verkörpern, ist keine mehr oder weniger stabile Entität, sondern existiert nur in der flüchtigen und prozessualen Gegenwärtigkeit des Medienumgangs.«[60]

4. Quo Vadis?

Mit Steiners Begriff der *erlebten Form* und dessen Beschreibung von Worten, »die zum sorgfältigen Dienst an der Berührung gepresst werden«, ist ein paradigmatisches Beispiel für die Dynamik von *aisthesis* und *semiosis* im Medium der Sprache genannt worden. Dass dieses und alle anderen Beispiele in Steiners Essay dem Bereich der Kunst und der klassischen Ästhetik entstammen, bedeutet jedoch nicht, dass die Phänomene, um die es hier geht, auf den Bereich der sogenannten »Hochkultur« beschränkt sind. Vielmehr scheint die Vermutung berechtigt, dass das Interesse an der aisthetisierenden Qualität von Medien sowie den Präsenzaspekten von Zeichenphänomen sich nicht zuletzt der Verfasstheit digitaler Medien verdankt, deren Siegeszug von der Marktreife des Macintosh-Computers 1984 bis in die Gegenwart mit der skizzierten Entwicklung postmetaphysischer Präsenztheorie parallel verläuft. Diese Verfasstheit digitaler Medien ist jedoch keine absolut singuläre Qualität. Vielmehr zeigen digitale

---

59   Fischer-Lichte 2004, S. 29.
60   Krämer 2004c, S. 17.

Medien die beschriebene Pendelbewegung zwischen *aisthesis* und *semiosis* in der medialen Performanz von Zeichenphänomenen nur in einer solchen *Insistenz und Ubiquität,* dass die Beschäftigung mit Präsenz wieder virulent werden *musste.*

Es ist unschwer zu erkennen, wie eng die Renaissance der Medientheorie ab Mitte der achtziger Jahre mit dem Aufkommen des Computerzeitalters verkoppelt ist. Es gibt kaum eine relevante neuere Medientheorie, die nicht auf den Computer und das digitale Zeitalter Bezug, oder von diesem Medienwechsel ihren Ausgang nimmt. Man könnte mit Friedrich Kittler sogar soweit gehen zu behaupten, dass digitale Medien die Kategorie »Medium« überhaupt erst haben sichtbar werden lassen. Nicht weniger plausibel ist jedoch auch die von Jens Schröter geäußerte These, dass die spezifische Funktionsweise des Computers avancierte Medienbegriffe wie den Niklas Luhmanns wiederum erst ermöglicht hat.[61]

Obwohl einige Präsenztheoretiker ihren Versuch der Rehabilitierung »realer Gegenwart« gerade als Gegenentwurf zur Allgegenwart digitaler, »entkörperlichter« *Simulakra* verstanden wissen wollen,[62] ist vielleicht die Frage erlaubt ob nicht digitale Medien, dieses Interesse an Präsenzphänomenen nicht vielmehr positiv motiviert haben. Ist Medien und gerade digitalen Medien nicht vielleicht eine genuine Ereignishaftigkeit zu Eigen, die erst den Blick für die oben beschriebenen Zeichenqualitäten zwischen *aisthesis* und *semiosis* schärfen half?

Diese Frage erst einmal zurückstellend, lässt sich an dieser Stelle vorläufig zumindest festhalten, dass Zeichen- und Medientheorien mit den Herausforderungen von Präsenzerfahrungen nur dann fruchtbar umgehen können, wenn die medialen Ermöglichungsgrundlagen von Zeichenprozessen angemessen in den Blick genommen werden und sich die Theorie wieder auf den Ausgangspunkt postmetaphysischer Präsenztheorie besinnt, die von der irreduziblen *Interdependenz in der Differenz* von *aisthesis* und *semiosis* ausgeht. Dies gilt sowohl für die Medientheorie als auch für die Ästhetik; Theorieebenen, die eingedenk der Erträge der skizzierten Theorietradition als eng verkoppelt gedacht werden müssen. Eine solche Theorie kann den Blick auf eine »nichttheologische Transzendenz« hin öffnen, um einen Aus-

---

61 Schröter 2004a, S. 402.
62 Vgl. hierzu insbesondere Steiner 1990.

druck Dieter Merschs zu verwenden. Diese »enthüllt sich nicht in der Tiefe dessen, was gedacht oder wahrgenommen werden kann, sondern befindet sich an der Oberfläche dessen, *was (sich) gibt*.«[63] Aufgrund der radikalen Alterität, die sich in Präsenzphänomenen zeigt, erscheint »›Kultur‹ [...] dann nicht mehr als Produkt menschlicher Weltbeherrschung und menschlichen Handelns, sondern umgekehrt als Einbrechen einer der Verfügung des Handelns entzogenen Gegenständlichkeit oder ›Präsenz‹ in das menschliche Dasein.«[64] Diesem »Einbrechen der Präsenz« ist das Folgende gewidmet.

---

63 Mersch 2002b, S. 37.
64 So Hans-Ulrich Gumbrecht in seinem Artikel »Materialität der Kommunikation« in: Roesler/Stiegler 2005, S. 147.

III. Von Traumstimmen zu Informationskanälen
Der Begriff des Realen als medienästhetische Kategorie

1. Wenn Medien aufsässig werden:
Bugs, Fliegen und Metasignifikanten

Für Annette

Das Reale ist die einzige Sache auf der Welt,
an die man sich nicht so richtig gewöhnen kann.
Clément Rosset

Die Eliminierung des ersten Computer-»Bugs«[1] im Jahre 1945 gehört zu den Gründungsmythen des digitalen Zeitalters. Der bis zu ihrem Lebensende 1992 noch im Dienst der US-Navy gestandenen Computerpionierin Grace Hopper verdankt die Nachwelt nicht nur die Anekdote dieses mutmaßlich ersten »Bugs«, sondern auch dessen Beweis in Form einer Logbuchseite, die heute im Museum des Smithsonian Instituts in Washington D.C. aufbewahrt ist. Grace Hopper wird zumeist wie folgt zitiert:

»In the summer of 1945 we were building Mark II; we had to build it in an awful rush – it was wartime – out of components we could get our hands on. We were working in a World War I temporary building. It was a hot summer and there was no air-conditioning, so all the windows were open. Mark II stopped, and we were trying to get her going. We finally found the relay that had failed. Inside the relay – and these were large relays – was a moth that had been beaten to death by the relay. We got a pair of tweezers. Very carefully we took the moth out of the relay, put it in the logbook, and put scotch tape over it. Now, Commander Howard Aiken had a habit of coming into the room and saying, ›Are you making any numbers?‹ We had to have an excuse when we weren't making any numbers. From then on if we weren't making any numbers, we told him that we were debugging the computer. To the best of my knowledge that's where it started. I'm delighted to report that the

---

1   Fehler, eigentlich eng. Käfer, umgangssprachlich Insekt allgemein, metaphorisch »don't bug me!«: »Geh' mir nicht auf die Nerven!«, »Stör' micht nicht!«.

Photo # NH 96566-KN First Computer "Bug", 1945

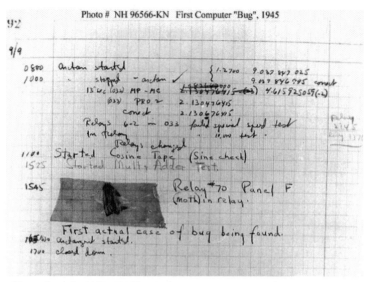

Abb. 1: Photo Nr. 96566-KN First Computer »Bug«, 1945, Washington, Smithsonian Institute.

first bug still exists; it is in the Naval Museum at the Naval Surface Weapons Center in Dahlgren, Virginia.«[2]

Die erwähnte Logbuchseite bezeugt zumindest, dass das störungsinduzierende Insekt irgendwo zwischen Relais 70 und Panel F des Mark II Aiken Relay Calculators, der zum damaligen Zeitpunkt an der Harvard-University getestet wurde, gefunden und sogleich mit dem Vermerk »First actual case of bug being found« mit Klebeband direkt auf die Logbuchseite dieses Tages appliziert wurde, wo sich die Motte bis heute befindet. Der zitierte Vermerk weist allerdings gleichzeitig darauf hin, dass der Terminus »Bug« als Metapher für eine technische Störung bereits vorher bekannt und die Metaphorizität des Wortes dem ungenannten Chronisten als solche geläufig gewesen sein muss. Schließlich hielt er oder sie das Auffinden eines »actual case of bug« für bemerkenswert genug, um dieses Realwerden einer offensichtlich als Metapher durchschauten Bezeichnung im Logbuch – buchstäblich – zu fixieren.

---

2   Shapiro 1987, S. 34.

Tatsächlich ist, wie der Wissenschaftshistoriker Edward Tenner in seinem Buch mit dem ebenso einprägsamen wie suggestiven Titel »Why Things Bite Back: Technology and the Revenge of Unintended Consequences« gezeigt hat, der Gebrauch des Wortes »Bug« als Bezeichnung für eine technische Störung bereits im 19. Jahrhundert nachweisbar, und zwar bei Thomas Edison. Dieser wird bei Tenner aus einem 1878 erfolgten Briefwechsel mit Tivadar Puskás mit den Worten zitiert: »The first step is an intuition and it comes with a burst that – ›Bugs‹ – as such little faults and difficulties are called – show themselves, and months of intense watching, study and labor are requisite before commercial success – or failure – is certainly reached«.[3] Einschlägige Wörterbücher, wie etwa das »Compact Oxford English Dictionary« oder »The Historical Dictionary of American Slang« beziehen sich ebenfalls auf Edison. »Websters 10th Collegiate Dictionary« erklärt das Wort »Bug« als »an unexpected defect, fault, flaw, or imperfection«, dessen Gebrauch in diesem Sinne bis ins Jahr 1622 zurückverfolgt werden kann. Bis ins 14. Jahrhundert hinein reicht die Etymologie im »Concise Oxford Dictionary of English Etymology«: Dort bezeichnet das Wort ein »object of dread«, das vom walisischen »bwg« abstamme und wiederum eine Bezeichnung für »Hobgoblin«, eine Art Kobold, sei.

54 Jahre nach diesem ersten »actual case of bug« des Computerzeitalters hat die Bug-Metapher nichts von ihrer Suggestivkraft verloren. In THE MATRIX (USA 1999) des Regieduos Andy und Larry Wachowski, deren Film-Trilogie auf bemerkenswert komplexe Weise die Ästhetik des Digitalen in den Mittelpunkt stellt, macht ein »Bug« ganz besonderer Art dem von Keanu Reeves gespielten Hauptcharakter »Neo« zu schaffen. Neo wird von den sogenannten »Agenten« das erste Mal festgenommen und verhört. Innerhalb dieses Verhörs zeigt sich der Hacker Neo resistent gegenüber den Versuchen der Agenten, ihn als Lockvogel zu missbrauchen. Noch weiß Neo nicht, dass er sich zu diesem Zeitpunkt in einer computergenerierten »Virtual Reality« befindet und die Agenten eigentlich Computerprogramme sind, die für das Aufspüren von unangepassten Mitbürgern zuständig sind, die auf die eine oder Art und Weise kurz vor der Entdeckung stehen, dass sie sich in einer simulierten Kunstwelt befinden, also den reibungslosen Ablauf der simulierten Illusion stören könn-

---

3   Zitiert nach Tenner 1996, S. 18.

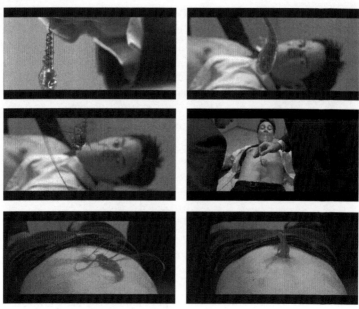

Abb. 2–7: Stills aus THE MATRIX, USA 1999.

ten. Im Lauf des Films wird sich herausstellen, dass die Menschheit nach einem apokalyptischen Ernstfall von künstlichen Intelligenzen versklavt und als lebende Energieressource eingepfercht in monolithische Kraftwerke in einem künstlichen Koma gehalten wird. Das menschliche Bewusstsein ist derweil gefangen in der totalen Immersion einer computergenerierten Welt, eben der »Matrix«, die mittels Neuroimplantaten direkt ins Nervensystem eingespeist wird. Hier nun haben die »Agenten« genannten Überwachungsprogramme natürlich nicht nur einen gewaltigen epistemischen, sondern auch demiurgischen Vorteil. Wie in einem Wachtraum können sie die computergenerierte »Realität« nach ihrem Gutdünken manipulieren, was Neo in dieser Sequenz schmerzhaft zu spüren bekommt. Nachdem er sich geweigert hat, selbst als Spion zu fungieren, gehen die Agenten zu »Plan B« über: Sie »verwanzen« den widerspenstigen Hacker, und das in einem beunruhigend unmetaphorischen Sinn, den die Spionagefilme des prädigitalen Zeitalters noch nicht auf der Agenda hatten. In einer grandiosen Invertierung der Bug-Metapher implementiert »Agent Smith«, der im Verlauf der Film-Trilogie zum An-

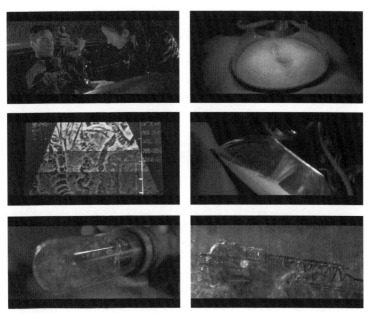

Abb. 8–13: Stills aus THE MATRIX, USA 1999.

tagonisten Neos wird, ein mechanomorphes Insekt in Neos Organismus, das sich schnell vor den ungläubigen Augen des panischen Neo von einem technischen Artefakt in ein *Biofakt* (Kompositum aus *bios* und *Artefakt*) verwandelt, das eine flinke Mischung aus Spinne und Krustentier zu sein scheint und durch den Bauchnabel des bemitleidenswerten Computerfreaks hindurch in dessen Eingeweide vordringt, um sich dort zu verstecken (Abb. 2–7).

Anlässlich eines wenig später stattfindenden konspirativen Treffens zwischen Neo und anderen »eingeweihten« Untergrundaktivisten muss dieser unheimliche Gast natürlich erst einmal entfernt werden. Die von »Trinity« ausgesprochene Vermutung »I think you're bugged« erweist sich schnell als richtig und der ungebetene Gast wird in einer Art Notoperation wieder extrahiert. Innerhalb dieser Sequenz, die konsequent auf unbehagliche Weise wie die Parodie einer Abtreibung inszeniert ist, wirft Trinity die in einer Kapsel gefangenen amorph-fötalen Überreste von Neos unfreiwilliger »Schwangerschaft« aus dem Wagenfenster auf die regennasse Straße. Die letzte Nahaufnahme zeigt dann wieder ein technisches Artefakt, dass mehr an eine Zündkerze als ein Insekt erinnert, sein unheimliches Eigenleben jedoch noch im Verlöschen der augenförmigen Leuchtdiode zu erkennen gibt.

Die Eindringlichkeit der »Bug«-Metapher, die in THE MATRIX auf die Spitze getrieben wird, ist dabei nicht zufällig. Was der namenlose Chronist der Harvard-Laboratories durch das Einkleben der Motte zu vollbringen suchte, ist das *Dingfest-Machen* einer fundamentalen Beunruhigung, die ihre eigene Geschichte hat und in den beschriebenen Sequenzen aus THE MATRIX auf die Spitze getrieben wird. Die Fixierung der Motte auf der Logbuchseite ist ein Echo auch jener Blickfixierung, die bereits die *trompe-l'oeil*-Malerei des 17. Jahrhunderts in ihr Zentrum stellt. In Willem van Aelsts »Stilleben mit Jagdgeräten und toten Vögeln« von 1668 (Abb. 14) wird der Blick durch die Helligkeit des geöffneten Vogelflügels und dessen mittige Position innerhalb der Bildkomposition auf ein Objekt gelenkt, das ebenfalls ein »Bug«, nämlich eine Fliege ist.

Innerhalb dieses Stillebens, das durch seine für die niederländischen Meister des 17. Jahrhunderts typische obsessive Detailgenauigkeit ebenso fasziniert wie durch die fast haptische Qualität der Oberflächendarstellung, bringt diese Fliege eine Unruhe ins Spiel, über die sich nur Rechenschaft ablegen kann, wer genau hinschaut. Bei näherem Hinsehen stellt sich nämlich nicht nur heraus, dass die Fliege »weit größer dargestellt [ist], als sie entsprechend des bildimmanenten Maßstabs sein dürfte«.[4] Bei genauer Betrachtung ist zu erkennen, dass das Insekt im Verhältnis zum Flügel des Vogels, auf dem es zu sitzen scheint, vertikal gekippt dargestellt ist, was an dem »in der Luft hängenden« linken Vorderbein der Fliege gut zu beobachten ist. Die Fliege sitzt also nicht innerhalb des Bildes auf dem Flügel des toten Vogels, sondern – zumindest gemäß der zentralperspektivischen Bildlogik, die eben hiermit ebenso durchkreuzt wie bestätigt wird – *auf dem Bildträger selbst:*[5] »Man ist versucht, sie mit einer Handbewegung zu verscheuchen, aber das geht nicht – denn sie ist gemalt. Man sieht sich nun doppelt genarrt und wahrhaft in der Rolle der tumben Vögel der antiken Legende versetzt.«[6]

---

4   Leikert 2006, S. 93.

5   Vgl. für weitere Beispiele und eine Interpretation dieses Phänomens entlang der Lacanschen Bildtheorie auch Siegert 2006.

6   Leikert 2006, S. 94. Da es im Weiteren nicht in erster Linie um Bildtheorie

Abb. 14: Willem van Aelst: Stillleben
mit Jagdgeräten und toten Vögeln,
Öl auf Leinwand, 68 x 54 cm, 1668,
Karlsruhe, Staatliche Kunsthalle.

Unschwer ist hier bereits die Konnotation des »Bugs« als »object of
dread« wiederzuerkennen. Die Fliegen und Insekten als Objekte des
Abscheus, quasi als *Abjekte*[7] *avant la lettre*, weisen auf die Bedrohung hin, die sich *augenscheinlich* innerhalb der Vanitasmotivik des
17. Jahrhunderts ebenso findet wie in den drastischen Darstellungen
von THE MATRIX. Worin diese Bedrohung besteht, lässt sich erahnen,
wenn dieser Vanitasaspekt mit einer zweiten Ebene in Verbindung
gebracht wird, die Bernhard Siegert folgendermaßen beschreibt:

> »Während der eine Fliegensignifikant als Metasignifikant das Imaginäre der
> Repräsentation bezeichnet, setzt der andere Fliegensignifikant in dem Mo-
> ment, in dem er mit der Sache selbst, seinem Referenten, verwechselt wird,
> die Spaltung zwischen Bildraum und Bildträger und damit die Materialisie-
> rung des Bildträgers ins Werk. [...] Indem sie an die Stelle der Illusion, an
> die Stelle des transparenten Bildes die ›störrische Opazität einer Gegenwart‹

---

geht, kann hier auf die angedeutete platonische Bildtheorie und die für diese ent-
scheidende Legende von Parrhasios und Zeuxis nicht weiter eingegangen werden.
Vgl. dazu exemplarisch den Abschnitt »Platon und das Trugbild« in Deleuze 1993,
S. 311–324.

7   »Not me. Not that. But not nothing, either. A ›something‹, that I do not recog-
nize as a thing. A weight of meaninglessness, about which there is nothing insig-
nificant, and which crushes me. On the edge of nonexistence and hallucination, of
a reality that, if I acknowledge it, annihilates me.« Kristeva 1982, S. 2.

treten lässt, die nur mehr die einer Halluzination sein kann, lässt die Fliege einen Blick auftauchen im Bild, der das Sehen des Betrachters des Stilllebens als ein begehrendes Sehen, als gefräßigen Blick auszeichnet.«[8]

Siegert bezieht sich hier auf das »Mahlzeitsbild« (1665–70) von Georg Hinz, auf dem tatsächlich zwei Fliegen dargestellt sind. Die eine perspektivisch korrekt im Bildraum, die andere an der einzigen Stelle, an »der die Fliege den Eindruck hervorrufen kann, dass sie nicht *im* Bild, sondern *auf* dem Bild sitzt.«[9] In van Aelsts »Stilleben« besteht der Witz in der momenthaften Verwechslung von Metasignifikant und dessen Referenten. In diesem Moment ist die Fliege nicht mehr nur Repräsentation eines Insekts und Symbol der Vanitas, sondern gleichzeitig medienepistemologisches *Schwellenphänomen* im Grenzbereich von *aisthesis* und *semiosis*.

Bernhard Siegert selbst gibt den Hinweis auf ein weiteres Beispiel[10], das mittelbar noch eine Rolle spielen wird: Die ähnlich gelagerte Funktion einer Fliege in Gore Verbinskis Remake des japanischen Horrorfilms RINGU (THE RING, USA 2002). In diesem Film wird die Grenze zwischen Metasignifikant und Referent nicht zufällig am Beispiel eines TV-Bildschirms inszeniert. Die Protagonistin untersucht an einem Videoschneidetisch ein geheimnisvolles Videoband, das mit einem surrealistischen Kurzfilm bespielt ist, der, so wird angedeutet, übernatürlichen Ursprungs sei. Nicht überraschend, dass ausgerechnet eine Fliege hier den Chiasmus von Realem und Imaginärem markiert. Denn auf dem Bildschirm, der eine karge Küstenlandschaft zeigt, befindet sich in der oberen rechten Ecke eine Fliege, die zunächst aus exakt denselben Gründen wie ihre Genossin aus/auf van Aelsts »Stilleben« *nicht ins Bild passt* (Abb. 15).

Sie ist im Vergleich zum Maßstab des Bildraums zu groß und perspektivisch in derselben »unmöglichen« Position wie van Aelsts Insekt. Da jedoch Bildmontagen und filmtechnische Spezialeffekte für einen im zwanzigsten Jahrhundert sozialisierten Zuschauer nichts Neues sind, muss Verbinski in puncto Deutlichkeit einen Schritt weiter gehen. Die Protagonistin hat das Videoband angehalten, und hier zeigt sich das Unheimliche in einem blitzhaften Aufleuchten: Die

---

8   Siegert 2006., S. 116.
9   Ebd., S. 115.
10   Ebd., S. 114.

Abb. 15: Still aus THE RING, USA 2002.

Kamera fährt bis zu einer extremen Nahaufnahme des Bildschirms heran; bis zu dem Punkt, an dem das Flimmern und die irisierende Unruhe der Scanlines das Bild völlig zu dissoziieren scheinen. Die unterschiedlichen Bildwiederholungsraten von aufnehmender Filmkamera und aufgenommenem Monitor verstärken den Effekt des Bildflimmerns dabei beträchtlich (Abb. 16 und 17).

Das Videobild ist im Pausenmodus, doch plötzlich, für den Bruchteil einer Sekunde *bewegt* sich ein Flügel des Insekts. Es spricht für die Stringenz von Gore Verbinskis Reprise des *trompe-l'oeil*-Topos, dass sich dieser Moment auf Standbildern nicht vermitteln lässt. Die Fliege, die eben noch wie selbstverständlich Bestandteil der *mise-en-scène* des Videobildes war, zeigt sich nun exakt auf der Schwelle von imaginärem Bildraum und Realem, wobei *der Moment des Übergangs* das Entscheidende ist. Was im Flimmern der Scanlines noch in der Schwebe gehalten wird – innerhalb der extremen Nahaufnahme ist es auch für den Zuschauer für einen Augenblick nicht entscheidbar, ob der Flügel sich »wirklich« bewegt oder es sich um eine durch das Flimmern erzeugte Augentäuschung handelt – wird im nächsten Moment zur Gewissheit: Die Fliege lässt sich aus dem Bildraum herauslösen (Abb. 18–21).

Interessanterweise kommt diese Fliegensequenz so im Original RINGU (JAPAN 1998) von Hideo Nagata nicht vor. Die Fliege ist jedoch auch dort präsent: Während das Videoband abläuft, ist aus dem Off das elektronisch verzerrte und amplifizierte Summen eben jener Fliege zu hören, die sich in Gore Verbinskis Version dann visuell manifestiert. Obwohl der »Bug« in der japanischen Version nicht in Form des *trompe-l'oeil* Topos inszeniert ist, wird dessen Verstörend/ Störendes in dem enervierenden Fluggeräusch der Fliege bewahrt. Dieses wird dann leitmotivisch im Soundtrack des Films beibehalten und tritt immer in Zusammenhang mit den Spukgestalten auf, denen sich die Figuren gegenübersehen.

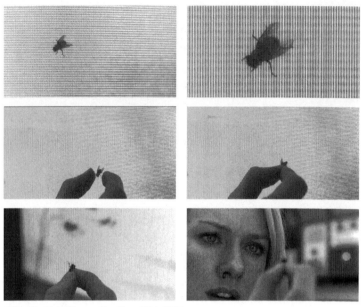

Abb. 16–21: Stills aus The Ring, USA 2002.

Siegerts präzise Formulierung von der »störrischen Opazität einer Gegenwart«, die eine Materialität »ins Werk setzt«, weist direkt ins Zentrum des Phänomens. Ebenso wie das Geräusch einer Fliege im Halbschlaf in erster Linie in seiner »störenden« Präsenz wahrgenommen wird, die man mit fahriger Geste zu vertreiben sucht, drängt sich die »störrische Opazität einer Gegenwart« auf, ohne recht begriffen werden zu können. Was bleibt und insistiert, ist reine Anwesenheit, die jedoch nicht zwingend Anwesenheit *von* etwas sein muss: »absolute« *ekstasis*.[11]

---

11 Vgl. Mersch 2001, S. 278: »Der Ausdruck *Ekstasis*, im Sinne des ›Aus-sich-heraus-stehens‹, sei der Philosophie Schellings entnommen: Das vor aller Begrifflichkeit rein Seiende im Sinne des ›unvordenklichen Seins‹ wird als ›absolut Ekstatisches‹ gedacht: *Ekstasis* des Seins im Sinne von Existenz, ohne dass damit bereits ›etwas‹ existiere« Mersch 2002b, S. 73. Vgl. ausführlich: Mersch 2002b, S. 382–403. Mersch bezieht sich hierbei auf Schellings »Philosophie der Offenbarung«. Das Attribut »absolut« wird hier und im Folgenden beibehalten, um die Paradoxie einer *ekstasis*, die nicht bereits ein Existierendes voraussetzt, in einem Begriff komprimieren zu können.

Diese *ekstasis* ist eine »Begegnung mit dem Realen«, wie sie Jacques Lacan in dem für diesen Begriff entscheidenden Kapitel »Tyche und Automaton« aus dem Seminar »Über die vier Grundbegriffe der Psychoanalyse« beschreibt: »unzeitiger Ort«, ein Riss zwischen »Wahrnehmung und Bewusstsein«.[12] Um eine solche Begegnung mit dem Realen geht es laut Lacan im »Traum vom brennenden Kind« aus der Freudschen »Traumdeutung«: Ein Vater legt sich im Nebenzimmer des Raums schlafen, in dem sein toter Sohn aufgebahrt liegt. Er lässt einen »alten Mann« als Totenwache im Zimmer des Sohnes zurück. Aber nicht nur der Vater schläft ein, sondern auch der Greis, und so bemerken beide nicht, dass eine Kerze umgefallen und im Begriff ist, den Arm der Kindesleiche zu verbrennen. Der Vater träumt daraufhin, dass das Kind an sein Bett herantritt und ihm vorwurfsvoll zuraunt: »Vater, siehst du denn nicht, daß ich verbrenne?«[13] Für Freud liegt Lacan zufolge die Pointe des Traums in der Verquickung des schlechten Gewissens des Vaters (der die Leiche seines Sohns bei einem alten Mann allein gelassen hat) mit den aktuellen Umständen (die akute Brandgefahr) und der Todesursache des Kindes, das an einem Fieber gestorben war.

> »In dieser Mitteilung [»Vater, siehst du denn nicht, dass ich verbrenne?«], nicht wahr, ist mehr Realität als in dem Geräusch, an dem der Vater freilich die befremdliche Realität des Geschehnisses im Nebenzimmer identifiziert! Geht nicht in diese Worte die réalité manquée/die versäumte Realität ein, die den Tod des Kindes verursacht hatte? Gibt Freud uns hier nicht zu verstehen, daß in diesem Satz erkannt werden muss, was diese auf immer mit dem Sohn untrennbar verbundenen Worte für den Vater festhalten, die ihm, wie Freud annimmt, im Fieber gesagt sein sollten? – wer weiß, vielleicht verewigen die Worte auch die Gewissensbisse, nachdem der Vater *die Besorgnis mit in den Schlaf hinübergenommen (hatte), daß der greise Wächter seiner Aufgabe vielleicht nicht gewachsen war.«*[14]

Dieses »mehr Realität« ist es, worum es Lacan in Bezug auf das Reale geht, denn was weckt den Vater letztendlich auf? »Ist's vielleicht, *im* Traum, eine zweite Realität? – jene Realität, die Freud

12   Lacan 1987, S. 62.
13   Freud 1975, S. 513.
14   Lacan 1987, S. 64.

so beschreibt – *daß das Kind an seinem Bette steht, ihn am Arme faßt und ihm vorwurfsvoll zuraunt: Vater, siehst Du denn nicht, daß ich verbrenne?*«[15] Physikalischer Auslöser dieser Begegnung mit dem Realen ist das *zufällige* Umfallen einer Kerze im Nebenzimmer bzw. das Geräusch dieses Umfallens, dass in den Traum eingearbeitet wird, in der physischen Realität statthat, jedoch *nicht* das Reale ist, so wie Lacan diesen Begriff konzipiert. Wenn Lacan fragt, ob es sich bei diesem Traum um einen »Kniefall vor der versäumten Realität« handelt, so ist damit ein Wesentliches des Realen angesprochen. Die versäumte Realität ist jenes »Unmögliche« des toten Sohnes, jene traumatische Katastrophe, der weder ausgewichen noch wirklich begegnet werden kann. Diese unnennbare »versäumte Realität« kehrt nun in der Maske einer *zweiten* Realität wieder, nämlich in der Traumstimme des Sohnes. Und *erst diese* vermag den Vater zu wecken, denn die unbewusst wahrgenommenen Gefahrenanzeichen (das Geräusch der umfallenden Kerze, vielleicht Rauchentwicklung etc.) sind zwar als somatische Auslöser des Traums zu betrachten, reichen aber alleine nicht aus, um den Vater zu wecken, denn die »zweite Traumfunktion«, die diese Wahrnehmungseinflüsse nur in den Traum einarbeitet, dient »allein dem Bedürfnis einer Verlängerung des Schlafs«.[16] Eine Begegnung mit dem Realen ist eine Begegnung mit dem »Unmöglichen«, eine unmögliche Begegnung, in diesem Fall in Form einer Begegnung mit dem toten Sohn, jenem der drei Schläfer, der nicht mehr erwachen kann:

> »Was für eine Begegnung sollte mit diesem auf immer leblosen Wesen – gar wenn es von Flammen verschlungen – noch möglich sein, wenn nicht die, die just in dem Augenblick stattfindet, in dem das Feuer durch einen Unfall, wie durch Zufall, es erfaßt? Wo wäre bei diesem Unfall Realität wenn nicht: daß sich etwas, das insgesamt noch fataler ist, vermittels der Realität wiederholt – vermittels einer Realität, in der derjenige, der bei der Leiche hätte wachen sollen, einfach weiterschläft, übrigens immer noch, als der Vater nach seinem Erwachen im Zimmer erscheint?«[17]

---

15   Ebd., S. 64.
16   Ebd., S. 63.
17   Ebd., S. 64.

»*Vater, siehst du denn nicht, daß ich verbrenne?* Dieser Satz ist eine Fackel – er allein legt Feuer an alles, worauf er fällt – nicht zu sehen ist, was brennt, denn die Flamme ist zu hell, als daß zu sehen wäre, worauf das Feuer als auf ein *Dahinterliegendes* verweist: das Reale.«[18] Da das Reale selbst nicht imaginiert oder symbolisiert werden kann, erscheint es hier als Einfaltung einer zweiten Realität *in* der physischen Realität. Der Satz des Traumsohnes zeigt als einziger *Wirkung*, nicht das Feuer, nicht das Geräusch der umfallenden Kerze. In den Termini alltagssprachlicher Vorstellungen von »Realität« lässt sich ein solches Ereignis nur paradox formulieren: Die Traumstimme des toten Sohnes, der einzig entschieden *nicht-reale* Aktant in diesem unheimlichen Freudschen Kammerspiel aus Schläfern und Feuern, ist der einzig *wirk*-liche, d.h. Wirkung zeitigende Faktor. In einem komplexen Wechselspiel aus reinen Kontingenzen (der Tod des Sohnes, die umfallende Kerze) und Traumverdichtung zeigt sich das Reale als »absolute« *ekstasis*, die aus dem Traum heraus den Traum unterbricht und das Bedürfnis nach Verlängerung des Schlafs nachhaltig stört. Malcolm Bowie kommentiert:

> »Doch diese Traumstimme ist nicht einfach durch den körperlichen Effekt bemerkenswert, den sie beim Vater dadurch auslöst, daß er aufwacht, sondern wegen des Umstandes, daß sie in ihrer Klarheit, Schärfe und schrecklichen Wirkung den Augenblick des Todes selbst wiederholt: Sie ist ein zufälliges Ereignis, das ein zufälliges Ereignis reproduziert, ein nicht weiter auflösbares Fragment des Realen, das von einem unwiederbringlichen Verlust spricht.«[19]

Die doppelte Kontingenz zweier völlig unabhängiger, zufälliger Ereignisse potenziert die Schärfe und Insistenz des Realen in diesem Fall, so dass es zwar aufgrund der »Helligkeit der Flamme« unerkennbar bleibt, jedoch in seiner *Widerständigkeit* als »Fragment des Realen« Wirkung zeigt. Entscheidend ist hier, dass das Reale bei Lacan sich nicht für Dichotomisierungen oder Hierarchisierungen eignet. Das Reale ist nicht so etwas wie eine »eigentliche Realität« hinter der Illusion des scheinbar Wirklichen, es gibt bei Lacan keinen »Schleier der Maja«, zumindest keinen, der zerrissen werden

---

18 Ebd., S. 65.
19 Bowie 1997, S. 102.

könnte. Malcolm Bowie unterstreicht zu Recht, wie es Lacan gelingt, den Begriff vollständig in der Schwebe zu halten:

> »Ist das Reale außen oder innen? Ist es ein leerer oder ein vollkommen erfüllter Raum? Gibt es die Möglichkeit ihm zu begegnen oder nicht? In Lacans erneuter Lektüre von Freuds berühmter Traumerzählung bleibt die Unentscheidbarkeit des Begriffs des ›Realen‹ peinlich genau erhalten. Das Reale ist eine für das Subjekt unüberschreitbare Schwelle, und ihm kann in den Analyse nicht ausgewichen werden.«[20]

Nicht ohne Grund spielt Lacan innerhalb der Konzeption des Realen ständig mit denjenigen Konnotationen, die diesen Begriff an Materialität und physikalische Faktizität binden,[21] was der alltagssprachlichen Verwendung des Begriffs entspricht, jedoch gleichzeitig Verwechslungen mit dem Begriff der »Realität« Vorschub leistet. Betrachtet man allerdings nur das oben beschriebene Beispiel des »Traums vom brennenden Jungen«, welches nur eine Facette des Realen bei Lacan ausmacht, wird schnell ersichtlich, dass *die Koinzidenz sich ansonsten logisch ausschließender Ebenen* entscheidend für den Begriff ist. Im Beispiel des »Traums vom brennenden Jungen« zeigt sich das Reale als *Wirkung*, die *allein* stark und unabweisbar genug ist, um den Vater aufzuwecken, jedoch sowohl »außen« in der physischen Welt (die Kerze, das Feuer) als auch »innen« (im Leid und den Schuldgefühlen des Vaters) gleichermaßen verortet ist und so genau jenen »unzeitlichen Ort« zwischen Wahrnehmung und Bewußtsein markiert, der das konstitutiv unbeobachtbare Spatium des Realen ist. Weder die umfallende Kerze, noch die Traumstimme gehören für sich genommen zur Ordnung des Realen, sondern deren *ereignishafte Koinzidenz*. Wenn Bowie fragt, ob das Reale »außen oder innen« ein »leerer oder vollkommen erfüllter Raum« sei, so wäre mit Lacan mit einem »sowohl als auch« bzw. »weder noch« zu antworten. Was hier vom Standpunkt der Theoriearchitektur für eine Medi-

---

20 Ebd., S. 103.
21 Etwa immer dann, wenn Lacan von »realen Beschränkungen« spricht − »Es ist durchaus wahr, daß ich nicht mit einer Hand diesen Tisch hier tragen kann, und es gibt einen Haufen meßbarer Dinge« (Lacan 1980b, S. 278) −, oder wenn das Reale als das bestimmt wird, womit sich die Natur- oder »exakten« Wissenschaften beschäftigen, im Vergleich zu den Gegenständen (dem Symbolischen) der »Konjekturalwissenschaften« (Geisteswissenschaften), Vgl. Lacan 1980b, S. 375.

enästhetik auf dem Spiel steht, ist nicht mehr und nicht weniger als ein Präsenzbegriff, der nicht auf physische Anwesenheit reduziert werden kann und somit auch einen komplexen Materialitätsbegriff zur Folge hat, der zwar in *aisthesis* und *semiosis* fundiert, jedoch nicht auf diese beschränkt ist. Lacans Leistung ist es, mit dem Realen einen postontologischen Präsenzbegriff zu formulieren, und es wird zu sehen sein, wohin es führt nach einer Anwesenheit zu fragen, die gleichwohl nicht immer schon ein Anwesendes voraussetzt.

Eben solche Anwesenheiten qua »störrischer Opazität« sind auf ganz andere Art selbst Thema von THE MATRIX – wobei die Lage im Falle digitaler Medien kompliziert wird, denn: Worin besteht die Materialität digitaler Medien? Gilt es nicht geradezu als Definitionskriterium des Digitalen überhaupt, eben nicht materiell, sondern rein symbolisch zu sein? Oder ist es vielleicht vielmehr so, dass digitale Medien aufgrund ihrer medialen Eigenlogik diese »störrische Opazität« als theoretisches Problem erst recht virulent werden lassen?

Während der »Bug« als »object of dread« auf die Vanitasthematik verweist, indem Konnotationen des Unreinen in die Metaphorik technischer Störungen eingeführt werden, durchkreuzt die Harvardsche Motte das Phantasma des problemlosen Funktionierens technischer Vollzüge ebenso wie die Fliege die imaginäre Kohärenz des zentralperspektivischen Bildraums und die Traumstimme des toten Jungen den Schlaf des Vaters. Während die Fliege in THE RING diesen Topos auf technische Reproduktionsmedien überträgt, steht in THE MATRIX der »Bug« im Zentrum der in diesem Film angewandten phantasmatischen Metapherologie des Digitalen. Hier werden die verschiedenen Ebenen des »Bugs« von allen Seiten durchgespielt. Für die Agenten ist der renitente Neo selbst ein »Bug«, ein Störfall, der den reibungslosen Ablauf des Simulakrums gefährdet. Die Maschine rächt sich daraufhin, indem sie einen »Bug« in die *wetware* des Körpers reimplantiert. Die Metamorphosen dieses *gadgets* auf der Schwelle von Organischem und Anorganischem sind in der zitierten Sequenz absolut folgerichtig, denn die Pointe des »Bugs« im Sprachgebrauch des Computerzeitalters ist nicht der Kampf *hardware* gegen *wetware*, sondern die quasi ontologische Verunsicherung darüber, ob diese Unterscheidung nicht Entscheidendes verdeckt. Die »störrische Opazität einer Gegenwart« ist das Ereignis inkommensurabler Alterität, das Erleben von etwas, das zustößt, sich nicht ignorieren lässt, *stört* und sich nicht um die fragile Funktionalität menschlicher

Konstrukte, seien sie nun medientechnischer, sprachlicher, kultureller, psychischer oder kognitiver Natur, schert, kurz: eine Begegnung mit dem Realen. Die Vanitasmotivik, die in der »Bug«-Metapher subkutan mitgeführt ist, verweist auf die ständige Gegenwart radikaler Alterität, der Erfahrung reiner Kontingenz. Entscheidend ist, dass sich dieses *ekstatische* Hineinragen stets an den Rändern der Wahrnehmung zeigt, in einem Zwischenreich der Unentscheidbarkeit, das sich als solches nicht darstellen lässt, sondern nur im Vollzug sich ereignet.

2. Zugänge zum Realen

2.1 Lacan als Bauchredner des Medienapriori (Kittler)
Medientheoretische Anknüpfungspunkte im Werk Jacques Lacans sind zahlreich. Nicht nur, dass Lacan immer wieder selbst explizit auf Medientechnologien eingegangen ist und sich in seinen Schriften und Seminaren für die Geschichte der Zentralperspektive ebenso interessiert wie für »Rechenmaschinen«; die drei Ordnungen Symbolisches/Imaginäres/Reales, die seit den fünfziger Jahren im Zentrum von Lacans Theorie stehen, können bereits als Medientheorie interpretiert werden; eine Lesart, die Friedrich Kittlers ebenso originelle wie problematische Lacaninterpretation ausmacht. Innerhalb der zeitgenössischen Medientheorie ist Kittler darin mit Ausnahme von Georg Christoph Tholen und Bernhard Siegert jedoch kaum jemand gefolgt.[22] Während die Lacansche Theorie in den anglo-amerikanischen und französischen Filmwissenschaften eine ebenso steile Karriere gemacht hat wie in der Bildtheorie, wird innerhalb der Medientheorie selten direkt Bezug auf Lacan genommen, obwohl die Adjektive »symbolisch« und »imaginär« gerade in substantivierter Form (die direkt auf Lacan verweist) ständig in Gebrauch sind.

Umgekehrt sieht es nicht anders aus: Obwohl zum Beispiel in vielen Texten Slavoj Žižeks beständig auf Filme verwiesen wird, interessiert sich der ljubljanische Psychoanalytiker und Philosoph nie für

---

22 Mit »Gefolgschaft« ist hier nur die Implementierung Lacans in die Medientheorie generell gemeint. Inhaltlich hat insbesondere Georg Christoph Tholens Anwendung Lacans nicht viel mit Kittlers Vorgehensweise gemeinsam, steht dieser vielmehr kritisch gegenüber. Vgl. Tholen 2002.

Medien und Medialität selbst. Vielmehr sind ihm die Filme Hitchcocks, Spielbergs usw. oder auch die Science-Fiction Literatur eher Exemplifikationen der Lacanschen Theorie selbst. Daher liefert zum Beispiel sein »Liebe Dein Symptom wie Dich selbst«, dessen Untertitel immerhin »Jacques Lacans Psychoanalyse und die Medien« lautet, eine hervorragende Einführung in einige der schwierigsten Begriffe der Lacanschen Theorie sowie eine ganze Filmtheorie und Ideologiekritik im Anschluss an Lacan – nur eben keine Medientheorie.[23] Eine breite Rezeption sowie vor allem eine genaue Einarbeitung Lacans in die Medientheorie ist vor allem im deutschsprachigen Raum – allerdings nicht nur dort – durch eine prekäre Editions- und Rezeptionslage nicht eben befördert worden. Die Schwierigkeiten fangen bereits damit an, dass nur ein Bruchteil des Lacanschen Oeuvres überhaupt zugänglich ist.

Nicht nur, dass bereits die im Original rund 900 Seiten umfassenden »Schriften« auf Deutsch nur unvollständig vorliegen; der Hauptteil des Lacanschen Werks – die Seminare – sind in ihrem inneren Zusammenhang überhaut nicht erfassbar.[24] Die »Schriften« wiederum sind extrem komprimierte Essenzen der Seminare, die ohne die Kenntnis dieser nur sehr schwer, beziehungsweise mitunter überhaupt nicht verständlich sind. Dazu kommt, dass die Seminare selbst Transkriptionen einer *mündlichen* Rede sind: »Prinzipiell auf Mündlichkeit abgestellt, stattfindend im hic et nunc der jeweiligen Sitzung, folgte Lacans Sprechen nicht den Kriterien der Textualität [...], sondern überließ sich, ausgehend von der Grundfigur des Kreisens um einen thematischen Kern, den Gesetzmäßigkeiten der Improvisation.«[25]

Eine Übersetzung dieser an sich schon »untextuellen« Seminare muss darüber hinaus die subtilen semantischen Verschiebungen und Wortspiele, mit denen Lacan ständig arbeitet, nachvollziehen, was in den meisten Fällen eine fast unlösbare Aufgabe ist, jedoch nur selten und wenn, dann nur sehr knapp durch Kommentare reflektiert wird. Zusätzlich wird dem Leser der Zugang zu den Seminaren durch das Fehlen von Referaten und Texten erschwert, auf die sich Lacan häufig im *close reading* bezieht. Dass Lacan schließlich

---

23 Vgl. Žižek 1991.
24 Vgl. Schmitz 2001, S. 236.
25 Ebd., S. 245.

nicht nur intime Kenntnis der Werke Freuds sowie der psychoanalytischen Literatur, Philosophie, Kybernetik, strukturalen Linguistik, Mathematik und Literatur voraussetzt, fällt da schon kaum noch ins Gewicht. Die Folgen für diese denkbar ungünstigen Ausgangsbedingungen der Lacanrezeption fasst Gerhard Schmitz wie folgt zusammen: »Mit den im Handel erhältlichen Buchausgaben des ›Seminars von Jacques Lacan‹ hat dieser [deutsche] Leser fehlerbehaftete Übersetzungen von Texten vor sich, die ihrerseits massive Bearbeitungen von fehlerhaften Transkriptionen unvollständiger und fehlerbehafteter Stenotypien sind.«[26]

Angesichts dieser Situation ist es nicht überraschend, dass Lacan gemeinhin als »schwierig« und »dunkel« gilt. Das dichte Gewebe der Lacanschen Begrifflichkeit verführt zudem nicht selten zu einer mimetischen Einverleibung von Begriffen und Modellen, die einer Stilistik Vorschub leistet, die Klaus Laermann, einer der ersten deutschen Übersetzer Lacans und intimer Kenner des französischen Strukturalismus und Poststrukturalismus, treffend als »Lacancan«[27] bezeichnet hat. Es ist streng genommen nicht möglich, einzelne Begriffe aus der engmaschigen Theoriearbeit Lacans zu isolieren und umstandslos in einen anderen Kontext zu transferieren. Auch wenn es scheint, dass im Folgenden genau das versucht und dabei das Augenmerk auf den Begriff des Realen gelegt wird, kann nicht stark genug unterstrichen werden, dass das Reale nicht isoliert betrachtet werden darf.[28] Wenn sich die inzwischen auch im deutschen Sprachraum recht umfangreiche Lacanliteratur[29] in einem Punkt einig ist, dann in der Betonung der Untrennbarkeit der Lacanschen »drei Ordnungen«. Lacan selbst hat die konstitutive Interdependenz dieser immer wieder unterstrichen und das in den siebziger Jahren[30] anhand des borromäischen Knotens verdeutlicht. Dieser Knoten,[31] der nach der Familie Borro-

---

26 Ebd., S. 247.
27 Laermann 1986.
28 Vgl. Lacan 1987, S. 96: »Genauso spinnt mein Diskurs sich fort − jeder Begriff kann nur durch seine topologische Beziehung zu den anderen bestehen, und auch für das Subjekt des *cogito* gilt diese Bedingung.«
29 Vgl. stellvertretend: Weber 1985, Borch-Jacobsen 1991, Pagel 1991, Gekle 1996, Bowie 1997, Lang 1993.
30 Lacan 1986.
31 Ein Knoten, der wie Dylan Evans anmerkt streng genommen eher eine Kette als ein Knoten ist, Vgl. Evans 2002, S. 64.

meo benannt ist, in deren Wappen er sich befindet, besteht aus drei Ringen, die so miteinander verbunden sind, dass das Öffnen eines der Ringe den Zerfall der ganzen Kette zur Folge hat.

Symbolisches, Imaginäres und Reales bedingen sich gegenseitig und sind als aufs Engste miteinander verflochten zu denken. Zugleich sind die drei Ordnungen nicht hierarchisch aufeinander bezogen. Es gibt keine Ebene, die »ursprünglicher« oder in irgendeiner Weise »eigentlicher« wäre als die andere: »Es wäre ebenso sinnlos, behaupten zu wollen, das Symbolische sei wahrer als das Imaginäre oder Reale, wie es sinnlos wäre, die Meinung zu vertreten, das Pleistozän sei wahrer als das Eozän oder Reptilien seien wahrer als Säugetiere.«[32] Ab dem Zeitpunkt, an dem der Mensch im frühen Kindesalter mittels Spracherwerb in die Symbolische Ordnung eintritt, ist weder das Reale des »zerstückelten Körpers« noch dessen »orthopädische Panzerung« im Imaginären des Spiegelstadiums als »überwunden« zu denken, um nur ein frühes Beispiel Lacans zu nennen.[33] Vielmehr ist jede der drei Ordnungen ständig von den jeweils anderen durchpulst. Lacan ist daher nicht zuletzt deswegen gerade auf der Ebene der Theoriebildung für Ästhetik und Medientheorie so fruchtbar, weil er sich konsequent einem wie auch immer gearteten Ursprungsdenken verweigert. Die »Ethik der Psychoanalyse« besteht in der Einsicht des konstitutiven Immerschon-Zu-Spät-Seins des Subjekts gegenüber den Strukturen, die es bestimmen.[34] Wie Matthias Waltz richtig bemerkt,[35] ist eines der grundlegendsten Qualitäten des Lacanschen Denkens, dass das Problem, wie man von etwas sprechen soll, wovon man nicht sprechen kann, *das* Gravitationszentrum dieser Theoriebildung ausmacht.

Es kann jedoch hier nicht darum gehen, auch nur eine annähernd adäquate Gesamtdarstellung der Lacanschen Theorie zu geben.[36]

---

32 Bowie 1997, S. 108

33 Lacan 1973.

34 »Und diese Strukturen gruppieren sich um Unerkennbares, Verborgenes; Abwesendes. Aus der Position der Klage um das fehlende Ganze herauszukommen, zu entdecken, daß das höchste Gut nicht das ist, was ein für allemal schon fix und fertig vorliegt, was, mit Hegel zu sprechen, wie eine Münze fertig eingestrichen werden kann, darin liegt eines der lohnendsten Ziele der Analyse, auch wenn niemand weiß, wohin die Reise geht.« Widmer 2001, S. 26.

35 Waltz 2001, S. 103.

36 Verwiesen sei auf die in diesem Kapitel in Anmerkung 29 genannten Monographien.

Eine einfache Addition von Textstellen aus Lacans Werk, die das Reale umschreiben, ist ebenfalls kaum hilfreich, da ein herkömmlicher Definitionsversuch die wichtigsten Leistungen von Lacans Begriff des Realen kollabieren lassen würde, nämlich den Versuch Lacans, mit diesem Terminus von etwas zu sprechen, wovon sich nicht sprechen lässt. Das Folgende wird sich daher auf den Begriff des Realen konzentrieren, indem dessen Anwendung in verschiedenen (ästhetischen und medientheoretischen) Kontexten nachvollzogen und mit Originalstellen bei Lacan konfrontiert wird. Es steht dabei nicht die Absicht im Vordergrund, die behandelten Ansätze etwa zu widerlegen oder zu bestätigen, sondern den Gewinn der Lacanschen Terminologie *im Vollzug ihrer Anwendung* je aufscheinen zu lassen. Nur so besteht die Hoffnung, das komplexe Feld des Realen heuristisch fruchtbar machen zu können, ohne es zu simplifizieren. Bei aller Vorsicht, die beim Transfer eines theoretischen Instrumentariums in einen anderen Kontext insbesondere bei Lacan geboten ist, besteht die These des Folgenden darin, dass Lacan, eben weil er sich nicht in erster Linie für Ästhetik und Medientheorie interessiert, über den Umweg über das »Reale« ein Materialitätskonzept entwickelt, das der Gefahr entgeht, einer naiven Dingontologie zu verfallen und eben deshalb an den Diskurs postmetaphysischer Präsenztheorie anschlussfähig ist.

Friedrich Kittlers berühmtes Diktum »Nur was schaltbar ist, ist überhaupt«[37] ist heute bereits – ähnlich wie Lacans immer wieder missverstandener Satz, dass das Unbewusste strukturiert sei wie eine Sprache – zu einem theoretischen Klischee geworden, das eine ganze medientheoretische Richtung prägt, die sich bis in die kleinsten stilistischen Eigenheiten in dem übt, was Geoffrey Winthrop-Young treffend und nicht ohne Sympathie als »Kittlerdeutsch« bezeichnet hat.[38] Kittlers suggestive, oft überpointierte und in ihrem literarisch-aphoristischen Duktus mitunter an Nietzsche erinnernde Schreibweise hat seit dem Erscheinen seiner beiden Hauptwerke »Aufschreibesysteme 1800/1900« und »Grammophon, Film, Typewriter« Mitte der achtziger Jahre viele Nachahmer gefunden und das nicht ohne Grund. Abgesehen von der stilistischen Brillanz seiner Texte, ist in der wissenschaftshistorischen Retrospektive der letzten zwei Jahrzehnte nicht

---

37 Kittler 1993, S. 182.
38 Winthrop-Young 2005, S. 62–72.

zu übersehen, dass Kittler mit seinem »informationstheoretischen Materialismus«[39] den Diskursraum maßgeblich mitbestimmt hat, in dem sich avancierte Medientheorie bis heute bewegt. Kittler macht seit den »Aufschreibesystemen« mit der Beschreibung der »Materialität der Kommunikation« auf eine Weise ernst, die in ihrer Radikalität beispiellos geblieben ist: Aufbauend auf der Diskursanalyse Foucaults (dessen deutsche Rezeption er dadurch maßgeblich befördert hat) und einer eigenwilligen Lacaninterpretation hat sich Mediengeschichtsschreibung seit Kittler grundlegend gewandelt.

Eine von Kittlers in diesem Zusammenhang bedeutendsten Leistungen ist es, den Medienbegriff kategorisch von dem des Zeichens entkoppelt zu haben. Erst seit diesem Schritt gibt es Medientheorie in einem theoretisch anspruchsvollen Sinn. Der antiphilosophische und antigeisteswissenschaftliche Impetus des studierten Germanisten und Philosophen resultiert dabei aus einem radikalen Perspektivwechsel, der sich aus dem Interesse an der Materialität der Kommunikation speist; eine Perspektive, die noch Ende der achtziger Jahre auf heftigen, auch institutionellen Widerstand stieß. Eine Materialität, die bei Kittler konsequent aus dem blinden Fleck der Zeichentheorie heraus ins Zentrum der Aufmerksamkeit gerückt wurde.

Diesen Paradigmenwechsel innerhalb der Medientheorie erzielt Kittler zu großen Teilen mittels einer ebenso originellen wie problematischen Anwendung der Lacanschen Theorie auf Geschichte und Phänomenologie der Medien. Im Unterschied zu herkömmlichen medienhistorischen Einteilungen, die seit Marshall McLuhan die entscheidenden mediengeschichtlichen Zäsuren in »drei markanten Schüben« verlaufen lassen – »die Erfindung und Diffusion des Alphabets, des Buchdrucks und schließlich des Computers«[40] –, periodisiert Kittler die bedeutenden medienhistorischen Einschnitte mit Lacan: Bis zum Aufkommen technischer Medien um 1900 (eben Grammophon, Film und Schreibmaschine) steht Mediengeschichte unter der Ägide des Symbolischen, während ab da in einer Linie von den ersten technischen Analogmedien bis zu deren Vollendung, die Kittler in Form des Computers manifestiert sieht, etwas gespeichert und reproduziert werden kann, was vorher »notwendig« durch die »Gitter des Symbolischen« fallen musste: das Reale.

---

39 Kittler 1993, S. 182.
40 Krämer 2004b, S. 202.

»Medien, im Unterschied zu Künsten, sind eben nicht darauf beschränkt, mit dem Gitter des Symbolischen zu arbeiten. Sie rekonstruieren Körper, heißt das, nicht nur im System der Wörter oder Farben oder Tonintervalle. Medien und erst sie erfüllen vielmehr ›die anspruchsvolle Forderung‹, die wir (laut Rudolf Arnheim) seit Erfindung der Photographie ›an die Abbildung stellen‹: ›Sie solle nicht nur dem Gegenstand ähnlich sein, sondern die Garanten für diese Ähnlichkeit dadurch geben, daß sie sozusagen ein Erzeugnis dieses Gegenstands selbst, d.h. von ihm selbst mechanisch hervorgebracht sei – so wie die beleuchteten Gegenstände der Wirklichkeit ihr Bild mechanisch auf die photographische Schicht prägen‹ oder wie die Frequenzkurven von Geräuschen ihre Wellenformen der phonographischen Platte einschreiben. Eine Reproduktion, die der Gegenstand selber beglaubigt, ist von physikalischer Genauigkeit. Sie betrifft das Reale von Körpern, wie sie mit Notwendigkeit durch alle symbolischen Gitter fallen.«[41]

Wie ist dieses »symbolische Gitter« beschaffen, dass es das Reale »mit Notwendigkeit« verfehlen muss? Der Begriff des Symbolischen, so wie Kittler ihn hier anwendet, hängt bei Lacan eng mit einem bestimmten Zeichenbegriff zusammen, der sich durch eine später für den »Poststrukturalismus« typische Radikalisierung des Saussureschen Zeichenmodells auszeichnet. In »Das Drängen des Buchstabens im Unbewussten oder die Vernunft seit Freud«[42] ersetzt Lacan das Saussuresche Zeichendiagramm durch den sogenannten »Saussureschen Algorithmus« (Signifikant »S« über Signifikat »s«): $\frac{S}{s}$

Obwohl Lacan suggeriert, dass es sich hierbei »nur« um die mathematische Formalisierung des Saussureschen Diagramms handelt,[43] ist nicht zu übersehen, dass hier massive Modifikationen an diesem vorgenommen werden, die jedoch genau illustrieren, worauf es auch Kittler ankommt: Wichtig und offensichtlich ist zunächst, dass in Lacans Algorithmus die Hierarchie von Signifikant und Signifikat gegenüber dem Saussureschen Zeichendiagramm invertiert ist. Steht bei Saussure die semantische Ebene des Signifikats noch an oberster Stelle, ist bei Lacan die syntaktische Ebene des Signifikanten in den Zähler gerückt. Das Primat des Signifikanten löst gleichzeitig

41 Kittler 1986, S. 21–22.
42 Lacan 1991.
43 Ebd., S. 21.

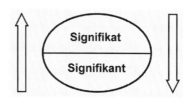

Abb. 22: Zeichendiagramm nach Saussure.

die gestalthafte Ganzheit des Zeichens auf, die bei Saussure noch durch das beide Ebenen verbindende Oval und die beiden Pfeile illustriert wird, während gleichzeitig Signifikant und Signifikat nicht mehr wie bei Saussure durch einen Strich wie die zwei Seiten eines Blattes miteinander *verbunden*, sondern durch einen *Bruch*strich (Barre) *getrennt* sind. Diese Unterschiede sind entscheidend für den Lacanschen Begriff des Symbolischen, da hier die von Saussure noch postulierte Ganzheit des Zeichens, innerhalb dessen Signifikant und Signifikat miteinander »verleimt« sind, in einen Algorithmus überführt wird, der, wie jeder mathematische Algorithmus, als symbolische Maschine fungiert. Bedingung der Möglichkeit solcher symbolischen Maschinen ist es dabei, *unabhängig von Semantiken* zu funktionieren: deswegen Signifikant *über* Signifikat. Die Ebene des Signifikats ist hier nicht mehr konstitutiv für das Funktionieren des Symbolischen, weshalb Kittler mit Lacan vom Symbolischen als einer »Welt der Maschine« sprechen kann,[44] indem er das Symbolische an den Informationsbegriff Claude E. Shannons koppelt, für den eben auch semantische Aspekte »irrelevant für das technische Problem«[45] der Datenübertragung sind.

Kittlers These ist dabei, dass dieser Begriff des Symbolischen sich bei Lacan einem bestimmten Medium verdankt, das genau auf diese Weise arbeitet: der Turingmaschine und in deren Folge der digitale Computer in Form der bis heute maßgeblichen Von-Neumann-Architektur. Für Kittler ist Lacans Konzeption gleichbedeutend mit einer medienmaterialistischen Auflösung des Subjekts selbst, das jetzt nur noch Epiphänomen technischer Medien sein kann: »Was Mensch heißt, bestimmen keine Attribute, die Philosophen den Leuten zur Selbstverständigung bei- oder nahelegen, sondern technische

44   Kittler 1993, S. 58 ff.
45   Shannon/Weaver 1963, S. 31.

Standards.«[46] Kittler stellt hier mit Lacan die Foucaultsche Diskursanalyse vom Kopf auf die Füße. Statt (symbolischen) »Archiven«
sind nun technische Medien Inauguratoren von Diskursformationen,
das Ergebnis ist allerdings das gleiche: Der »Mensch« verschwindet
von der weltgeschichtlichen Bühne.

> »Aber ganz wie zwischen Hegel und Freud (laut Lacan) Watts Erfindung
> des Dampfmaschinen-Fliehkraftreglers als erster negativer Rückkopplung-
> schleife und damit Mayers Gesetz der Energiekonstanz, die Zahlenbasis
> auch von Freuds gesamter Triebökonomie liegt, so tritt zwischen Freud
> und Lacan der Computer, Alan Turings Universale Diskrete Maschine von
> 1936. Psychoanalyse unter High-Tech-Bedingungen baut deshalb psychische
> Apparate (wenn es denn noch psychische sind) nicht mehr nur aus Spei-
> cher- und Übertragungsmedien auf. Sie durchmißt vielmehr die technische
> Dreiheit von Speichern, Übertragen, Berechnen im ganzen. Nichts anderes
> besagt Lacans ›methodische Distinktion‹ zwischen Imaginärem, Reellem und
> Symbolischem.«[47]

In diesem Absatz zeigen sich – neben der Merkwürdigkeit, dass
Kittler mal vom »Realen«, mal vom »Reellen« spricht, worauf noch
einzugehen sein wird – zwei für Kittlers Herangehensweise typische
theoretische Konstanten. Zum Einen der geradezu hegelianische
Zug, der in der Geschichte des Menschen zwar nun nicht mehr Gott,
Weltgeist oder cartesianisches Subjekt, jedoch immerhin ein abso-
lutes Medienapriori walten sieht,[48] das als Stichwortgeber die Theoriebildung bestimmt und sowohl Freud als auch Lacan zu Bauch-
rednern ihres jeweiligen medienhistorischen Kontextes macht. Damit
zusammen hängt zweitens die Identifizierung der Lacanschen Trias
mit *konkreten Medientechniken*, was die wichtigste Pointe der Kittlerschen Lacanlesart ausmacht. Die von Sybille Krämer formulierte
Irritation[49] darüber, dass in Kittlers Denken die Schriften Claude E.
Shannons einen so kanonischen Status einnehmen, lässt sich nicht
zuletzt im Hinblick auf Lacans Begriff des Symbolischen auflösen,

---

46 Kittler 1993, S. 61.
47 Ebd., S. 65.
48 Vgl. in diesem Sinne auch Georg Christoph Tholens Kritik an Kittler: Tholen
    2002, S. 29–31.
49 Krämer 2004b, S. 204.

der (zumindest beim späten Lacan) eng an Shannons Informations-begriff und die Kybernetik gekoppelt ist. Eine für Kittler wie auch Georg Christoph Tholen[50] zentrale Passage aus Lacans Vortrag »Psy-choanalyse und Kybernetik oder von der Natur der Sprache« mag diesen Zusammenhang verdeutlichen:

»Ich habe Ihnen die Konvergenz des ganzen Theorieprozesses hin auf ein binäres Symbol hin genannt, hin auf die Tatsache, daß alles mögliche ge-schrieben werden kann in Termini von 0 und 1. Wessen bedarf es noch, damit etwas in der Welt erscheint, das wir Kybernetik nennen? Es bedarf dessen, daß das im Realen funktioniert und unabhängig von jeder Subjekti-vität. Es bedarf dessen, daß diese Wissenschaft der leeren Plätze, der Zusam-mentreffen als solcher, sich kombiniert, sich totalisiert und ganz von selbst zu funktionieren beginnt. Was braucht es dazu? Es muss etwas im Realen ergriffen werden, das das tragen kann. Von jeher hat der Mensch das Reale und das Spiel der Symbole miteinander zu verbinden gesucht. Er hat Dinge auf die Mauern geschrieben, er hat sich sogar eingebildet, daß Dinge, *Mene, Tekel, Upharsin*, sich ganz von selbst an die Wände schreiben, er hat Ziffern an die Stelle gesetzt, wo zu jeder Stunde des Tages der Schatten der Sonne stehenblieb. Aber schließlich blieben die Symbole immer an dem Platz, wo sie gemacht waren, um zu sein. Angeleimt an das Reale, konnten sie nur für dessen Kennzeichen gehalten werden. Die Neuheit ist, daß man ihnen er-laubt hat, mit ihren eigenen Flügeln zu fliegen.«[51]

Dass das Symbolische mit »eigenen Flügeln« fliegen kann, ist Effekt der Implementierung des Symbolischen in das »Reale« digitaler Me-dien. Während Turings nach ihm benanntes Konstrukt immer noch eine rein symbolische Maschine ist, bedeutet die Implementierung der Prinzipien der Turingmaschine in die integrierten Schaltkreise der Von-Neumann-Architektur, die bis heute das Hardwaredesign eines jeden Personal Computers bestimmt, das Realwerden des Sym-bolischen. Hier operiert das Symbolische »von selbst«, hier fliegt es mit »eigenen Flügeln«. Das medienhistorisch Neue besteht für Kitt-ler wie für Lacan darin, dass der Computer ein Medium ist, welches das Symbolische nicht mehr mit seinem Platz »verleimt« und somit vollständig diskret werden lässt; eine Figur, die bereits in Lacans

50   Tholen 1994.
51   Lacan 1980b, S. 380–381.

Saussureschem Algorithmus implizit ist. Da die Reinform des Symbolischen, die *Differenz* von 0 und 1, der leere Platz, der das Spiel der Signifikanten erst ermöglicht, gleichzeitig Bedingung der Möglichkeit digitaler Medien ist, sind die Analogmedien für Kittler mit dem Computer an ihrem Ende angekommen, oder genauer: Das Symbolische ist wieder jenes Leitmedium, das es schon einmal war, nämlich bis zum Beginn der Erfindung der technischen Analogmedien. In »Aufschreibesysteme 1800/1900« beschreibt Kittler nämlich bereits ein Symbolisches, das wie ein diskreter Programmcode funktioniert. Die Zäsur des »Aufschreibesystems 1800« macht Kittler an der allgemeinen Alphabetisierung fest.[52] Durch die Lautiermethode Heinrich Stephanis beginnt die »Revolution des europäischen Alphabets«: die Oralisierung.[53] Der Umbruch besteht laut Kittler in dem Umstand, dass von nun an die Materialität des buchstäblichen Signifikanten hinter das imaginierte Signifikat zurücktritt,[54] ergo *diskret* wird. Dieser neue Textstatus (nicht mehr Buchstabengewirr, sondern Lautfolge, »Partitur«, *Software*) erlaubt es Texten, »Sinnesdaten aller Art zu speichern«.[55] Die Imagination des Lesers setzt diese Lautfolgen dann wieder in Bilder und Sinnesdaten um:

> »Das Aufschreibsystem von 1800 arbeitet ohne Phonographen, Grammophone und Kinematographen. Zur seriellen Speicherung/Reproduktion serieller Daten hat es nur Bücher, reproduzierbar schon seit Gutenberg, aber verstehbar und phantasierbar gemacht erst durch die fleischgewordene Alphabetisierung. Die Bücher, vordem nur reproduzierbare Buchstabenmengen, reproduzieren fortan selber.«[56]

Eine derartige Konzeption, welche die durch die Lautiermethode beflügelte Fantasie um 1800 bereits als sozusagen bildgebendes Ver-

---

52   Kittler 1995, S. 520.

53   Ebd., S. 43.

54   Ebd., S. 89. Die Lautiermethode Stephanis revolutionierte die Pädagogik des Lesenlernens, indem die Kinder nicht mehr Buchstabenkombinationen mühsam auswendig lernen mussten, sondern das Lesenlernen von den Bibeltexten zu den Müttern überging. Buchstaben wurden nicht mehr über ihre Namen, sondern über ihre Laute gelehrt. Das versetzte den jungen Leser (und dessen Mutter) in die Lage, die Zeichenketten des Textes als solche zu »überfliegen« und nicht mehr einzeln nachbuchstabieren zu müssen.

55   Ebd., S. 149.

56   Ebd., S. 148.

fahren beschreibt, dessen Programmcode die durch diese Methode »geflügelten« diskreten Signifikantenketten sind, die »fortan selber« reproduzieren, ist offensichtlich bereits nach dem Vorbild des Computers entworfen. Denn auch der Computer, verstanden als eine ins Reale implementierte Symbolische Maschine, operiert mit diskreten Signifikantenketten, die dann wieder Sinnesdaten produzieren und reproduzieren können.

Die nächste mediengeschichtliche Zäsur um 1900 setzt dann bei Kittler mit den analogen Medien ein, und an dieser Stelle wird klar, was mit dem Realen gemeint ist, dass durch die »Gitter des Symbolischen« fallen muss. Kittlers medienhistorische Einarbeitung der Lacanschen Trias lautet:

> »Das Symbolische umfaßt fortan die Sprachzeichen in ihrer Materialität und Technizität. Sie bilden, heißt das, als Buchstaben und Ziffern eine endliche Menge, ohne daß die philosophisch erträumte Unendlichkeit von Bedeutung irgend in Anschlag käme. Was zählt, sind nur die Differenzen oder (um es in Schreibmaschinensprache zu sagen) die Spatien zwischen den Elementen eines Systems. Schon deshalb heißt bei Lacan ›die symbolische Welt die Welt der Maschine‹.«[57]

Kittlers Lacansche Pointe besteht darin, die drei Ordnungen Symbolisches/Imaginäres/Reales *direkt in konkreten Medientechniken* zu verorten. Um 1900 differenzieren sich für Kittler die drei Ordnungen in einzelne Mediensysteme aus, um erst mit dem Computer wieder in der »Universalen Diskreten Maschine« zusammenzutreten, die eben aufgrund dessen wirklich universal genannt werden kann. Bis dahin tritt aber das Symbolische bei Kittler wieder aus dem bereits durch das Aufschreibsystem 1800 inaugurierten Medienverbundsystem namens »Subjekt« aus (wie Kittler es vielleicht formulieren würde) und in technische Artefakte ein. Die Schreibmaschine, in die Kittler zufolge um 1900 herum das Symbolische als Reinform eingeht, ist nicht mehr und noch nicht die bildgebende Maschine, die das Subjekt der deutschen Klassik war und der Computer wieder sein wird. Das Imaginäre hingegen, jene Einbildungskraft, die um 1800 noch auf Grundlage des diskreten Symbolischen aus dem Buch heraus Sinnesdaten

---

57 Kittler 1986, S. 28.

»von selbst« reproduzieren konnte, findet sich nun im Medium Film wieder:

> »Das Imaginäre dagegen entsteht als Spiegelphantom eines Körpers, der motorisch vollkommener scheint als der eigene des Kleinkindes. Denn im Realen beginnt alles mit Atemnot, Kälte und Schwindel. Dabei implementiert das Imaginäre genau die optische Illusion, deren Erforschung auch an der Wiege des Kinos stand. Einem zerstückelten oder (im Fall der Filmaufnahme) zerhackten Körper tritt die illusionäre Kontinuität von Spiegel- oder Filmbewegungen gegenüber.«[58]

Kittler nimmt hier Bezug auf das Lacansche »Urdrama« des Spiegelstadiums, innerhalb dessen sich das Kleinkind entgegen der eigenen Körperwirklichkeit im Spiegelbild als körperliche Ganzheit imaginiert, die dem eigentlichen physischen Erleben des Kleinkindkörpers widerspricht. »Atemnot, Kälte und Schwindel« sind für Lacan das Grundtrauma der »spezifischen Vorzeitigkeit der menschlichen Geburt«,[59] eines *infans*, das noch »eingetaucht ist in motorische Ohnmacht und Abhängigkeit von Pflege«.[60] Diese Ohnmacht manifestiert sich in dem, was Lacan den *corps morcelé*, den zerstückelten Körper nennt, einen Körper der noch motorisch dissoziiert ist und noch nicht beherrscht werden kann. Dieser Zerstückelungserfahrung ist die *Gestalt* des Spiegelbildes gegenübergestellt, die eine Ganzheit suggeriert, die dem Realen des *corps morcelé* widerspricht und eine konstitutive Verkennung in die Genese des Subjekts einschreibt, die fortan prägend bleiben wird. Der Kittlersche Witz der Engführung des Imaginären des Spiegelstadiums und des Mediums Film besteht in der Strukturanalogie von *corps morcelé*/imaginäre Ganzheit im Spiegelbild auf der einen und »zerhackten« Einzelbildern auf Zelluloid/kontinuierlicher Bewegungsillusion im Film auf der anderen Seite.

Was das Reale betrifft, so lässt Kittler im Vorwort zu »Grammophon, Film, Typewriter« noch offen, welchem konkreten Medium er die letzte der Lacanschen Ordnungen zuweisen will: »Aus dem Realen schließlich ist nicht mehr zutage zu fördern, als was Lacan mit

---

58 Ebd., S. 28.
59 Lacan 1973, S. 66.
60 Ebd., S. 64.

seiner Gegebenheit voraussetzte – nämlich nichts. Es bildet jenen Rest oder Abfall, den weder der Spiegel des Imaginären noch auch die Gitter des Symbolischen einfangen können – physiologischer Zufall, stochastische Unordnung von Körpern.«[61]

Sollte das Reale also nichts weiter als ein Synonym für nackte Materie oder gar »Natur« sein?

Für Kittler ist um 1900 das Grammophon jenes Medium, das in der Lage ist, Reales als solches zu speichern. Nur was ist dieses Reale? »Der Phonograph hört eben nicht wie Ohren, die darauf dressiert sind, aus Geräuschen immer gleich Stimmen, Wörter, Töne herauszufiltern; er verzeichnet akustische Ereignisse als solche. Damit wird Artikuliertheit zur zweitrangigen Ausnahme in einem Rauschspektrum.«[62] Für Kittler bleibt, was die Speicherung von Realem in Medientechnologien betrifft jenes bereits zitierte Diktum Rudolf Arnheims bestimmend, dass diejenigen Repräsentationen, die sich technischen Medien verdanken, die Ähnlichkeit mit ihren Referenten dadurch garantieren, dass sie selbst von diesem Gegenstand »mechanisch hervorgebracht« werden.[63] Das Modell für den Filmtheoretiker Arnheim und somit auch für Kittler ist dabei natürlich die Fotografie, bei der vom aufgenommenen Objekt reflektierte Lichtwerte chemische Spuren in der Emulsion des Films hinterlassen. Das Reale ist für Kittler also schlicht der physikalische Abdruck von etwas, die chemische oder physikalische Spur[64] eines einstmals Anwesenden im Medium, das somit speicher- und reproduzierbar gemacht wird und nunmehr das erlaubt, was Kittler Zeitachsenmanipulation (»Time-Axis-Manipulation«[65]) nennt.

Der Clou dieser Zeitachsenmanipulation qua Medium besteht darin, dass technische Medien Kittler zufolge nun in der Lage sind, das kontingenzbehaftete physikalische Reelle selbst in einen *manipulierbaren* Code transformieren zu können: »Und diese Manipulation eröffnet die Möglichkeit, zeitserielle Ereignisse umzukehren.«[66] Aufgezeichnete Töne können seit der Erfindung des Phonographen

61 Kittler 1986, S. 28.
62 Ebd., S. 40.
63 Siehe oben, sowie Kittler 2002, S. 38.
64 In dieser Spurhaftigkeit ist die Derridasche Exteriorität des Signifikanten begründet.
65 Kittler 1993, S. 182–208.
66 Krämer 2004b, S. 212.

beliebig wiederholt, verlangsamt oder beschleunigt werden. Die heute durch die Digitaltechnik möglichen Soundmanipulationen wie Sampling und Looping, welche die Möglichkeitsbedingungen ganzer Genres heutiger Pop-Musik bilden, sind nichts weiter als Übungen in ästhetischer Zeitachsenmanipulation, die durch Medientechnologien möglich geworden ist.

> »Als *le réel* bestimmt sich dasjenige und nur dasjenige, was weder Gestalt hat wie das Imaginäre noch eine Syntax wie das Symbolische. Das Reele, mit anderen Worten, fällt sowohl aus kombinatorischen Ordnungen wie aus Prozessen optischer Wahrnehmung heraus, eben darum aber – das ist eins der Leitmotive dieser Vorlesung – eben darum aber kann es nur von technischen Medien gespeichert und verarbeitet werden.«[67]

Hier allerdings stößt mit dem Begriff des Realen bzw. »Reelen« die Kittlersche Identifizierung der Lacanschen Trias mit konkreten Medientechnologien an ihre Grenze. Denn ein Reales, das qua Medientechnologien in *manipulierbaren Code* transformiert wird, ist eben kein Reales, sondern *Symbolisches*. Mit der strengen Einteilung von Film/Imaginäres, Typewriter/Symbolisches sowie Grammophon/Reales kann Kittler nicht plausibel machen, wie ein Reales, das weder Syntax noch Gestalt hat, *als solches* sich in Medien ereignen könnte, die das Reale ja qua Zeitachsenmanipulation zu einem iterierbaren Symbolischen gerinnen lassen. Genau das wird jedoch von Kittler *expressis verbis* postuliert: Der Phonograph zum Beispiel verzeichne akustische Ereignisse »als solche«. Das Reale »als solches« entzieht sich jedoch dem Zugriff des Symbolischen in genau dem Moment, wo es in manipulierbaren Code überführt wird. Die singuläre Ereignishaftigkeit des Realen wird im Zuge der Zeitachsenmanipulation eben dadurch heraussubtrahiert, dass die Unwiederholbarkeit eines flüchtigen Ereignisses im »symbolischen Gitter« beliebig wiederholbar wird.

In »Tyché und Automaton«, jenem Seminar Lacans, aus dem auch jene eingangs zitierte Analyse des »Traums vom brennenden Jungen« stammt, expliziert Lacan anhand der beiden aristotelischen Begriffe die Differenz von Symbolischem und Realen am Beispiel zweier Arten von Kontingenz. In einer scheinbaren Invertierung derjenigen

---

67   Kittler 2002, S. 37.

Begriffe, die Aristoteles im zweiten Buch der »Physik« zur Unterscheidung zweier Arten von Zufall dienen, identifiziert Lacan *automaton* (Zufall) mit dem Netz der Signifikanten (dem Symbolischen) und *tyché* (Schicksalsfügung) mit dem Realen: »Das Reale ist jenseits des *Automaton*, der Wiederkehr, des Wiedererscheinens, des Insistierens der Zeichen, auf die wir durch das Lustprinzip verpflichtet sind. Das Reale liegt stets hinter dem *Automaton*.«[68] Malcolm Bowie fasst die Lacansche Anwendung der aristotelischen Unterscheidung zusammen:

> »*Tyché* und was sich aus ihr ergibt, ›kann nur solchen begegnen, die auch Glück haben und überhaupt handeln können, weswegen auch die Schicksalsfügung auf dem Gebiet des Handelns liegen muss.‹ *Automaton* dagegen, der umfassendere Begriff, bezieht sich auf Zufallsereignisse, die allgemein in der natürliche Welt stattfinden. Auf den ersten Blick scheint Lacan die beiden Begriffe vertauscht zu haben; denn er legt *tyché* als ›die Begegnung mit dem Realen‹ aus und *automaton* als ›das Signifikantennetz‹.«[69]

Diese zunächst unverständliche Invertierung des aristotelischen Begriffspaares bei Lacan, die auf den ersten Blick fast wie ein Missverständnis anmutet, hat jedoch ihren Sinn genau darin, den Begriff des Realen von dem der »Natur« oder rein physikalischer Faktizität abzugrenzen. Erwartbar wäre es nämlich, das Symbolische im Sinne der Ordnung der Zeichen als spezifisch menschliche Ordnung der aristotelischen *tyché* zuzuordnen, während *automaton*, inklusive aller Konnotation des blind Mechanischen, die die Etymologie des Begriffs seit Aristoteles über die Jahrhunderte angesammelt hat, der nicht-menschlichen »blinden« Natur zuzurechnen. Indem Lacan die Ebene des Symbolischen allerdings dem *automaton* und somit der Natur annähert, betont er die Unhintergehbarkeit der Symbolischen Ordnung, der gegenüber das Subjekt im Eintritt in die Sprache immerschon »zu spät« ist. *Tyché* hingegen, benannt nach der griechischen Göttin des Schicksals, der glücklichen oder bösen Fügung und des Zufalls, steht bei Lacan als »Schicksalsfügung« für jene Qualität eines zufälligen Ereignisses, die als *Widerfahrnis* eine spezifisch menschliche Erlebnisqualität beinhaltet. Eben jene Art von Wider-

---

68   Lacan 1987, S. 60.
69   Bowie 1997, S. 99–100.

fahrnis, die dem schlafenden Vater in Gestalt der Traumstimme des toten Sohns begegnet.[70] Jene Qualität der *tyché*, die für Lacans Konzeption des Realen entscheidend ist, ist in der auf physikalische Faktizität fixierten Kittlerschen Interpretation des Realen nicht mehr vorhanden, weswegen vom Realen letztlich nichts anderes übrig bleibt als Rauschen, genauer: Für Kittler *ist* das Rauschen das Reale.[71] Theoriearchitektonisch liegt der Gewinn dieser Interpretation im Aufweis einer Materialität der Kommunikation, die als solche radikal nicht-zeichenhaft sein soll: »Mit dem Phonographen verfügt die Wissenschaft erstmals über einen Apparat, der Geräusche ohne Ansehung sogenannter Bedeutung speichern kann. Schriftliche Protokolle waren immer unabsichtliche Selektionen auf Sinn hin.«[72] Diese Interpretation bleibt jedoch der Shannonschen Nachrichtentheorie verhaftet, die paradoxerweise letztlich eine Art Resemiotisierung des Rauschens zur Folge hat.[73] Innerhalb dieser Perspektive ist die Qualität des Realen als Widerfahrnis, als Erfahrung eines Widerstands stark abgeschwächt, was dem Begriff einiges an Schärfe nimmt.

Wenn das Reale laut Kittler in Medientechniken seit 1900 dadurch Eingang findet, dass das von ihnen Vermittelte »mechanisch« von dessen Referenten hervorgebracht wird, so wirkt die strikte Trennung von Grammophon und Film unter diesem Gesichtspunkt zum Beispiel eher willkürlich. Denn wie Kittlers Arnheim-Referenz ja bereits zeigt, sind natürlich auch Fotografien und somit Filmbilder vor dem Aufkommen digitaler Bildproduktion letztlich immer optomechanisch-chemisch hervorgebrachte Spuren ihrer Referenten; sind von diesen auf die eine oder andere Weise »mechanisch hervorgebracht«. Kittlers Anwendung Lacans auf die Medientheorie funktio-

---

70 Der hier noch einmal betonte Widerfahrnischarakter des Realen ist über die Figur der doppelten Kontingenz mit dem von C.G. Jung und Wolfgang Pauli entworfenen Konzept der *Synchronizität* verbunden. Der Synchronismus von akausalen, zufälligen Ereignissen wird dabei vom Subjekt zu *Sinn* verschmolzen. Vgl. Wolfsteiner 2005. Eine Figur, die der Funktionsweise des Realen, Imaginären und Symbolischen in ihrer borromäischen Interdependenz Pate gestanden haben könnte.

71 »Denn diese digitale Information ist alle Information am Telephonliebesgeflüster, während alles Reelle an ihm unter Rauschen fällt. [...] Die Ordnung der Signifikanten dagegen, also von Phonemen, Setzerkastenbuchstaben oder Schreibmaschinentastaturen, ist schlicht das Andere zum Jam.« Kittler 1993, S. 72–73, Vgl. auch Ebd., S. 161.

72 Kittler 1986, S. 133.

73 Vgl. dazu ausführlich Kapitel IV.

niert nur um den Preis der Auflösung des borromäischen Knotens, der für die drei Lacanschen Ordnungen jedoch konstitutiv ist.

Damit soll nicht etwa eine irgendwie orthodoxe Lacaninterpretation angemahnt (wie auch immer die aussehen würde), sondern die theoretischen Folgen einer solchen Trennung auch in ihrer Fruchtbarkeit aufgezeigt werden. Ab dem Aufsatz »Die Welt des Symbolischen, eine Welt der Maschine« ersetzt Kittler den sonst in den deutschen Übersetzungen übliche Begriff des Realen durch den des *Reellen* und bindet damit diese Ordnung über deren Identifikation mit physikalischer Faktizität hinaus an den Diskurs frühneuzeitlicher Mathematik, namentlich derjenigen der cartesischen »Geometrie« an:

> »Symbolisch sind Zahlen, sofern sie, wie Zeichen überhaupt, ersetzbar, also letztlich allesamt auf die beiden Binärzahlen abbildbar sind – unter der Voraussetzung allerdings, daß es Binärzahlen als historisches Notationssystem schon gibt. Reell dagegen sind dieselben Zahlen, sofern ihre Ziffern und Operatoren eine bestimmte und historisch datierbare Notation in gleichermaßen reellen Medien brauchen.«[74]

Kittler suggeriert in diesem Text, dass der Begriff des Realen sich bei Lacan direkt aus dem der reellen Zahlen ergibt, weswegen er »real« fortan mit »reell« übersetzt. Der Begriff des Realen/Reellen bei Lacan verdankt sich allerdings auf ebenso entscheidende Weise einer ins Deutsche schlecht übersetzbaren Ambiguität, die, entgegen Kittlers These, aus dem Bereich der Optik stammt und eng mit dem Imaginären verzahnt ist. Im frühen Seminar zur »Topik des Imaginären« erweitert Lacan sein Modell des imaginären Spiegelstadiums durch das einem Lehrbuch der Optik[75] entlehnte »Experiment mit dem umgedrehten Blumenstrauß« (Abb. 23).

Dieses besteht aus einem Hohlspiegel und einem davor stehenden, zum Spiegel hin offenen Kasten, *auf* dem eine Vase steht und *in* dem sich ein umgekehrt angebrachter Blumenstrauß befindet, der von der Blickposition des Betrachters aus nicht zu sehen ist. Dieser Strauß wird auf der sphärischen Oberfläche des Spiegels reflektiert, und zwar so, dass an dem zur Spiegelachse symmetrisch gelegenen Lichtpunkt über dem Hals der Vase ein *reelles* Bild (*image réelle*) des

---

74   Kittler 1993, S. 68.
75   Vgl. Bouasse 1947, S. 86 ff.

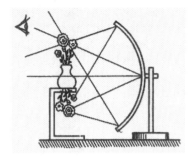

Abb. 23: »Das Experiment mit dem umgedrehten Blumenstrauß«, in: Lacan 1990, S. 103.

Blumenstraußes erscheint. Ein *reelles* Bild unterscheidet sich in der Optik von einem *virtuellen* allein durch den *Ort*, an dem dieses Bild erscheint. Während reelle Bilder einen bestimmten projizierten Ort einnehmen[76] und so, wie Lacan sagt, »sich wie Objekte verhalten und als solche behandelt werden können«[77] (Abb. 24), sind virtuelle Bilder als solche nicht sichtbar, sondern optisch-geometrische Konstrukte, die *nur durch Hilfsmittel* (etwa Lupe oder Brille) als Bilder (und zwar dann auf der Netzhaut als reelle) erscheinen können (Abb. 25).

Reelle Bilder erscheinen *hinter*, virtuelle hingegen *vor* der Linse. Es handelt sich also bei der in der Optik vollzogenen Unterscheidung von reell und virtuell – und darauf kommt es an – *nicht um eine ontologische Bestimmung*, denn was in der Wahrnehmung als Bild erscheint, ist immer reell, da virtuelle Bilder als solche, d.h. ohne optische Hilfsmittel, gar nicht sichtbar sind. Lacan identifiziert daher zunächst reelle mit objektiven und virtuelle mit subjektiven Bildern, nur um gleich darauf diese Zuordnungen wieder einstürzen zu lassen:

»Wenn Sie einen Regenbogen sehen, sehen Sie etwas vollkommen Subjektives. Sie sehen ihn in einer bestimmten Entfernung, die zur Landschaft hinzukommt. Er ist nicht da. Das ist ein subjektives [virtuelles] Phänomen. Und dennoch stellen Sie ihn, vermöge eines photographischen Apparats, vollkommen objektiv [als reelles Bild] fest. Nun, was hat es damit auf sich? Wir

---

76 Die von Projektoren erzeugten Bilder auf Leinwänden oder die Spuren auf lichtempfindlichen Schichten, sei es Fotografie oder Netzhaut, sind reelle Bilder.
77 Lacan 1990, S. 101.

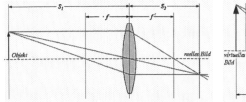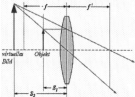

Links: Abb. 24: Schema eines reellen Bildes.
Rechts: Abb. 25: Schema eines virtuellen Bildes.

wissen nicht mehr so recht, nicht wahr, wo das Subjektive, wo das Objektive ist.«[78]

Lacan geht es hier vor allem darum, die gegenseitige Interdependenz von Realem und Imaginärem aufzuzeigen. In einem zweiten Gedankenexperiment vertauscht Lacan Vase und Blumenstrauß innerhalb des Schemas (Ab. 26).

Hier nun erscheint das reelle Bild der Vase, das den (physikalisch) realen Blumenstrauß umschließt: »Und auf dieser Ebene gibt das Körperbild dem Subjekt die erste Form, die ihm erlaubt, das zu situieren, was Ich ist, und das, was es nicht ist. Nun, sagen wir, daß das Körperbild, wenn man es in unser Schema einsetzt, wie die imaginäre Vase ist, die den realen Blumenstrauß enthält.«[79] Eine wichtige Pointe ist dabei natürlich, dass das Imaginäre ausgerechnet in Form eines *reellen* Bildes auftritt, das im Planspiegel ein virtuelles wird, was wiederum eine ontologische Differenzierung der Ebenen *ad absurdum* führt. Bezogen auf das erste Schema wird gesagt:

»In diesem Augenblick, während Sie den realen Strauß nicht sehen, sehen Sie, wenn Sie sich im richtigen Feld befinden, wie ein sehr seltsamer imaginärer Strauß erscheint, der sich genau über dem Hals der Vase bildet. Da sich ihre Augen entlang der selben Linie verschieben können, haben Sie ein Gefühl von Realität, obgleich Sie spüren, daß irgendetwas sonderbar, verschwommen ist, weil sich die Strahlen nicht genau überschneiden.«[80]

78   Lacan 1990, S. 102.
79   Ebd., S. 105.
80   Ebd., S. 104.

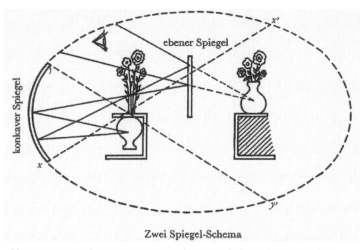

Zwei Spiegel-Schema

Abb. 26: Variation des »Experiments mit dem umgedrehten Blumenstrauß«, in: Lacan 1990, S.162.

Die Ambiguität des französischen *réel/réelle*, das sowohl reell im optischen Sinn als auch real im physikalisch-ontologischen Sinn meint, ist nicht übersetzbar, geht aber unmittelbar in Lacans Begriff des Realen ein. Das Bild des vom reellen/imaginären Bild der Vase umschlossenen Blumenstraußes dient Lacan zur Illustration einer Welt, »in der das Imaginäre das Reale einschließt und, gleichzeitig, formen kann, in der auch das Reale das Imaginäre einschließen und, gleichzeitig, situieren kann«,[81] und in der das durch den Planspiegel in Abb. 26 symbolisierte Symbolische Universum die Ebenen miteinander korreliert.

Das Problem besteht darin, dass heuristisches Potenzial des Begriffs des Realen verschenkt wird, wenn er zu sehr im Bereich physikalischer Faktizität verortet wird. Denn die borromäische Verkettung der drei Ordnungen ist wie im »Experiment vom umgekehrten Blumenstrauß« bereits im Saussureschen Algorithmus vollständig enthalten.

$\frac{S}{s}$ besteht aus den Zeichen /S/, /s/ und /—/, und während /S/,wie schon erwähnt, für »Signifikant« und /s/ innerhalb der Lacanschen

---

81 Ebd., S. 106.

Algebra von nun an für »Signifikat« steht, bezeichnet /—/ jene Schranke und Barriere (*Barre*), die bei Lacan für den »Widerstand«[82] innerhalb der Signifikation steht. Für Lacan ist die Ebene des Signifikanten logisch vor dem Signifikat angesiedelt, von diesem unabhängig und steht innerhalb des Algorithmus für das »rein« Symbolische, das Spiel reiner Differenzen. Die Bedeutungsebene des Signifikats wiederum, die als unter die *Barre* »gleitend«[83] vorgestellt wird, gehört der Ordnung des Imaginären an. Die *Barre* schließlich zeigt sich *in der Ereignishaftigkeit des Widerstandes* dem Realen zugehörig. Der Begriff des Widerstands ist dabei vielschichtig. Bei Freud bezeichnet dieser Terminus zunächst nichts weiter als den Widerwillen des Analysanden, verdrängte Erinnerungen ins Bewusstsein zurückzurufen. Der Widerstand behindert das Fortschreiten der Kur: »Was immer den Verlauf der Arbeit stört, ist ein Widerstand.«[84] Für Lacan ist der Widerstand jedoch nicht mehr eine Frage des Unwillens seitens des Analysanden, sondern ein dem Prozess der Analyse inhärentes Moment, das nicht vollständig überwunden werden kann: »Nach der Verminderung des Widerstandes bleibt ein Rest, der das Wesentliche sein kann.«[85] Zwar ist dieser Widerstand mit dem Register des Ichs verknüpft und damit der Ordnung des Imaginären zugehörig, jedoch ist die insistierende Qualität in der Erfahrung des Widerstands ein wichtiges Merkmal des Realen,[86] denn der Widerstand bringt etwas *in Anwesenheit*, ist Präsenzerfahrung:

»In dem Augenblick, wo es bereit zu sein scheint, etwas Authentischeres, Brennenderes, als es bis dahin je hat erreichen können, zu formulieren, unterbricht sich, in bestimmten Fällen, das Subjekt und macht eine Aussagen wie diese – *ich realisiere plötzlich die Tatsache, daß Sie anwesend sind*. Das ist etwas, das mir mehr als einmal passiert ist und was die Analytiker leicht bestätigen können. Dies Phänomen stellt sich im Zusammenhang mit der konkreten Äußerung des Widerstandes her, der im Gewebe unserer Erfahrung als Funktion der Übertragung auftritt. Wenn es selektive Werte annimmt, so, weil das Subjekt jetzt selbst so etwas wie eine scharfe Wendung ver-

---

82 Lacan 1991, S. 25.
83 Ebd., S. 27.
84 Freud 1975, S. 340.
85 Lacan 1980b, S. 320.
86 Vgl. Ebd., S. 279 und Lacan 1987, S. 96.

spürt, einen plötzlichen Wirbel, der es von einer Strömung des Diskurses zu einer anderen treibt, von einem Akzent der Funktion des Sprechens zu einem anderen.«[87]

Der »plötzliche Wirbel« des Widerstands bringt im Modus der Selbstunterbrechung des Subjekts jene Präsenzerfahrung hervor, die ein Signum des Realen ist. Die konkrete Äußerung des Widerstandes ist im selben Moment Krisenerfahrung als auch Präsenzerfahrung. Hier kommt etwas in Anwesenheit, ohne bereits in *Gegen*ständlichkeit zu erstarren.

2.2 Vase und Krug: Das Reale und das »Ding« (Heidegger)

Auf die Nähe des Lacanschen »Experiments mit dem umgekehrten Blumenstrauß« und dessen Variationen zu Martin Heideggers »Spiegelspiel von Welt« in dessen spätem Aufsatz »Das Ding« ist bereits an anderer Stelle hingewiesen worden.[88] Diese Nähe beschränkt sich allerdings nicht nur darauf, dass beide die »Dingheit« von Vase und Krug nicht in ihrer physikalischen Faktizität, sondern im »Fassenden«[89] der Behältnisse aufweisen. Darüber hinaus ist Heideggers Konzeption des Dings dazu angetan, den Lacanschen Begriff des Realen zu erhellen und umgekehrt.

Heidegger unternimmt in diesem Aufsatz in einer zum Ende hin die Grenze zum Hermetischen deutlich überschreitenden Sprachanstrengung ebenfalls den Versuch, von etwas zu sprechen, wovon sich nicht sprechen lässt. In der für Heidegger typischen phänomenologischen Weise nähert sich die Analyse der »Dingheit des Dings« in diesem Aufsatz mittels der Beschreibung eines einfachen, alltagsweltlichen Gegenstandes: eines Kruges. Ebenso wie für die Vase Lacans gilt für den Heideggerschen Krug, dass dessen »Wesen« nicht in seiner Gegen-Ständlichkeit, sondern in dessen *Wider*ständigkeit besteht. Die Gegenständlichkeit des Kruges resultiert aus dessen Her- und Vorgestellt-Sein; letzteres eine Perspektive, die Heidegger seit

---

87   Lacan 1990, S. 55–56.
88   »Lacan hat die Vase, den Krug als Metapher des Dings verwendet, dabei greift er eine Arbeit Heideggers auf.« Widmer 2001, S. 21. Leider versäumt es Peter Widmer im Folgenden diesen Zusammenhang zu explizieren. Er beschränkt sich auf den Hinweis auf Heideggers Aufsatz.
89   Heidegger 2004, S. 161.

»Die Zeit des Weltbildes« als »Seinsvergessenheit« der Neuzeit brandmarkt.[90]

»Alles Vorstellen des Anwesenden im Sinne des Herständigen und des Gegenständigen gelangt jedoch nie zum Ding als Ding. Das Dinghafte des Kruges beruht darin, daß es als Gefäß ist. [...] Allein das Undurchlässige ist noch nicht das Fassende. Wenn wir den Krug vollgießen, fließt der Guß beim Füllen in den leeren Krug. Die Leere ist das Fassende des Gefäßes. Die Leere, dieses Nichts am Krug, ist das, was der Krug als das fassende Gefäß ist.«[91]

Dieser Leere, diesem »Nichts am Krug« entspricht jene Qualität des Realen, die Kittler als das definiert, »was Lacan mit seiner Gegebenheit voraussetzte – nämlich nichts.«[92] Auch für Heidegger kann diese spezifische Leere, die der »Dingheit« des Dings näher kommt als jede Gegenständlichkeit, nicht in den »Gittern des Symbolischen« eingefangen werden, wobei Heidegger das natürlich anders formuliert. Er kontrastiert diese Leere, verstanden als das, was der Krug als fassendes Gefäß ist, mit jener Dingvorstellung der »physikalischen Wissenschaft«,[93] die diese Leere, dieses »Nichts am Krug« überhaupt nicht in den Blick bekommen könne:

»Man sagt, das Wissen der Wissenschaft ist zwingend. Gewiß. Doch worin besteht ihr Zwingendes? Für unseren Fall in dem Zwang, den mit Wein gefüllten Krug preiszugeben und an seine Stelle einen Hohlraum zu setzen, in dem sich Flüssigkeit ausbreitet. Die Wissenschaft macht das Krug-Ding zu etwas Nichtigem, insofern sie Dinge als das maßgebende Wirkliche nicht zulässt.«[94]

Das »Wissen der Wissenschaft« kann Heidegger zufolge die Leere des Kruges nicht denken, da dessen Hohlraum nicht als Leere oder »Nichts«, sondern als mit Luft angefülltes Volumen gedacht werde, und so das Eingießen einer Flüssigkeit hier die Verdrängung einer Fülle durch eine andere bedeutet: »Den Krug füllen, heißt, wissen-

---

90 Heidegger 1994b, S. 89–91.
91 Heidegger 2004, S. 161.
92 Kittler 1986, S. 28.
93 Heidegger 2004, S. 161.
94 Ebd., S. 162.

schaftlich gesehen, eine Füllung gegen eine andere auswechseln.«[95]
Für den Krug gilt: »Das Dinghafte des Gefäßes beruht keineswegs im
Stoff, daraus es besteht, sondern in der Leere, die faßt.«[96] Das »maß-
gebend Wirkliche«, also das, was als *Wirkung* zeitigendes am Ding
entscheidend ist, entzieht sich naturwissenschaftlicher Beschreibung
ebenso wie den »Gittern des Symbolischen«. Das ist nicht als Defizit
zu verstehen. Das Dinghafte des Dinges ist ein *erscheinendes Nicht-
erscheinen* – »absolute« *ekstasis* – das für dieses Dinghafte wesentlich ist:

> »Worauf beruht das Nichterscheinen des Dinges als Ding? Hat lediglich der
> Mensch es versäumt, das Ding als Ding vorzustellen? Der Mensch kann nur
> das versäumen, was ihm bereits zugewiesen ist. Vorstellen kann der Mensch,
> gleichviel in welcher Weise, nur solches, was erst zuvor von sich her sich ge-
> lichtet und in seinem dabei mitgebrachten Licht sich ihm gezeigt hat.«[97]

Bei Lacan gehört diese Ebene des Nichterscheinens, die der menschlichen Vorstellung abgewandte Seite der Dingheit des Dinges explizit
dem Register des Realen an. Für den Lacan der »Ethik der Psychoanalyse« ist das Ding im Gegensatz zur *Sache*, die als Repräsentation
zur Symbolischen Ordnung gehört, jenes »Signifikats-Außerhalb«,[98]
das zur »stummen Realität«[99] des Realen gehört und »unmöglich
vorzustellen«[100] ist. Dieser Dingbegriff Lacans allerdings ist, entgegen
einer These von Dylan Evans,[101] nicht mit dem Kantschen »Ding an
sich« zu verwechseln. Zumindest nicht, wenn man, wie es Lacans
Texte nahelegen, seinen Dingbegriff mit Heidegger liest.

> »Weil das Wort Ding im Sprachgebrauch der abendländischen Metaphysik
> das nennt, was überhaupt und irgendwie etwas ist, deshalb ändert sich die
> Bedeutung des Namens ›Ding‹ entsprechend der Auslegung dessen, was ist,
> d. h. des Seienden. Kant spricht in gleicher Weise wie der Meister Eckhardt
> von den Dingen und meint mit diesem Namen etwas, das ist. Aber für Kant

---

95   Ebd., S. 162.
96   Ebd., S. 161.
97   Ebd., S. 163.
98   Lacan 1996, S. 67.
99   Ebd., S. 68.
100 Ebd., S. 150.
101 Evans 2002, S. 77.

wird das, was ist, zum Gegenstand des Vorstellens, das im Selbstbewußtsein des menschlichen Ich abläuft. Das Ding an sich bedeutet für Kant: der Gegenstand an sich.«[102]

Und eben dieser Konzeption des Dings als *Gegen*stand setzt Heidegger seinen Dingbegriff entgegen, der dann bei Lacan zum Realen als Erfahrung eines *Wider*standes im weiter oben zitierten Sinn wird. Über den Umweg über die Etymologie zeigt Heidegger, wie dieses *Wirk*-liche des Dings Wirkung zeigt. Im althochdeutschen »thing« findet Heidegger das Moment des Versammelnden (»Das Ding versammelt«[103]), das sich wiederum im lateinischen *res* wiederfindet und hier, etwa in *res publica*, das *Angehende* bedeutet.[104]

»Nur deshalb, weil res das Angehende bedeutet, kann es zu den Wortverbindungen res adversae, res secundae kommen; jenes ist das was den Menschen in widriger Weise angeht; dieses, was den Menschen günstig geleitet. Die Wörterbücher übersetzen res adversae zwar richtig mit Unglück, res secundae mit Glück; von dem jedoch, was die Wörter, als gedachte gesprochen, sagen, berichten die Wörterbücher wenig.«[105]

Noch im englischen »thing« ist für Heidegger jene Nennkraft gewahrt, die das Ding, etwa in »that's a great thing«, als »ein aus sich Kommendes, den Menschen Angehendes«[106] aufscheinen lässt. Heidegger schreibt daraufhin: »Das Angehende ist das Reale des res«[107], eine Bedeutungsebene, die dann allerdings im Übergang zum Mittelalter wieder »verschüttet«[108] werde, um von da an in den neuzeitlichen und metaphysischen Begriff des Dings als Gegenstand zu münden, wie ihn Heidegger exemplarisch bei Kant aufweist.

Entscheidend und sicher nicht zufällig verweist dieses *res*, das in *res secundae* und *res adversae* noch das den Menschen *Angehende* im Sinne von Glück oder Unglück meint, voraus auf jenes Angehende

---

102 Heidegger 2004, S. 169.
103 Ebd., S. 166.
104 »[...] res publica heißt nicht: der Staat, sondern das, was jeden im Volke offenkundig angeht, ihn ›hat‹ und darum öffentlich verhandelt wird.« Ebd., S. 167.
105 Ebd., S. 167.
106 Ebd., S. 168.
107 Ebd., S. 168.
108 Ebd., S. 168.

der »Schicksalsfügung«, das Lacan dann unter dem Begriff *tyché* dem Realen zuordnet und dem *automaton* des Symbolischen gegenüberstellt. Während Heidegger jedoch jede Konnotation von Stofflichkeit und Materialität aus seinem Dingbegriff verbannt, wird bei Lacan diese Bedeutungsebene im Begriff des Realen stets mitgeführt, auch und gerade um den Preis ständigen Missverständnisses oder der Verwechslung mit dem Begriff der Realität. Indem Lacan im Begriff des Realen die *Gegen*ständlichkeit des Dings durch die *Wider*ständigkeit einer ereignishaften Präsenzerfahrung ersetzt, entwickelt Lacan einen präsenztheoretischen Materialismus, der das Reale nicht auf Substanz, Stoff oder physikalische Faktizität reduziert, jedoch gleichzeitig diese Ebene nicht wie Heidegger im »Ding«-Aufsatz metaphorisch verfließen lässt.

Am Grund der Dingerfahrung zeigt sich jedoch letztlich auch bei Heidegger eine Präsenzerfahrung, die ebenso wie der Lacansche Begriff des Realen konsequent in der Schwebe gehalten wird. In der Beschreibung der sich durch das Ding ereignenden Nähe, der Heidegger das »hastige Beseitigen aller Entfernungen«[109] durch die neuzeitliche (Medien-) Techniken allerdings gegenüberstellt, zeigt sich eine ereignishafte Koinzidenz sich ansonsten ausschließender Ebenen: »Nähern ist das Wesen der Nähe. Nähe nähert das Ferne und zwar als das Ferne. Nähe wahrt die Ferne. Ferne wahrend, west die Nähe in ihrem Nähern. Solchermaßen nähernd, verbirgt die Nähe sich selber und bleibt nach ihrer Weise am nächsten.«[110] Das Nähern ist Ereignis des gleichzeitig An- und Abwesenden, das als solches nicht statisch »festzuhalten« ist, sondern nur im Vollzug des Näherns gedacht werden kann, sich eben in diesem Vollzug aber bereits verbirgt. Es ist die sich ereignende Anwesenheit eines für diese Anwesenheit konstitutiv Abwesenden (der Ferne), die sich daher nur in der Koinzidenz sich ansonsten ausschließender Ebenen eben logisch gar nicht zeigen kann, sondern sich *zeigend verbirgt*: Das ist die »stumme Realität« des Realen bei Lacan. Heidegger spricht hier genau von dem, wovon sich nicht sprechen lässt, ebenso wie Lacan im »Traum vom brennenden Jungen« jene Koinzidenz von Innen und Außen manifestiert sieht, die das Reale als »absolute« *ekstasis*, also in seiner je singulären Wirk-lichkeit erahnbar macht. Um die Qualität dieses Wi-

---

109 Ebd., S. 157.
110 Ebd., S. 170.

derstandes näher zu bestimmen, bedarf es allerdings einer weiteren Ebene, welche die Erfahrung des Realen nicht nur in den existentiellen Tiefenschichten des Daseins, sondern auch an deren Oberfläche aufzeigt, in ihrer alltäglichen »Idiotie«.

2.3 Das Reale als Singularität und Idiotie (Rosset, Žižek)

Lacan führt das Kapitel »Tyché und Automaton« mit einer Anekdote ein, die eine einfache Qualität des Realen illustriert: ihren insistierenden Widerfahrnischarakter im Modus der *Störung*. Bevor der Begriff des Realen im »Traum von brennenden Jungen« und in der Exemplifikation von *tyché* und *automaton* in größerer Komplexität entfaltet wird, spricht Lacan von einem Klopfen, das ihn in seinem Schlaf stört und jenen Minimalwiderstand des Realen illustriert, der nicht ignoriert werden kann. Ein reines »Dass«, welches noch kein »Was« impliziert.[111] Malcolm Bowie kommentiert:

> »Lacans *tyché* ist in einer Hinsicht ganz simpel: Es ist der Dachziegel, der einem Passanten auf den Kopf fällt, ein Dummkopf, der eine schöpferische Trance vorschnell beendet, oder (mit einem Beispiel Lacans) das Klopfen an der Tür, das einen Traum unterbricht. Das Netz der Signifikanten, in dem wir unser Sein haben, ist nicht alles was ist, und der Rest dessen, was ist, kann jeden Moment zufällig über uns hereinbrechen.«[112]

Bowie spricht hier Aspekte des Realen an, die in Lacans mitunter pathetisch aufgeladener Rede vom Realen leicht übersehen werden können. Im Widerstand, in der ereignishaften Zufälligkeit des zustoßenden Realen liegt immer auch etwas von Komik, Slapstick, *Idiotie*.

---

111 »Gestern bin ich aus einem kurzen Schlaf, in dem ich Ruhe suchte, nicht aufgeweckt worden, als es an der Tür klopfte, bevor ich dann aufwachte. Ich hatte nämlich das eindringliche Klopfen sofort zu einem Traum verarbeitet, in dem sich mir anderes zeigte als das Klopfen. Ich wache dann auf, werde mir des Klopfens – der Wahrnehmung – bewußt, indem ich um das Klopfen herum meine ganze Vorstellungen wieder konstituiere. Ich weiß dann, daß ich da bin, auch wann ich einschlief und warum ich den Schlaf suchte. Sobald das Geräusch des Klopfens nicht in meine Wahrnehmung gelangt, aber in mein Bewußtsein, rekonstruiert sich dieses um die Vorstellung herum – ich weiß, ich bin jetzt unter dem coup des Aufwachens, ich bin jetzt *knocked*.« Lacan 1987, S. 62.
112 Bowie 1997, S. 100.

Diesen Aspekt philosophisch ausgearbeitet zu haben, ist das Verdienst der »negativen Ontologie« Clément Rossets, der sich explizit mit und gegen Lacan dem Begriff des Realen philosophisch genähert hat. Mit Lacan teilt Rosset eine wichtige Minimaldefinition des Realen, nämlich jene, dass das Reale dasjenige sei, was »immer an seinem Platz ist«.[113] Dieses »Immer-an-seinem-Platz-sein« impliziert sowohl bei Lacan als auch bei Rosset nicht etwa die Dingontologie eines kausalen Begründungszusammenhanges, sondern ist als Dynamik den nomadisierenden, eben niemals fixierbaren *Zeichenprozessen* (dem Symbolischen und Imaginären, im Spiel von Signifikant und Signifikat) als Kontrast gegenübergestellt. Mit diesem »Immer-an-seinem-Platz-sein« ist jene singuläre Ereignishaftigkeit angesprochen, der im Modus des Widerstandes nicht entgangen, jedoch auch nicht recht begegnet werden kann, da das Insistierende des Realen eine Qualität ist, die diese Ordnung grundsätzlich von denen des »Double«, wie Rosset es nennt, unterscheidet. Da für dieses »Double« – etwa in Form der Repräsentation, die das Reale im Vorgang der *R*epräsentation, indem sie es *verdoppelt*, eben seiner originären *Präsenz* beraubt und somit zum Verschwinden bringt[114] – stets ein Riss zwischen Bezeichnendem und Bezeichnetem konstiutiv ist, steht es dem Realen blind gegenüber, von dem Lacan deshalb sagt, dass es »ohne Riss«[115] sei. Diese Differenz ist ein neuralgischer Punkt auch innerhalb der Rossetschen Argumentation, zu deren Illustration nur ein Beispiel herausgegriffen werden soll.

In Prousts »Suche nach der verlorenen Zeit« wird an drei markanten Stellen, deren bekannteste wohl die berühmte »Madeleine-Episode« ist, das Glücksgefühl der plötzlichen Wiederkehr einer Vergangenheit ins Bewusstsein des Erzählers geschildert. In dem Moment, in dem dieser zum Beispiel, ausgelöst durch das Aroma eines in Tee

---

113 »Der Sinn, den der Mensch immer dem Realen gegeben hat, ist der folgende – es ist etwas, das man immer am selben Platz wiederfindet, ob man nun nicht dagewesen ist oder ob man dagewesen ist.« Lacan 1980a, S. 376.

114 Diese Aporie, dass das Reale eben deswegen nicht symbolisiert oder repräsentiert werden kann, weil es genau im Akt der Symbolisierung und Repräsentation verschwindet, zeigte sich bereits bei Friedrich Kittler innerhalb dessen »Zeitachsenmanipulation« das Reale eben in dem Moment als solches sich entzieht, in dem es im Modus der medialen Time-Axis-Manipulation in Symbolisches, in »manipulierbaren Code« überführt wird.

115 Lacan 1980b, S. 128.

getränkten Gebäckstücks, Momente seiner Kindheit in Combray wiedererlebt, ereignet sich eine augenblickliche Epiphanie, die allerdings, wie Clément Rosset entgegen der kanonischen Rezeption anmerkt, *keine Erinnerung* ist:

»Eine Erinnerung verdoppelt eine Präsentation; weshalb sie übrigens im Grenzfall eine »Repräsentation« darstellen kann. Nichts dergleichen aber in den von Proust evozierten Reminiszenzen. Die Proustsche Reminiszenz ruft nichts in Erinnerung zurück, weil sie gerade – und nur darin besteht ihr Interesse – die erste Repräsentation des Realen, das heißt seine inaugurale Präsentation darstellt, die die Heraufkunft eines bestimmten Realen an die Oberfläche des Bewußtseins signalisiert. Wenn Swann – um nur dieses eine Beispiel herauszugreifen –, wenn Swann das Thema der Sonate von Vinteuil wiederhört, das ihm die Zeit seiner ersten Liebeserlebnisse mit Odette in Erinnerung ruft, so erinnert er sich nicht im engeren Sinn an die Intensität des Gefühls, das ihn an Odette gebunden hat und ihn immernoch an sie bindet: er wird sich ihrer nur *bewusst*. Es geht hier nicht um Erinnerung, sondern um Erfassen, Wahrnehmung und Enthüllung. Das Reale ist nicht wiedergekehrt, sondern es hat sich ereignet.«[116]

Diese Verdoppelung einer originären Präsentation in der Erinnerung ist jenes Double, dem die Proustsche Epiphanie bei Rosset gegenübergestellt wird. Aus der *mémoire involontaire* wird bei Rosset eine *présentation involontaire*, und tatsächlich lassen sich diese Episoden innerhalb der Proustschen *Recherche* als Evokationen nicht von Erinnerung im Sinne von Repräsentation, sondern ästhetischen Erlebens im Sinne instantaner *Präsentation* lesen. Wenn der Erzähler von »In Swanns Welt« anlässlich der Madeleine-Episode formuliert: »Ich [...] spüre, wie etwas in mir sich zitternd regt und verschiebt, wie es sich zu erheben versucht, wie es in großer Tiefe den Anker gelichtet hat; ich weiß nicht, was es ist, doch langsam steigt es in mir empor; ich spüre dabei den Widerstand und höre das Rauschen und Raunen der durchmessenen Räume«,[117] so wird es nach allem bisher Gesagten vielleicht nicht mehr verwundern, hier (zumindest in der deutschen Übersetzung) die Begriffe »Widerstand« und »Rauschen« genau an der Stelle wiederzufinden, wo es um die Beschreibung äs-

---

116 Rosset 1988, S. 169.
117 Proust 1981, S. 65.

thetischen Erlebens in einer Art von *présentation involontaire* geht. Aber wo liegt hier die Idiotie? Was genau ist das geradezu Komische am Realen?

Auf eine auf den ersten Blick sicher provozierende, jedoch umso originellere Weise illustriert Rosset in »Das Reale. Traktat über die Idiotie« das, was er den »rauhen Bezug« zum Realen nennt, am Beispiel der Trunkenheit. Anhand des Protagonisten von Malcolm Lowrys Roman »Unter dem Vulkan«, einem Konsul, der während der gesamten Romanhandlung alkoholisiert ist, zeigt Rosset einen Bewusstseinszustand, den die Einzigartigkeit der Dinge deswegen bedrängt, weil er der Reflexivität des »Doubles« verlustig gegangen ist:

> »Der Alkoholiker seinerseits ist abgestumpft durch die seinen Augen präsente einzigartige und einmalige Sache, auf die er mit dem Finger zeigt und auf die er seine Umgebung aufmerksam machen will. Er ist sehr schnell in seinem Reich, wenn die Umgebung rebelliert: schaut nur, da ist eine Blume, aber, wenn ich es euch doch sage, dann ist da eine Blume... Eine *ganz einfache* Sache, das heißt als verblüffende Einzigartigkeit, als aus dem Reich des Daseins ungewöhnlich aufgetauchte Erscheinung.«[118]

Diese aus dem Reich des Daseins ungewöhnlich aufgetauchte Erscheinung lässt sich allerdings nicht vermitteln. Die Einzigartigkeit, die präsente Singularität lässt sich einem anderen nicht kommunizieren. Sie bleibt in sich versunken, vernunftlos, *incommunicado*:

> »Aber der Alkoholiker nimmt vor allem die Sache in ihrer Einzigartigkeit wahr, das heißt in einer Einmaligkeit, die dazu beiträgt, sie zugleich als Wunder erscheinen zu lassen und als unfassliches, unverständliches Phänomen – darum auch geht er mit ihr hausieren und versucht die Aufmerksamkeit der Vorübergehenden auf sie zu lenken. Die Sache ist so einmalig, so selbstgenügsam und selbstreferenziell, daß dem Alkoholiker gerade jeder Ansatzpunkt für ihre Interpretation fehlt: sie ist das und nichts als das, dort und nur dort. Im Grenzfall ist es sogar unmöglich sie wahrzunehmen (sie ›will nicht gesehen werden‹ sagt Angelus Silesius), und gerade das ›sieht‹ der Alkoholiker: daß sein Blick wie alles andere auf der Welt dem Erblickten immer fremd und immer beziehungslos zu ihm bleiben wird.«[119]

---

118 Rosset 1988, S. 51.
119 Ebd., S. 52.

Als Widerfahrnis ist das Erleben der Singularität derart überwältigend, dass buchstäblich die Worte fehlen; das Symbolische gleitet über die Singularität des Erlebens hinweg. Dass es keinen Ansatzpunkt zur Interpretation gibt, soll heißen: Die raue Widerständigkeit des Realen fällt durch das »Netz des Symbolischen« und gewinnt ihre Präsenz eben aus der Abwesenheit von Korrelationsmöglichkeiten. Wichtig ist hierbei, dass es sich hier nicht um eine Versenkung in ein Sich-Selbst-Genügen der Dingwelt handelt, die etwa in reiner *aisthesis* »aufgehoben« wäre. Es geht hier nicht um die Nobilitierung der Wahrnehmung gegenüber der »Interpretation«, sondern um die »einzigartigen Gegenstände, die – insofern sie da sind und nichts als das – den körperlichen Augen sich ebenso wie der geistigen Interpretation entziehen.«[120]

»Nur ein einziges Wort verleiht diesem versteckten und unfaßlichen Doppelcharakter aller weltlichen Dinge Ausdruck; das Wort Idiotie. *Idiôtès*, schwachsinnig bedeutet: einfach, besonders, einmalig; schließlich durch eine semantische Erweiterung, deren philosophische Bedeutung von großer Wichtigkeit ist, intelligenzlose Person, vernunftloses Wesen. Jede Sache, jede Person ist folglich idiotisch, wenn sie nur in sich selbst existiert, das heißt, unfähig ist, anders zu erscheinen, als dort, wo sie ist und so, wie sie ist: in erster Linie also unfähig, sich zu *reflektieren*, in der Verdoppelung des Spiegels zu erscheinen. [...] ›Warum war er mehr oder weniger immer hier? Er hätte gern einen Spiegel gehabt, um sich diese Frage zu stellen. Aber hier war kein Spiegel. Nichts als Stein.‹ (S. 352) Um sich zu erfassen, um zu verstehen, wer er ist und warum er hier ist, brauchte er einen *Spiegel*; aber die ihn umgebende Welt bietet ihm nur *Stein* an – Stein, der in der oben zitierten Textpassage beharrlich immer wiederkehrt.«[121]

Obwohl Rosset in seinen Texten zum Realen Lacan nur sehr selten explizit zitiert oder auch nur erwähnt, sind die obigen Passagen unmittelbar mit dessen Theorie des Realen kompatibel. In der Gegenüberstellung von Spiegel und Stein ist unschwer diejenige zwischen Imaginärem und Realen wiederzuerkennen, wobei Rosset es nicht versäumt die Lacansche Beschreibung des Realen als das, was »beharrlich« an seinem Platz bleibt, direkt zu zitieren.

---

120 Ebd.
121 Ebd.

Allerdings geht Rosset über die Lacanschen Grundlagen hinaus, indem er das Reale mit der Idiotie, ja dem Lächerlichen und Komischen verbindet, ein Schritt, der bei Lacan zwar präfiguriert, jedoch an keiner Stelle ausgeführt ist. Rossets Beschreibungen leisten zumindest zweierlei: Erstens schärfen die zitierten Passagen den Blick für die Widerständigkeit des Realen im Sinne des Insistierens von Singularität, ohne dabei jedoch in das existenzialistische Pathos zu verfallen, das dem Begriff des Realen bei Lacan oftmals anhaftet. Zweitens geben Rossets Ausführungen einen Hinweis darauf, warum der Begriff des Realen bisher weder für die ästhetische Theorie noch für die Medientheorie (mit der oben beschriebenen Ausnahme Friedrich Kittlers) hinreichend attraktiv erschien. Während nämlich der Aspekt der *Banalität* des Realen sich in Form der idiotischen Verfasstheit derselben kaum für die in weiten Teilen sich immer noch vornehmlich als Theorie der Kunst verstehenden Ästhetik zu eignen scheint, kann eine auf Vermittlung und Kommunikation zentrierte Medientheorie mit einem stummen, selbstbezüglichen Singulären ihrerseits nicht viel anfangen.

Für Rosset stehen Spiegel und Stein metaphorisch für zwei unterschiedliche Zugänge zum Realen:

> »Tatsächlich gibt es zwei grundlegende Bezugsmöglichkeiten im Hinblick auf das Reale: den rauhen Bezug, der über die Dinge stolpert und daraus nur das Gefühl ihrer schweigenden Präsenz ableitet und den glatten, blanken, formvollendeten Bezug im Spiegel, der die Präsenz der Dinge durch ihre bildliche Erscheinung ersetzt.«[122]

Auffällig ist, das Rosset an dieser Stelle die saubere Trennung nur um den Preis der Unterschlagung der dritten Lacanschen Ordnung gelingt: dem Symbolischen. Denn das Symbolische konstituiert sich (im Übrigen ebenso wie das Imaginäre, wie am Beispiel des Experiments vom umgedrehten Blumenstrauß zu sehen war) durch die Einfaltung des Realen *und umgekehrt*. Ein vor allem auch medientheoretisch relevantes Beispiel gibt Slavoj Žižek in Form der Lacanschen Figur der »Antwort des Realen«.

Am Beispiel des Steven Spielberg-Films »Das Reich der Sonne« und eines Romans von Ruth Rendell zeigt Žižek, dass erfolgreiche

---

122 Ebd., S. 53–54.

Kommunikation nicht dasselbe ist wie gelingende Kommunikation, es jedoch für beide Kommunikationen zwingend erforderlich ist, ein »Stück des Realen« als beglaubigendes Unterpfand mitzuführen:

> »Das Reale fungiert hier nicht als etwas, dass sich der Symbolisierung widersetzt, als ein bedeutungsleerer Rest, der nicht in das symbolische Universum integriert werden kann, sondern, im Gegenteil, als dessen entscheidende Stütze. Damit Dinge eine Bedeutung haben, muss diese Bedeutung durch irgendein kontingentes Stück des Realen bestätigt werden, das als »Vorzeichen« gelesen werden kann.«[123]

Entscheidend ist hier das Adjektiv »kontingent«, denn was innerhalb der Welt des »Doubles«, also innerhalb der Sphäre der Symbolisierung, an Interpretations- und Repräsentationsleistungen vollbracht wird, hat keinerlei Kausalbeziehung zum Realen, bedarf aber einer »Antwort des Realen«, die allerdings gegenüber dem »Sinn« der kommunikativen Handlung völlig indifferent bleibt. Žižek beschreibt, wie »Das Reich der Sonne« um diese kontingenten Antworten des Realen herum arrangiert ist. In diesem Film geht es um einen englischen Jungen, der in China das Ende des Zweiten Weltkriegs miterlebt. Žižek gelingt hier eine konzise Beschreibung der Differenz von Realität und Realem:

> »Jims (soziale) Realität ist die isolierte Welt seiner Eltern, das Elend der Chinesen wird nur aus der Distanz wahrgenommen. Eine Barriere trennt das Innere vom Äußeren, eine Barriere, die sich in der Fensterscheibe des Wagens materialisiert. Durch das Fenster des Rolls Royce betrachtet Jim das Elend und das Chaos des chinesischen Alltagslebens [...] wie eine Art Kino-›Projektion‹, wie eine Art traumhafte, fiktionale Erfahrung, die in völliger Diskontinuität zu seiner Realität steht.«[124]

Im Verlauf des Films fällt diese Barriere, Jim verliert seine Eltern und wird in das »Chaos des chinesischen Alltagslebens« geworfen, in dem er nun zu überleben versucht. Durch den Wegfall der Barriere, die das symbolische und imaginäre Universum des Jungen konstituierte, überflutet das Reale die Welt Jims. Žižek behält in der Analyse

---

123 Žižek 1991, S. 68.
124 Ebd., S. 64–65.

dieser Sequenz das Lacansche Bild der *Barre* bei, das sich in einer Fensterscheibe »materialisiert« und den Widerstand zwischen Symbolischem und Imaginärem markiert. Das symbolische Universum der »sozialen Welt« ist die Realität Jims, die in krasser Diskrepanz zur Realität der Chinesen steht. Es ist an dieser Stelle gut zu erkennen, dass (entgegen einiger in dieser Hinsicht unscharfer Formulierungen Žižeks) das Reale hier *nicht* auf der jeweils anderen Seite der Fensterscheibe zu verorten ist, sondern die Fensterscheibe selbst als Materialisierung der Barriere (*Barre*) *ekstasis* des Realen ist. Denn das von Žižek konstatierte Reale, das in die Welt Jims eindringt, ist nicht die soziale Realität des chinesischen Alltagslebens als solche, sondern das *Chaos* dieser, eine Qualität, die sich nur aus der Diskrepanz zu Jims imaginärem und symbolischen Universum ergibt und hier als *Widerstand* erlebt wird.

> »Die erste sozusagen automatische Reaktion auf diesen Verlust von Realität, auf diese Begegnung mit dem Realen ist die Wiederholung der elementaren ›phallischen‹ Geste der Symbolisierung, d.h. die Umkehrung äußerster Impotenz in Omnipotenz. Die eigene Impotenz als Omnipotenz wahrzunehmen, heißt, sich selbst als *radikal verantwortlich* für das Eindringen des Realen zu fühlen.«[125]

Diese phantasmatische Omnipotenz Jims konstituiert fortan dessen Realität, die jedoch auf »Antworten des Realen« gegründet ist, die in das phantasmatische Universum des Jungen eingearbeitet werden und dort als »kleine Stücke des Realen« Wirkungen zeitigen, jedoch in keinem Sinnzusammenhang mit Jims Realität stehen, diese jedoch durch Einfaltung erzeugen. Jims Interpretationen der Welt auf Grundlage dieser »Antworten des Realen« sind Beispiele für durchaus erfolgreiche »Kommunikationen«, jedoch sicherlich nicht für gelingende, zumindest wenn eine gelingende Kommunikation impliziert, dass das empfangene Signal dem entspricht, das vom Sender ausgesendet wurde.

> »Der Moment dieses Eindringens des Realen könnte exakt ermittelt werden: Es ist der Schuß von einem japanischen Kriegsschiff, der das Hotel, in dem Jim und seine Eltern Zuflucht gefunden haben, trifft und seine Fundamente

---

125 Ebd., S. 65.

erschüttert. Gerade um den ›Realitätssinn‹ zu bewahren, übernimmt Jim automatisch die Verantwortung für den Schuß, d.h. er glaubt, an ihm Schuld zu sein: Kurz vor dem Schuß hat er vom Hotel aus ein japanisches Kriegsschiff beobachtet, das Lichtsignale aussendete, und hat ihm mit seiner Taschenlampe geantwortet. Als unmittelbar darauf die Granate das Hotelgebäude trifft und sein Vater in den Raum stürzt, schreit Jim voller Verzweiflung: ›Ich wollte es nicht! Es war nur ein Spaß!‹ Bis zum Ende ist er überzeugt, daß der Krieg durch seine unbeabsichtigten Lichtsignale ausgelöst worden ist.«[126]

Innerhalb der Realität Jims hat die Kommunikation nur allzu gut funktioniert. Das Schiff hat den Lichtzeichen seiner Taschenlampe auf eine Weise »geantwortet«, die den kleinen Jungen (verständlicherweise) bis ins Mark erschüttert. An dieser Stelle kippt die *Idiotie*, das Komische der absolut selbstgenügsamen Kontingenz des Realen, die in diesem Fall einmal mehr in der absolut zufälligen Koinzidenz zweier völlig unverbundener Ereignisse besteht, ins *Furchterregende* um. Es ist zum wiederholten Male zu sehen, wie die Koinzidenz zweier sich ausschließender Ebenen zu einer Begegnung mit dem Realen wird, die allerdings weder mit der Realität eines »Außen« (in diesem Fall das japanische Kriegsschiff, der Beginn des Zweiten Weltkriegs) noch mit der eines »Innen« (der Welt Jims) in irgendeiner Weise in Verbindung steht, gleichzeitig an die Materialität eines Ereignisses gebunden ist (dem Schuss, der Erschütterung des Hotels), ohne jedoch mit dieser identisch zu sein. Dieses »kleine Stück des Realen« ist ein paradoxes »Ding«, das gleichzeitig ebenso entscheidend für, wie völlig indifferent gegenüber der Realität ist, die sich durch dessen Einfaltung konstituiert. Die Deutlichkeit dieses Beispiels verdankt sich dem Umstand, dass es sich bei dem Protagonisten dieser Widerfahrnisse um ein Kind handelt, dessen Blick auf die Welt des Rossetschen Trunkenen insofern ähnelt, als das auch dem Kind ein Blick für jene »Einzigartigkeit« der Dinge umstandslos zugetraut werden kann, der den »rauhen Bezug« zum Realen kennzeichnet.

Was die Idiotie des Realen betrifft, wäre es jedoch falsch, den Eindruck entstehen zu lassen, dass es sich hier um Ausnahmesituationen handle, die einen entsprechenden kognitiven oder psychischen »Ausnahmezustand« erfordern würden. Lacans Diktum folgend,

---

126 Ebd., S. 65.

demzufolge Kommunikation aus erfolgreichen, produktiven Miss-verständnissen bestehe, resümiert Žižek:

>   »Weit davon entfernt, auf pathologische Fälle beschränkt zu sein, ist diese
>   Funktion der »Antwort des Realen« notwendig für das Zustandekommen in-tersubjektiver Kommunikation als solcher: Es gibt keine symbolische Kom-munikation, ohne daß ein »kleines Stück des Realen« als eine Art Pfand
>   dient, das die Zuverlässigkeit der Kommunikation garantiert.«[127]

Ein Modell bietet Žižek dafür der Roman »Talking to Strange Men« von Ruth Rendell, der ihm als eine Art »Thesenroman« dient. In diesem Text überkreuzen sich zwei intersubjektive Kommunikationsnetzwerke,[128] die untereinander komplexe und er-folgreiche Kommunikationen erzeugen, ohne dass diese auch nur im Mindesten als gelungen bezeichnet werden könnten. Der Held des Romans – ein junger Mann, dessen Frau ihn gerade wegen eines an-deren verlassen hat – beobachtet eines Tages, wie ein Junge in einem Vorstadtpark einer Statue ein Stück Papier, in die Hand drückt. Neu-gierig geworden, nimmt sich der Held das Stück Papier, nachdem der Junge verschwunden ist, schreibt die darauf enthaltene codierte Bot-schaft ab und appliziert das Original daraufhin wieder in der steiner-nen Hand der Statue. Den abgeschriebenen Text für die codierte Bot-schaft einer Spionageorganisation haltend, macht sich der Held des Romans sogleich an die Dekodierung, was ihm beträchtliche Schwie-rigkeiten bereitet. Und tatsächlich, der decodierte Text entpuppt sich als Botschaft für Geheimagenten.

>   »Was der Mann nicht weiß: Die Menschen, die durch die Botschaften in
>   der Hand kommunizieren, sind nicht wirklich Geheimagenten, sondern eine
>   Gruppe präpubertierender Jünglinge, die Spion spielen; sie sind in zwei
>   ›Spionageringe‹ aufgeteilt, deren jeder versucht, einen ›Maulwurf‹ in den geg-nerischen Ring ›einzuschleusen‹ und in dessen ›Geheimnisse‹ einzudringen
>   (heimlich die Wohnung eines der Feinde zu betreten und eines seiner Bücher
>   zu stehlen etc.).«[129]

---

127 Žižek 1991, S. 66.
128 Ebd., S. 66.
129 Ebd., S. 67.

Der Mann kommt auf die Idee, seine Kenntnis des Codes zu benutzen, um den verhassten Nebenbuhler von den vermeintlichen »Agenten« ermorden zu lassen, und so schleust er eine entsprechende Botschaft in die Kommunikationskette der Jungen ein. »Dadurch löst er, ohne davon zu wissen, eine Reihe von Ereignissen in der Gruppe der Knaben aus, deren Endresultat der zufällige Tod des Liebhabers seiner Frau ist. Dieser reine Zufall wird vom Helden natürlich als Resultat seiner erfolgreichen Intervention verstanden.«[130] Wieder resultiert die Begegnung mit dem Realen, aus der Koinzidenz zweier voneinander vollkommen unabhängiger Zufälle, die in ihrem Zusammentreffen fatale Folgen haben. Was Žižek hieran interessiert, ist die Interaktion zweier unterschiedlicher intersubjektiver Kommunikationsnetzwerke, die voneinander völlig unabhängig *miteinander* funktionieren und eine perfekte erfolgreiche Kommunikationen erzeugen, und zwar aufgrund eines totalen Missverständnisses. Nicht nur ist für die Kommunikation authentische Intentionalität völlig unerheblich; das »kleine Stück des Realen« (die Leiche) beglaubigt rückwirkend, was eigentlich fatales Missverständnis war und erzeugt so »Realität«.

An dieser Stelle fällt in der Begegnung mit dem Realen das Komische mit dem Furchterregenden zusammen:

> »Das Andere, das Furcht erregt, ist nicht das Unbekannte, sondern das Bekannte als anderes. Das furchterregende Objekt ist also das Reale in Person, das als ungewöhnlich und bizarr wahrgenommen wird. Das fruchterregende Objekt vermischt sich so mit dem komischen Objekt, und beide sind demselben Effekt des Realen zuzuschreiben.«[131]

Erfolgreiche Kommunikationen, die jedoch alles andere als gelingende sind, begegnen als ein solches »Bekanntes als anderes«. Die scheinbar gesetzmäßig stabilen Regeln des Symbolischen brechen zusammen, sind nicht mehr Garanten für eine wie auch immer geartete Interpretation, sondern Störfälle, deren Fruchterregendes/Komisches darin besteht, dass sie in der Maske des Bekannten etwas völlig Fremdes verbergen. Dieser »Effekt des Realen« zeigt sich jedoch nicht so sehr als Störung, die nur zu beseitigen wäre, um aus

---

130 Ebd., S. 67.
131 Rosset 2000, S. 56.

einer nur funktionierenden auch eine gelingende Kommunikation zu machen. Zeigen sich nicht gerade diese »kleinen Stücke des Realen« ebenso als Fremdkörper wie als Konstitutivum interpretatorischer Weltaneignung überhaupt?

Offenbar deutet sich hier eine Ebene auch medialer Vollzüge an, die eng mit dem Realen zusammenhängt, »erfolgreiche« Kommunikation konstituieren kann, sich jedoch völlig indifferent gegenüber der Maßgabe des »Gelingens« zeigt. Für Rosset ist der raue Bezug nicht der einzige, schon gar nicht maßgebliche Zugang zum Realen. Neben der Philosophie, deren inhärentes platonisches Staunen er dem trunkenen Blick zur Seite stellt,[132] ist es vor allem die Kunst, die einen Zugang zum Realen ebnen könne:

> »Ein weiterer Zugang zum Realen: das Kunstwerk, und zwar eher im Sinne einer Bloßstellung der weltlichen Dinge denn als Fluchtmöglichkeit. Hier treffen bekanntlich zwei grundverschiedene Auffassungen von Kunst aufeinander. Die romantische Auffassung, derzufolge der Zugang zu den Dingen leicht, aber langwierig ist und für die die Kunst gerade die Aufgabe hat ›das Andere‹ zu vermitteln. [...] Und dagegen die klassische Auffassung, derzufolge der Zugang zu den Dingen schwierig, aber von großem Wert ist, [Zitat Heidegger] ›Denn der Weg zum Nahen ist für uns Menschen jederzeit der weiteste und darum der schwerste‹ – und für die die Kunst gerade die Aufgabe hat, dazu beizutragen. So meint Heidegger: ›Als das nächste Wirkliche am Werk erwies sich der dingliche Unterbau. Um dieses Dingliche zu fassen, reichen aber die überlieferten Dingbegriffe nicht aus; denn diese selbst verfehlen das Wesen des Dinghaften‹«.[133]

Ob Rossets Einteilung der Ästhetik so zutrifft, sei an diesem Punkt einmal dahingestellt. Entscheidend ist, dass hier einmal mehr der Dingbegriff eine Rolle spielt, der, wie bereits weiter oben gezeigt, gerade in der Heideggerschen Variante (die mit dem oben zitierten »Ding«-Aufsatz nicht erschöpft ist) an den Begriff des Realen schon bei Lacan gekoppelt ist. Wie aber ist dieses Reale im Sinne des »Dings« oder auch der Materialität in der Kunst vorzustellen?

---

132 Rosset 1988, S. 56.
133 Ebd., S. 56.

3. Die unmögliche Wissenschaft vom Singulären: Der Begriff des Realen als ästhetische Kategorie

3.1 Am Nullpunkt des Signifikanten: Das Reale und die Musik
Während die Medientheorie mit dem Realen nicht so recht umzugehen weiß – es sei denn im Kontext des kulturpessimistischen Postulats einer »Agonie des Realen« (Baudrillard) –, trifft dieser Befund auf die neuere Ästhetik nicht in gleichem Maße zu. Ausgehend von der These, dass Musik »nicht repräsentativ«[134] sei, entwirft zum Beispiel Clement Rosset in »Das Reale in seiner Einzigartigkeit« eine Ästhetik der Musik auf der Grundlage des Begriffs des Realen.

Im Einklang mit einer Tradition der Musikästhetik, die mit Namen wie Schopenhauer, Nietzsche, Strawinsky, aber auch Roland Barthes verbunden ist, geht es Rosset darum, aufzuzeigen, dass die Musik, bzw. das »musikalische Objekt« bei aller sonstigen Nähe in einem entscheidenden Punkt nicht analog zur Sprache funktioniert. Das musikalische Erleben lasse sich nicht verbalisieren oder anderweitig repräsentieren, sei keiner »intellektuellen« oder »ästhetischen« Ordnung zugänglich. Musik »befällt das Hören wie ein nicht einzuordnendes Reales, ein gewalttätiges Reales, das die Person derartig überrascht und vergewaltigt, daß es bei ihr für die Dauer der musikalischen Faszination eine unwiderstehliche Anästhesie bewirkt.«[135]

> »Das Hereinbrechen des Realen im Rohzustand, ohne daß es eine Möglichkeit gäbe, sich ihm auf dem Umweg der Repräsentation zu nähern: genau das ist die Wirkung der Musik und der Grund für die ihr eigentümliche Kraft. Die Musik ist also Schöpfung des Realen im Urzustand, ohne Kommentar oder Replik. Und sie ist das einzige Kunstwerk, das ein Reales als solches präsentieren kann. Und zwar aus einem sehr einfachen Grund: Die Musik imitiert nicht.«[136]

Schopenhauer zitierend beschreibt Rosset Musik als eine »Speerspitze der Realität« (auch hier zeigt sich die Verlegenheit der Übersetzung, die nicht stringent zwischen Realem und Realität unterscheidet), »so etwas wie das ›Hervorragen‹ des Realen, das der

---

134 Rosset 2000, S. 88.
135 Ebd., S. 95.
136 Ebd., S. 95.

Wahrnehmung wie eine Art Vorpremiere der Realität dargeboten wird.«[137] Auffällig einmal mehr, wie auch Clement Rosset nicht umhin kommt, die Effekte des Realen in den Termini von *ekstasis* zu beschreiben. Das Reale »ragt« im musikalischen Erleben in die Realität des Hörenden hinein und affiziert diese auf unentrinnbare Weise. Dass diese *ekstasis* als überwältigend, ja geradezu als »Vergewaltigung« empfunden werden kann, ist bereits mehrfach angeklungen. Festzuhalten bleibt hier, dass die Wirkung der Musik deshalb eine Wirkung des Realen ist, weil sie »überrumpelnd« und »überraschend« ist und dabei eine *subtile Gewaltsamkeit* mit sich führt, die in den Bann schlägt und nicht ignoriert werden kann. Daher ist das Reale für Rosset jene »einzige Sache« in der Welt, »an die man sich nie so richtig gewöhnen kann.«[138]

Die hierbei implizierte These, nach der alle anderen Formen der Kunst zwangsläufig mimetisch wären, rechtfertig Rosset mit Verweis auf den aristotelischen Mimesisbegriff, demzufolge Mimesis nicht »Kopie, sondern Spiel bedeutet, also nicht Identifikation, sondern Wiederholung in der spielerischen und kindlichen Weise des ›Nachahmens‹.«[139] Diese etwas holzschnittartige Einteilung des Künste ist Rossets Binarismus von Realem/Double geschuldet. Zwar geht es Rosset tatsächlich letztlich auch um eine Hypostasierung der Musik als »absolute Kunst«, dergegenüber alle andere Formen als tendenziell defizitär betrachtet werden, jedoch auch – und das ist hier das Entscheidende – um die Betonung des Umstands, dass das Spezifische der musikalischen »Sprache« darin begründet ist, dass in ihr *Syntaktik mit Semantik* zusammenfällt. Dass die Musik nicht »imitiere«, bedeutet zunächst einmal nichts weiter, als dass Musik sich auf keinen Referenten bezieht (beziehen muss), um als solche stattzufinden. Die Wirkung von Musik ist nicht nur nicht auf semantische Gehalte oder Referenten reduzierbar; in den meisten Fällen ist ein solcher Zusammenhang erst gar nicht konstruierbar:

»Der dorische Gesang der Mönche hat keine Beziehung zu dem ihn begleitenden Text, die Musik der Mozartopern hat keine Beziehung zum Inhalt ihrer Libretti und die Partituren von Luciano Berio haben keine Beziehung zu den

---

137 Ebd., S. 96.
138 Ebd., S. 97
139 Ebd., S. 89.

Texten, mit denen sie spielen: keine andere Beziehung als eine raumzeitliche Koinzidenz, die vom Musiker einfach nur zugelassen wird.«[140]

Musik bleibt dem sie eventuell begleitenden Text also jederzeit äußerlich. Die »Expressionskraft« der Musik besteht nicht im Verweis auf ein Signifikat, sondern beruht auf einer spezifischen Form von *Signifikanz*,[141] die allerdings mit dem linguistischen *Signifikat* formal nicht mehr viel gemein hat. Weder ist Musik also auf irgendeine Art »imitierend«, noch folgt sie einem dechiffrierbaren Code. Obwohl Musik durchaus insofern als Sprache bezeichnet werden kann, als sie »einen fortlaufenden Text hat, der gesprochen und geschrieben werden kann, der seine Morphologie, Syntax und Grammatik hat«[142], fehlt ein entscheidendes Kriterium der *semiosis*: Das Signifikat, bzw. die Ebene der Semantik. Genauer: Das Signifikat fällt mit dem Signifikanten zusammen, denn die spezifische Signifikanz des »musikalischen Objekts« besteht allein in dem Spiel der Signifikanten selbst, insofern mit dem Begriff »Signifikant« die Materialität eines Zeichenträgers betont ist, aufgrund derer ein Zeichen überhaupt erst wahrnehmbar wird. Allerdings wird hier ein Zeichen wahrnehmbar, das als solches leer, keinem Signifikat zuordbar ist und eben darum die Theorie in die Verlegenheit bringt, so etwas wie ein »leeres Zeichen« akzeptieren oder den Zeichenbegriff im strengen Sinne ganz aufgeben zu müssen.

---

140 Ebd., S. 90.
141 »Was ist Signifikanz? Der Sinn, *insofern er sinnlich hervorgebracht wird*.« Barthes 1974, S. 90. Innerhalb der intellektuellen Biografie Roland Barthes' spielt der Begriff der Signifikanz eine entscheidende Rolle, in dem dieser Begriff den Übergang von Barthes' »semiotischer« zu dessen präsenztheoretischen Phase markiert und von da an bis ins Spätwerk wichtig bleibt. Signifikanz ist bei Barthes ein Liminalphänomen, das exakt auf der Schwelle zwischen *aisthesis* und *semiosis* angesiedelt ist und eine Form von Sinnevokation bezeichnet, die jedoch nicht Bedeutung (Signifikation) ist. Vgl. zum Begriff der Signifikanz auch Barthes 1990, S. 262: »Drittens ist das, worauf da und dort gehört wird (hauptsächlich im Feld der Kunst, deren Funktion oft utopisch ist), nicht das Auftreten eines Signifikats, das Objekt eines Wiedererkennens oder einer Entzifferung, sondern die Streuung schlechthin, das Spiegeln der Signifikanten, die ständig um ein Zuhören wetteifern, das ständig neue hervorbringt, ohne den Sinn jemals zum Stillstand zu bringen: Dieses Phänomen des Spiegelns nennt man *Signifikanz* (es unterscheidet sich von der Bedeutung).«
142 Rosset 2000, S. 106.

Natürlich gibt es kulturell tradierte musikalische Formen, zum Beispiel bestimmte Akkordfolgen, die entlang einer Hörgewohnheit bestimmte harmonische Auflösungen »erwartbar« machen, jedoch hat das mit Semantik im linguistischen Sinne nichts zu tun. Die Permutationen der Musik sind rein syntaktischer Natur und können in dem einen syntaktischen »Kontext« etwas völlig anderes »bedeuten« als in einem anderen und unterscheide sich dieser auch nur durch einen Notenwert oder ein Vorzeichen, wie zum Beispiel innerhalb der Kirchentonarten. Entscheidend ist jedoch, dass diese Eigenschaft der Musik *nicht mit Polysemie verwechselt werden darf*, da es ja streng genommen überhaupt keine Semantik gibt. Polysemie in natürlichen Sprachen impliziert stets eine *endliche* Auswahl möglicher Konnotationen und Denotationen, je nach Kontext. Wie groß die Auswahlmöglichkeiten auch immer sein mögen, sie sind nie vollkommen *beliebig*.[143] Genau diese Kriterien von endlich oder beliebig spielen allerdings innerhalb der Musik keine Rolle, sie verfehlen das »musikalische Objekt« als solches:

> »Aber vor allem liegt der Hauptunterschied beim Hören von Sprache und beim Hören von Musik darin, daß der Musikhörer in keiner Weise zwischen diesem oder jenem ›Signifikat‹ zu wählen hat, da der musikalische Ausdruck sich – und darin liegt das ihm eigene Paradox – unabhängig von jedem Bezug auf welches bezeichnete Objekt auch immer manifestiert. Das große Paradox der Musiksprache, das sie von jeder artikulierten Sprache unterscheidet, besteht darin, sich als Signifikant ohne Signifikat zu präsentieren und dem Ohr nur eine ›leere‹ Signifikation zu bieten, bei deren Hören jeder Übertragungsversuch in eine andere Sprache durch den Mangel an Ideen und Mitteln scheitert.«[144]

Eben diese leere Signifikation – es wäre hier genauer, im Barthesschen Sinne von Signifikanz zu sprechen – ist Bedingung der Möglichkeit nicht nur der Musiksprache, sondern auch die *formaler Sprachen*, zumindest wenn man diese zum Beispiel in Form von Kalkülen oder Algorithmen als *symbolische Maschinen* definiert, deren Spezifikum es laut Sybille Krämer ebenfalls ist *ohne Semantik* zu funk-

---

143 Vgl. Eco 1999.
144 Rosset 2000, S. 116.

tionieren.[145] Ebenso wie die Musiksprache haben formale Sprachen ihren »Sinn« in der syntaktischen Permutation selbst, die zwar sehr wohl *sinnvoll*, jedoch nicht bedeutungsvoll in dem Sinne sind, dass sie auf etwas außerhalb ihrer liegendes verweisen. Im Gegenteil: diese »leere Signifikation« ist Bedingung ihrer Möglichkeit selbst.[146] Formale Sprachen wie beispielsweise die Formelsprache der Logik oder Programmiersprachen haben nur »Sinn« innerhalb einer syntaktischen Permutationslogik, die nicht nur keinerlei Bezug zu einem »Außen« braucht, sondern diesen Bezug auch gar nicht haben *darf*, wenn diese Sprachen ihre je eigene Signifikationskraft, das heißt ihren für diese konstitutiven Abstraktionsgrad behalten sollen. Das hierin verklammerte theoretische Problem ist das der *Übertragung* bzw. der *Übersetzung*, das sich hier nicht nur als philosophisches, sondern auch als ein genuin *medienästhetisches* erweist.

Eine Folge dieses Befundes könnte sein, aus der skizzierten Nähe von Musiksprachen und formalen Sprachen einen Diskurs sich entspinnen zu lassen, der auf den Spuren von Pythagoras und speziell Leibniz diese Sprachen – deren Qualität sich, wie zu sehen war, vor allem dem Umstand verdankt, dass es sich hier streng genommen überhaupt nicht um Sprachen im Sinne der Semiotik handelt – unter dem Begriff der *Universalsprache* aneinander koppelt. Ohne auf das komplexe Themenfeld der Universalsprachen an dieser Stelle auch nur annähernd genau genug eingehen zu können, bleibt festzuhalten, dass die Idee der Universalsprache letztlich darauf beruht, die radikale Alterität einer leeren Signifikation, wie sie sich in Musik ereignet, zu negieren. Denn anstatt das Skandalon einer leeren Signifikation anzuerkennen, impliziert das Konzept der Universalsprachlichkeit sowohl der Musiksprache wie die formaler Sprachen die Annahme einer prästabilierten Harmonie, die sich in der Universalsprache *ausdrückt*. Die Annahme eines Ausdrucks führt die *Interpretierbarkeit* dieses Ausdrucks jedoch durch die Hintertür wieder ein, der gegenüber die Musik sich aber gerade sperrt.

---

145 Vgl. Krämer 1988.

146 An dieser Stelle kommt dem Begriff der Signifikanz besondere Bedeutung zu, denn im Falle der Musik lässt sich mit gutem Grund von Signifikanz sprechen, in Bezug auf formale Sprachen jedoch offensichtlich *nicht*.

»Es ist völlig natürlich, daß dieser Interpretationsfehler – der insgesamt darauf hinausläuft, interpretieren zu wollen – gemeinhin von denen begangen wird, deren Aufgabe es ist, das Reale zu interpretieren und ihm einen Sinn zu geben, ich meine von den Philosophen. Man braucht sich daher nicht zu wundern, daß Leibniz die Musik zu dem in Beziehung setzt, was er für die Harmonie des Realen hält, das ausgehend von einem mathematischen Modell verstanden wird, oder daß Hegel aus der Musik so etwa wie die sinnliche Hülle des Geistes macht (›die *Ohs!* und die *Ahs!* der Seele‹). Diese musikliebenden Philosophen bleiben vor allem Philosophen. Schopenhauer selber, einer der Philosophen, die sich am meisten von der Musik angesprochen fühlten, vertritt *in extremis* die expressionistische These, indem der die Musik zum unmittelbaren Ausdruck des Willens macht, der in seinem Wesen, das heißt in seiner absoluten Allgemeinheit erfaßt wird. [...] Einer solchen Interpretation zufolge kann die Musik nicht auf ihre eigene Sprache begrenzt werden. Sie existiere nur, und sie habe nur deshalb einen Einfluß auf die Empfindung, weil sie etwas anderes als sich selbst signalisiert, eben diese andere Sache, die sie besser als jede andere Sprache ›ausdrücken‹ könne.«[147]

Ein Weiteres, von Rosset nicht Erwähntes kommt hinzu: Während die »leere Signifikation« der Musik aus der größtmöglichen semantischen *Unbestimmtheit* resultiert, entspringt die »Leere« des Signifikats bei formalen Sprachen aus deren größtmöglichen *Bestimmtheit*, nämlich der absoluten Eindeutigkeit, die natürlichen Sprachen ebenso wesensfremd ist wie völlige semantische Beliebigkeit. Ein Befehl in einer beliebigen Programmiersprache hat *eine* bestimmte Funktion und keine weitere, das Zeichen » + « hat (quasi als Rädchen innerhalb der symbolischen Maschine) die syntaktische Funktion der Addition und nichts anderes. Kurz: Was die semantische »Leere« musikalischer und formaler »Sprachen« betrifft, liegen beide an den äußerst *entgegengesetzten* Enden des Spektrums. Beide »Sprachen« sind vom Begriff des Zeichens auf *entgegengesetzte Weise gleichweit entfernt*. Rossets Pointe ist es, diese Fallstricke zu umgehen und trotzdem die Universalität der Musiksprache begründen zu können und zwar im Rekurs auf den Begriff des Realen, denn für Rosset ist das musikalische Objekt kein Double des Realen, sondern aufgrund der genannten Charakteristika *selbst Reales*:

---

147 Rosset 2000, S. 125.

»Der Musikbereich gehört gewiß zum Bereich des Realen: die Musik ist nicht ›hyper-real‹ in dem Sinne, daß sie der Realität fremd wäre, sondern in dem Sinne, daß sie ein Reales bildet, das ursprünglich ist, weil es von jedem Modell befreit ist. Sie ist ein ›Teil‹ des Realen, der mit dem Privileg ausgestattet ist, sich unmittelbar als solcher zu präsentieren, und der von der Last befreit ist, jemals irgendetwas anderes repräsentieren zu müssen.«[148]

Die romantischen Konnotationen des »Ursprünglichen« einmal beiseite gelassen, bleibt festzuhalten, dass die Musik eine interpretationslose *Wirk-lichkeit*[149] ist, die ein Reales nicht imitiert oder repräsentiert, sondern selbst *präsentiert*, also *in Anwesenheit* bringt. Der Modus dieses »In-Anwesenheit-Bringens« ist einmal mehr die Widerständigkeit, die Rosset hier mit den Begriffen »Überrumpelung«, »Gewaltsamkeit« oder gar »Vergewaltigung« in ihrer Intensität zu fassen versucht. Darüber hinaus ist der Musik eine spezifische Ereignishaftigkeit eigen, die in ihrer Ausschließlichkeit ein Ereignis konstituiert, das im Modus der Zeit ein Reales durch die Auslöschung eines anderen Realen hervorbringt: »Es ergibt sich eine Eliminierung der Zeit der Realität durch die musikalische Zeit, wenn man der Musik zuhört, und eine Eliminierung der musikalischen Zeit durch die Zeit der Realität, wenn man sich im Konzert langweilt.«[150] Die musikalische Zeit »überlagert« nicht etwa die Zeit der Realität, sondern *löscht diese aus* und *vice versa*. Im Realen, dass »ohne Riss«, »immer an seinem Platz« ist, gibt es keine Mischverhältnisse, kein Nebeneinander, nur ein Entweder/Oder.

Aber wie kann diese Alterität des Realen, die das musikalische Objekt im Kern ist, doch als *universell* bezeichnet werden? Wie geht die Singularität, das Einzigartige in das Allgemeine ein? Rossets Antwort ist so einfach wie fruchtbar: In Form ihrer *Materialität* ist das Reale der Musik-»Sprache« immer schon inhärent, und zwar in Form einer

---

148 Ebd., S. 100.
149 Und nichts anderes bezeichnet der Begriff des Realen im Kern: Das Paradox eines nicht-kausalen Insistierens, das Wirkung zeigt, genauer: das was *in* der Wirkung *sich* zeigt. Nicht-kausal deshalb, weil ein schon mehrfach besprochenes Insignium des Realen die *doppelte Kontingenz* ist, deren Modus als »absolute« *ekstasis* umschrieben wurde. Kurz: Der Begriff des Realen wie er hier zugrundegelegt wird, lässt sich also vorläufig beschreiben als *nicht-kausale Wirk-lichkeit*.
150 Rosset 2000, S. 105.

Signifikanz, die noch nicht zum Signifikat geronnen ist, dem »Nullpunkt des Signifikanten«: dem *Rhythmus*.[151]

> »Man kann sich zu Recht fragen, ob der rein musikalisch betrachtete Wert nicht eine grundlegende Rolle bei der Konstitution jeder Signifikation spielt. Die kindliche Vor-Sprache, die poetische Sprache, die Sprache des Phantasmas und des Traumes, die aus Onomatopöien und Alliterationen bestehen, welche einen hohen affektiven Wert, aber keinerlei explizite Bedeutung haben, machen einen geneigt, im Rhythmus den gemeinsamen Schmelztiegel zu sehen, in dem jede Sprache Gestalt annimmt, also so etwas wie den Nullpunkt des Signifikanten, den Ort an dem man Sinn und Bedeutung im Geburtszustand überraschen kann.«[152]

Rosset gibt sogleich Beispiele, wo und wie diesem »Nullpunkt des Signifikanten« nachzuspüren ist. Anhand eines Liedes von Boby Lapointe weist Rosset auf, wie die Umkehrung des interpretativen Verhältnisses von Text und Musik zur Evokation eines solchen »Geburtszustandes« werden kann, in dem die Signifikanz des Sprachrhythmus noch nicht in Signifikation übergegangen ist.

> »Nachdem ein Mann von seiner Freundin verlassen wurde und sich betrunken hat, schläft er ziemlich schlecht und träumt besessen vom Rhythmus des Weckers, dessen ›Ticktack‹ den klanglichen, buchstäblich musikalischen Ausdruck seines Mißgeschicks verdichtet (im Sinne der Verdichtung im Traum laut Freud und Lacan): ›Ta Katie t'a quitté‹, deine Katie hat dich verlassen. Eine Reihe von Rhythmen und Alliterationen faßt hier die ›Bedeutung‹ all dessen, was zu diesem Thema zu sagen ist, in einer Sprachregion

---

151 Dieser Gedanke ist nicht neu und hat in der für den Diskurs postmetaphysischer Präsenztheorie maßgeblichen Publikation zur »Materialität der Kommunikation« bereits Eingang gefunden (Vgl. Gumbrecht 1988). Darüber hinaus ist jedoch vor allem an die Arbeiten Julia Kristevas zu denken, die im Rhythmus jene die Ordnung des Signifikanten durchbrechende Insistenz des »Semiotischen« sieht, die die Sprache durchwirkt: »Das Semiotische – Bahnungen, Energieschübe, Zergliederung des körperlichen, sozialen Kontinuums wie auch des signifikanten Materials, Errichtung einer Unterschiedenheit und einer Auflage in der *bewegten chora*, in einer rhythmisierten aber ausdruckslosen Totalität – wird von Strömen und Markierungen artikuliert.« Kristeva 1978, S. 51–52. Entscheidend ist hier die Art und Weise, wie Rosset den Begriff des Realen als Konstituens für diesen »Nullpunkt des Signifikanten« profiliert.
152 Rosset 2000, S. 128.

zusammen, die zwar keine reine Musik mehr ist, aber auch noch nicht voll und ganz der Bereich der artikulierten Sprache (Boby Lapointe, *Ta Katie t'a quitté*).«[153]

An dieser Stelle schließt sich der Kreis, denn die »Antwort des Realen« ist hier in die Signifikanz als Schwellenphänomen eingeschrieben, welches das Reale des Musikalischen mit der Ebene der verbalsprachlichen Signifikation (dem Symbolischen) verbindet, ohne im einen oder anderen aufzugehen. Zudem zeigt sich das Insistierende des Realen ebenso wie dessen Idiotie des Selbstgenügsamen in dem stupiden Ticken des Weckers, das nicht umsonst von dem *betrunkenen* Träumer dieses kleinen Liedes zu einer signifikanten *Dinghaftigkeit* zwischen *aisthesis* und *semiosis* verdichtet wird. Es ist kein Zufall, dass diese Szene einmal mehr jedem Pathos des Realen einen Strich durch die Rechnung macht und zum Lachen reizt. Der komische Effekt besteht darin, »daß das Wesentliche dessen, was zu sagen ist, bereits da ist, im kindlichen Geplapper und in der Verwirrtheit des Erwachsenen«,[154] dass unter dem Geplapper die volle Signifikanz und unter dem manchmal gravitätischen Einherschreiten der artikulierten Rede der *Un-Sinn* sich nur unzureichend verbirgt.

3.2 Der »dahintreibende Blitz«:
Das Reale des Bildes (Barthes, Foster)

Obwohl Rosset nur der Musik die Fähigkeit attestiert, das Reale als solches evozieren zu können und diese somit im Ereignis ästhetischen Erlebens das Reale geradezu *ist*, ist es durchaus möglich, die *ekstasis* des Realen auch auf anderen ästhetischen Ebenen aufzuweisen. Der amerikanische Kunsthistoriker und Theoretiker Hal Foster hat in seinem programmatisch betitelten Buch »The Return of Real« eben das anhand von Beispielen aus dem Bereich der Pop-Art, des Superrealismus und der »Abject Art« versucht.

In dem zentralen Kapitel dieses Textes, das den selben Titel trägt wie das Buch, diagnostiziert Foster für die historische Situation der Pop-Art und vor allem Andy Warhols ein kunsttheoretisches Problemfeld, das sich zwischen den Positionen des Illusionismus und des Realismus aufspanne, die, Foster zufolge, im Kontext der Neo-

---

153 Ebd., S. 130–131.
154 Ebd., S. 132.

Avantgarde und des Minimalismus neue Brisanz gewinnen. Foster differenziert hier zwischen zwei kunsttheoretischen Lesarten, die seiner These zur Folge beide ihr Objekt verfehlen, und bringt dann an dieser Stelle den Lacanschen Begriff des Realen ins Spiel:

> »It is no surprise that the *simulacral* reading of Warholian pop is advanced by critics associated with poststructuralism, for whom Warhol is pop and, more importantly, for whom the notion of the simulacral, crucial to to the poststructuralists critique of representation, sometimes seems to depend on the example of Warhol as pop. ›What pop art wants,‹ Roland Barthes writes in ›That old thing, Art‹ (1980), ›is to desymbolize the object‹, to release the image from any deep meaning into simulacral surface.«[155]

Diese Interpretation, der Foster ähnlich lautende Befunde von Michel Foucault, Gilles Deleuze und Jean Baudrillard zur Seite stellt, kontrastiert er mit jenen Interpretationen, »*referential view*« genannt, die Warhols Arbeiten auf Referenzsysteme außerhalb des immanenten Blickwinkels beziehen (*gay culture*, Mode, die Warhol Factory usw.).[156] Foster konstatiert, dass beide Perspektiven ihr Objekt zwar verfehlen, gleichzeitig jedoch relevant sind:

> »Both camps make the Warhol they need, or get the Warhol they deserve; no doubt we all do. And neither projection is wrong. I find them equally persuasive. But they cannot both be right...or can they? Can we read the ›Death in America‹ images as referential *and* simulacral, affective *and* affectless, critical *and* complacent? I think we must, and we can if we read them in a third way, in terms of *traumatic realism*.«[157]

Deutlich ist, dass unter den Namen *simulacral* und *referential* eingedenk ihrer gerade von Foster aufgezählten Oppositionen jene innerhalb der Theoriegeschichte konstituierte Gegenüberstellung von *aisthesis* und *semiosis* (diesmal unter umgekehrten Vorzeichen) eingeschrieben ist, um die es innerhalb postmetaphysischer Präsenztheorie geht. Foster versucht, mittels des Begriffs des *traumatic realism* eine Theorieebene zu finden, die beide Bereiche amalgamiert,

---

155 Foster 1996, S. 128.
156 Foster nennt als Beispiel Thomas Crow, Vgl. Ebd., S. 128.
157 Ebd., S. 130.

Abb. 27: Andy Warhol: White Burning Car III, 1963.

und es wird nach allem Gesagten nicht mehr allzu sehr verwundern, dass dies über das Lacansche Konzept des Realen geschieht.

Unter Bezugnahme auf den *traumatischen* Aspekt des Realen, der bei Lacan in der bereits im »Traum vom brennenden Jungen« entwickelten unmöglichen Begegnung mit einer »versäumten Realität« besteht, die insofern traumatisch ist, als dass sie durch *Wiederholung* bewältigt werden muss, möchte Foster mit dem Begriff des *traumatic realism* bestimmte serielle Bilder Andy Warhols begreifbar machen. Hier – etwa in *National Velvet* (1963), *White Burning Car III* (1963) oder *Ambulance Disaster* (1963) – werde durch die Wiederholung der

Fotografien innerhalb der Bilder das traumatische Reale sowohl im Freudschen Sinne der Wiederholung »bewältigt« als auch überhaupt erst *produziert*: »For one thing the Warhol repetitions not only *repro-duce* traumatic effects; they also produce them. Somehow in these repetitions, then, several contradictory things occur at the same time: a warding away of traumatic significance *and* an opening out to it, a defending against traumatic effect *and* a producing of it.«[158]

Dieses Reale werde »produziert« in Form einer *rupture* – auch hier klingt eine bereits mehrfach beschriebene Qualität des Realen wieder an: die als gewaltsam empfundene Intensität des Ereignisses – die *hervorsticht*:

> »Rather, repetition serves to *screen* the real understood as traumatic. But this very need also *points* to the real, and at this point the real *ruptures* the screen of repetition. It is a rupture less in the world than in the subject – between the perception and the consciousness of a subject *touched* by an image. In an allusion with Aristotle on accidental causality, Lacan calls this traumatic point the *tuché*; in Camera Lucida (1980) Barthes calls it the punctum.«[159]

Die Schwäche dieses Ansatzes besteht bei aller Originalität in der Verengung auf die Perspektive des Traumas hin. Das traumatische Element muss innerhalb einer ästhetischen Fragestellung vor allem formal und *nicht* subjektpsychologisch gelesen werden. Das Trauma-tische des Realen besteht in der Wiederholung einer unmöglichen, *versäumten* Begegnung mit dem Realen, wobei zu betonen ist, dass die Wiederholung hier bereits innerhalb des Freudschen Fort-Da-Spiels vor allem Funktionsweise des Symbolischen ist, welches eben mittels der Wiederholung das Reale des Traumas »bewältigt«. Das Beispiel der Warholschen »America«-Bilder funktioniert jedoch im Kontext des Aufweises einer *ekstasis* des Realen deshalb so gut, weil in diesen Bildern, auf denen häufig mehrere identische Fotografien besonders schwerer Verkehrs*unfälle* zu sehen sind, die »zufällige Wiederholung eines zufälligen Ereignisses«[160] *mittels Reproduktions-*

---

158 Ebd., S. 132.
159 Ebd., S. 132. Die Lacansche *tyché* wird bei Foster offensichtlich durch einen aufschlussreichen Übersetzungsfehler zum *tuché*, einer Form von Berührt-Sein, die als Theorem sowohl auf Roland Barthes' *punctum* bezogen ist, als auch jene unent-rinnbare Affektion durch das Reale betont, die bei Lacan beschrieben wird.
160 Vgl. Zitat von Malcolm Bowie auf S. 45.

techniken als solche inszeniert wird. D.h., dass die *rupture*, inner-halb der das Reale als *ekstasis* hervortritt, sich hier nicht der »Bewäl-tigung« eines Traumas (des Unfalls) mittels der Wiederholung des immer gleichen Motivs, sondern dem Aufeinanderprallen von *tyché* (die singuläre »Schicksalsfügung« des Unfalls) und *automaton* (der Wiederholung) *im Medium der Fotografie* verdankt.

Fosters Hinweis auf Roland Barthes' Theorie der Fotografie ist in diesem Zusammenhang äußerst hilfreich, denn auch Barthes' Begriff des *punctum* nimmt seinen Ausgang von Lacans Begriff des Realen:

> »Zunächst fand ich folgendes: was die PHOTOGRAPHIE endlos reproduziert, hat nur einmal stattgefunden: Sie wiederholt mechanisch, was sich existentiell nie mehr wird wiederholen können. In ihr weist das Ereignis niemals über sich selbst hinaus auf etwas anderes: sie führt immer wieder den Korpus, dessen ich bedarf, auf den Körper zurück, den ich sehe; sie ist das absolute BESONDERE, die unbeschränkte blinde und gleichsam unbedarfte KONTINGENZ, sie ist das Bestimmte (eine bestimmte Photographie, nicht *die* Photographie), kurz, die TYCHE, der ZUFALL, das ZUSAMMENTREFFEN, das WIRKLICHE in seinem un-erschöpflichen Ausdruck.«[161]

Hier laufen die Fäden einer Präsenztheorie, die in der Figur der *ekstasis* des Realen kulminiert, zusammen. Roland Barthes bezieht sich hier direkt auf Lacan, auch wenn die deutsche Übersetzung in diesem Fall *le réel* nicht mit »das Reale«, sondern mit *Wirklichkeit* übersetzt. Roland Barthes' berühmte Unterscheidung von *studium* und *punctum* in »Die helle Kammer« steht bekanntlich an einem End-punkt der Theoriebildung Barthes' und schließt damit vorzeitig einen Denkweg, der ausgehend vom »wissenschaftlichen Traum« der Semi-otik beim Phänomen radikaler Singularität angelangt ist.

Bei der Betrachtung von Photographien unterscheidet Barthes hier den Modus des *studium*, »was nicht, jedenfalls nicht in erster Linie ›Studium‹ bedeutet, sondern die Hingabe an eine Sache, das Gefallen an jemandem, eine Art allgemeiner Beteiligung, beflissen zwar, doch ohne besondere Heftigkeit«[162] von dem des *punctum* das eigentlich

---

161 Barthes 1989, S. 12.
162 Ebd., S. 35.

kein Modus ist, sondern sich in der augenblickhaften Flüchtigkeit einer Irritation zeigt.

»Das zweite Element durchbricht (oder skandiert) das *studium*. Diesmal bin nicht ich es, der es aufsucht (wohingegen ich das Feld des *studium* mit meinem souveränen Bewußtsein ausstatte), sondern das Element schießt wie ein Pfeil aus seinem Zusammenhang hervor, um mich zu durchbohren. Ein Wort gibt es im Lateinischen, um diese Verletzung, diesen Stich, dieses Mal zu bezeichnen, das ein spitzes Instrument hinterläßt; dieses Wort entspricht meiner Vorstellung umso besser, als es auch die Idee der Punktierung reflektiert und die Photographien, von denen ich hier spreche, in der Tat wie punktiert, manchmal geradezu übersät sind von diesen empfindlichen Stellen; und genau genommen sind diese Male, diese Verletzungen Punkte. Dies zweite Element, welches das *studium* aus dem Gleichgewicht bringt, möchte ich daher *punctum* nennen; denn punctum, das meint auch: Stich, kleines Loch, kleiner Fleck, kleiner Schnitt – und: Wurf der Würfel. Das *punctum* einer Photographie, das ist jenes Zufällige an ihr, das *mich besticht* (mich aber auch verwundet, trifft).«[163]

Philosophisch ist in der Beschreibung einer Singularität, deren »absolute« *ekstasis* des Realen hier im Begriff des *punctums* verdichtet ist, kaum jemand so weit gegangen wie Roland Barthes. Denn das *punctum* ist bereits nicht mehr intersubjektiv vermittelbar. Jedem Leser der »Hellen Kammer« wird die Erfahrung nicht fremd sein, in den Fotografien, die Barthes als Beispiele anbringt, das, was Barthes dort als *punctum* »besticht«, nicht nachvollziehen zu können. Barthes macht mit der Singularität, dem »Würfelwurf« der tychischen *ekstasis* ernst und koppelt dieses *punctum* – und das ist hier natürlich von entscheidender Bedeutung – *an die Materialität des Mediums Fotografie selbst* (»die Idee der Punktierung«). Das *punctum* findet sich im Detail und in der Zeit, ist aber nicht »auffindbar«, d.h. durch Hinweis kommunizierbar. Was den einen Betrachter besticht, was ihm »wie ein Pfeil« entgegenschießt, ist für den nächsten überhaupt nicht vorhanden. Das *punctum* ist daher gleichzeitig innerhalb *und* außerhalb Bildes und dessen Materialität verortet. Der Betrachter kann mit dem Finger darauf zeigen und trotzdem wird der nächste davon vielleicht *nichts* jemals sehen oder spüren können. Auch dem *punctum*

---

163 Ebd., S. 36.

ist also die Koinzidenz sich gegenseitig ausschließender Ebenen inhärent. *Punctum*, das ist die *Signifikanz* der Fotografie, jene *ekstasis*, die das Reale als Präsenzphänomen zwischen *aisthesis* und *semiosis* körperlich spürbar macht.

> »Die Wirkung ist da, doch läßt sie sich nicht orten, sie findet weder ihr Zeichen noch ihren Namen; sie ist durchdringend und landet dennoch in einer unbestimmten Zone meines Ichs, sie ist schneidend und gedämpft, ein stummer Schrei. Seltsamer Widerspruch: sie ist ein dahintreibender Blitz.«[164]

Im Bild des »dahintreibenden Blitzes« hat Barthes jene Form der Ereignishaftigkeit beschreibend verdichtet, deren Signum das Paradox der Gleichzeitigkeit des Ungleichzeitigen, die insistierende Anwesenheit eines Abwesenden ist.

4. Ausblick

Ebenso wie unter dem Blick der Quantenphysik seit Heisenberg und Schrödinger Materie im subatomaren Bereich zu einem masselosen »Nichts« zerfällt, ist der Materialitätsbegriff der Ästhetik und Medientheorie nicht in einer Dingontologie, sondern in der Paradoxie selbst aufzusuchen, dass mit Materialität eine Gleichzeitigkeit von Anwesenheit und Abwesenheit sich ereignet, die nur dann paradox ist, wenn sie aus der Perspektive einer Zeichentheorie (bzw. dem Symbolischen bei Lacan) *allein* betrachtet wird. Die Materialität, die Oberfläche verliert ihre aisthetische Härte und Widerständigkeit, sobald man versucht, in sie »einzudringen«. Die eigentlich so selbstverständliche Gegen-Ständlichkeit der materiellen »Realität« ist eine rein aisthetische, die nicht erst seit der Quantenphysik weder auf einen letzten Substanzkern, und sei er noch so klein, geschweige denn etwa auf ein Kantsches »Ding an sich« zurückzuführen ist.

Bereits »im 18. Jahrhundert weicht die Newtonsche Mechanik der starren Körper einer Mechanik der Kontinua. [...] Physik – die Wissenschaft von den Körpern – wird im Wesentlichen eine Mechanik der Fluide.«[165] Bei Fourier hört die Materie auf, newtonianisch zu

---

164 Ebd., S. 62.
165 Siegert 2003, S. 197.

sein; »sie mochte noch immer schwer sein, aber das interessierte nicht mehr – daß die Dinge schwer, träge und fest bzw. aus festen Teilchen zusammengesetzt sind, gehörte nicht mehr zur Sprache, in der die Dinge erscheinen und in der sie beschrieben werden. Die Materie Fouriers *wabert*.«[166] Egal allerdings ob die Materie im Modus des Fourierschen Hitzeflimmerns »wabert« oder im Subatomaren sich in ein masseloses Nichts verflüchtigt; die Dinge hören deswegen nicht auf »schwer, träge und fest« zu sein. Wie ist nun aber eine solch materielose Materie oder substanzlose Substanz zu denken, deren aisthetische Qualitäten weder in der Tiefendimension vermeintlich fester Materie noch in einem »transzendentalen Signifikat« fundiert werden kann? Bei Martin Heidegger wird dieser paradoxe Selbstentzug des Materiellen eben im Widerfahrnis von Widerständigkeit als Problem der Ästhetik explizit:

»Der Stein lastet und bekundet seine Schwere. Aber während diese uns entgegenlastet, versagt sie sich zugleich jedem Eindringen in sie. Versuchen wir solches, indem wir den Fels zerschlagen, dann zeigt er in seinen Stücken doch nie ein Inneres oder Geöffnetes. Sogleich hat sich der Stein wieder in das selbe Dumpfe des Lastens und des Massigen seiner Stücke zurückgezogen. [...] Die Erde läßt so jedes Eindringen in sie an an ihr selbst zerschellen. Sie läßt jede nur rechnerische Zudringlichkeit in eine Zerstörung umschlagen.«[167]

Oder mit den Worten von Gottfried Wilhelm Leibniz: »Das Ding ist, ist nicht.«[168] Dieser kleine Satz bildet einen neuralgischen Punkt in Bernhard Siegerts »Passage des Digitalen«, und es sei vorweggenommen, dass hiermit präzise das Reale der Materialität auch digitaler Medien angedeutet ist. Siegert analysiert den Leibnizschen Aphorismus pointiert:

»›Das Ding ist, ist nicht‹, schrieb Leibniz an den Rand seiner Überlegungen zum Rechnen mit null und eins. [...] Rein formal betrachtet, scheint dieser kurze Satz, je nachdem, ob man ein ›und‹ oder ein ›oder‹ einfügt, die Wahr-

---

166 Ebd., S. 242.
167 Heidegger 1994a, S. 33.
168 Gottfried Wilhelm Leibniz (1960), *Fragmente zur Logik*, Berlin, S.100, zitiert nach: Siegert 2003, S. 225.

heit einer Kontradiktion zu behaupten, oder die Kontingenz des ›Dings‹. [...]

Aber in Leibniz' Aphorismus sind die beiden Teilsätze weder durch ein ›und‹ noch durch ein ›oder‹ verbunden, sondern nur durch ein Komma und ein Spatium – Operatoren, die den Satz als Signalprozeß betreffen. Das Paradox des Satzes wird aufgelöst durch den Vollzug seiner Lektüre, durch den Akt seiner Verarbeitung durch die Augen oder die Sprechwerkzeuge, nicht durch das, was er bedeutet. ›Ein Ding ist‹ – Pause – ›ist nicht‹. Wovon der Satz spricht, ereignet sich im Vollzug seiner Performanz: Eine Pause ist, und ist nicht. Logik wird widersprochen durch einen Kurzschluß zwischen Signifikat und Performanz, der präzise ein Signal definiert.«[169]

Auf diese Passage wird noch einzugehen sein, an dieser Stelle ist zunächst die Gleichzeitigkeit von Anwesenheit und Abwesenheit entscheidend, die das Symbolische suspendiert und das Reale als *ekstasis* hervortreten lässt. Das Lastende und Schwere des Steins bei Heidegger, das sich im Moment seiner Präsenz gleichzeitig verbirgt und insistiert, ist jenes Reale, das bereits bei Leibniz im Spatium, der Pause des Satzes waltet. Der Stein, beziehungsweise die Erde *ist* in ihrer Schwere und ist gleichzeitig *nicht*, indem sie sich zwar zeigt, aber nicht *öffnet*, d.h. auf eine Semantik hin transparent wird.

Da für den Begriff des Zeichens die Differenz, die Ungleichzeitigkeit von Anwesenheit und Abwesenheit konstitutiv ist (was exakt Lacans an strukturaler Linguistik und Kybernetik angelehnter Definition des Symbolischen entspricht.), ist Materialität im Kontext der Zeichentheorie nicht denkbar und wird dort daher nicht zufällig als lästige *Störung* ausgeblendet.

---

169 Ebd., S. 226. Hervorhebung von mir, M.R.

IV. Turbatio
Anatomie medialer Störung

Am bedrängendsten zeigt sich uns das Weitreichende des Anwesens dann, wenn wir bedenken, daß auch und gerade das Abwesen durch ein bisweilen ins Unheimliche gesteigertes Anwesen bestimmt bleibt.

Martin Heidegger

Die Geschichte einer Ästhetik der Störung (lat. *turbatio*) ist noch nicht geschrieben, obwohl bereits wichtige Beiträge dazu geleistet sind.[1] Damit die Störung, das Dysfunktionale, die Unterbrechung als Kategorie interessant werden konnte, bedurfte es einer spezifischen Verschiebung innerhalb der Geisteswissenschaften, die sich seit einiger Zeit an Phänomenen der Performativität, Materialität und Ereignishaftigkeit abarbeiten. Die Hoffnung, in der Fokussierung auf jene Phänomene eine Positivität jenseits des »Logozentrismus« ausmachen zu können, ist inzwischen der Einsicht gewichen, dass diese Positivität, wenn überhaupt, nur als Abschattung einer Negativität in den Blick zu bekommen ist, denn Materialität, Ereignis und Performativität sind Modi, die *als solche* nicht zu be-greifen, nicht auf den Begriff zu bringen sind. Erfahrbar sind sie nur in Form des *sich Zeigens* im Wittgensteinschen Sinn, und eben dieses ereignet sich auch im Modus der Störung, die sich dem Betrachter/Rezipienten als Irritation medialer Transparenz darbietet. Die Inszenierung und Hervorbringung derartiger Störungen ist dann auch nicht zufällig ein wichtiges Movens moderner und nachmoderner Künste, worauf zum Beispiel Dieter Mersch und Erika Fischer-Lichte mehrfach hingewiesen haben.[2] Diese Störungen erscheinen als Bruchstellen, an deren Rändern das *erlebbar* wird, was sich der Sphäre des rein Semiotischen eben deshalb entzieht, da es als Bedingung der Möglichkeit von Semiotizität ansonsten im blinden Fleck der Beobachtung verbleibt. Diese Störungen sind Übergänge, Schwellenphänomene, an

---

1 Vgl. Kümmel/Schüttpelz (Hrsg.) 2003, Geimer 2002, Seel 2003, S 223–255, Mersch 2004, Jäger 2004, Hiepko/Stopka (Hrsg.) 2001, Sanio/Scheib (Hrsg.) 1995, Gumbrecht/Pfeiffer 1991, Serres 1987.

2 Vgl. Fischer-Lichte 2004 und Mersch 2002a.

denen die Grenzen zwischen Dispositiv und Materialität ebenso verwischen wie die zwischen Semiosis und Aisthesis:

>>Folglich zeigt sich die Materialität des Mediums, seine *Ex-istenz* als *Spur* im Augenblick des Ausfalls, anhand von Bruchstellen, Friktionen und Verwerfungen, die sich im Material manifestieren, oder vermöge ihrer Vergänglichkeit, ihrer ›Erosion‹. Insbesondere entdeckt sich damit am Materiellen ein Heterogenes, das sich beharrlich den Strukturen des Mediums unterschiebt und seine Funktionen durchkreuzt.<<[3]

Es scheint, als wolle Mersch an dieser Stelle das Phänomen Medium letztlich unter eine Form von Ideologieverdacht stellen, ganz so als wäre die Heterogenität des Materiellen, die sich in der Störung zeigt, dazu fähig, die >>bannende<< Macht des >>medialen Scheins<< zu durchkreuzen. Diese bannende Kraft bestehe in der genuinen Unbestimmbarkeit des Mediums als Medium, dem auf der anderen Seite ein >>spezifischer Zauber<< entspreche:[4] >>Medien haben daran ihr Mystifikatorisches. Das lässt sich auch so ausdrücken: Ihr *Faszinosum* ist ihr *Enigma*, ihre Verbergung. Es verhängt über die Faszinierten eine Verblendung, einen Affirmationszwang, der das Medium tendenziell zu einem nicht kritisierbaren macht.<<[5] Gemeint ist der für Medien allgemein auf eine spezifische, noch zu klärende Weise konstitutive Aspekt der Unbeobachtbarkeit des Mediums selbst; die Tatsache, dass Medien im Vollzug verschwinden, immer im >>blinden Fleck der Mediennutzung<< (Krämer) verbleiben. In der >>Durchkreuzung<< dieser medialen Strukturen scheint es also möglich, mediale >>Verblendungszusammenhänge<< (Adorno) zu subvertieren, und genau das ist es, was Mersch der Kunst attestiert. Sie sei fähig, ihre Eigensinnigkeit durch einen Bruch mit der scheinbar so gut geölten Maschinerie >>medialer Strukturen<< aufscheinen lassen zu können. Dieter Merschs >>negative<< Medientheorie ist an diesen Befund gebunden. Medientheorie habe sich der >>Negativität des Medialen<<[6] zuzuwenden, die sich eben in den Wendungen, Brechungen und

---

3   Mersch 2004, S. 83.
4   Ebd., S. 81.
5   Ebd., S. 81.
6   Ebd., S. 92.

»Sub-Versionen« des »medialen Scheins« zeige. Kunst sei in diesem Zusammenhang das bevorzugte Feld dieser Subversion:

> »Bevorzugtes Metier solcher ›Grenzzeichnung‹ aber ist die *Kunst* in ihrer *Arbeit an der* ›*Spur*‹. Sie lässt diese dort hervortreten, wo Zeit aufgewendet wird, wo die Wahrnehmung perforiert, wo Störungen und Dysfunktionalitäten auftreten, wo Ausfälle, Zusammenbrüche und technische Abstürze passieren, besonders bei digitalen Medien, oder wo sich ins mediale Format ein ebenso Endliches wie Vergängliches einschreibt. [...] *Solches ereignen zu lassen, ist in besonderer Weise die Domäne ästhetischer Praxis.*«[7]

Der explizite Hinweis auf die »technischen Abstürze«, »besonders bei digitalen Medien« zeigt dabei die Richtung an, gegen die sich Merschs Medienkritik vor allem wendet: Den »Verblendungszusammenhang«, das »Mystifikatorische« digitaler Medien. Welche ästhetische Praxis vor allem im Blick ist, wird schnell klar: »Überhaupt lässt sich die gesamte Geschichte der Avantgarde-Kunst als experimentelle Versuchsanordnung verstehen, mit Kunst die Bedingungen von Kunst ebenso auszuloten wie zu derangieren und zu erneuern [...].«[8] Allerdings ist Mersch bemüht, die Implementierung des Dysfunktionalen als selbstreflexivem Agens ästhetischer Praxis historisch auch vor den Avantgarde-Künsten aufzuweisen. Als Beispiele dienen daher nicht nur Nam June Paik oder Ulrich Rückriem, sondern auch William Turner, dessen »Sichtbarmachung des Unsichtbaren«, ebenso wie die Verfremdungen des Barock. Wogegen mittels dieser ästhetischen Subversion opponiert wird, ist die von Mersch herausgearbeitete Eigenart des Medialen, den Aspekt des Singulären, des Ereignisses zu unterschlagen und einzuebnen. Medien sind an dieser Stelle offensichtlich unterschiedslos auf der Seite des Imaginären (»Verblendung«, »Affirmationszwang«) und Symbolischen (»Differenz, die Differenzen macht«) verortet, einem Feld, dass Gegenüber den erwähnten Präsenzphänomenen als defizitär gilt:

> »Medien erfüllen sich so in dem, was sie *nicht* sind. Sie privilegieren das ›Was‹ und ›Wie‹, *quid*, nicht das ›Dass', *quod*. Sie schreiben damit die im europäischen Denken tief verwurzelte Privilegierung von ›Etwas‹, die Betonung

---

7   Ebd., S. 92.
8   Ebd., S. 93.

der Als-Struktur, sei sie propositional, hermeneutisch oder ikonisch und medial verstanden, fort. Folglich hat man ›im Medium‹ immer schon das Feld des Symbolischen, der Bestimmung, der Figur oder des Spiels von Bezeichnungen und Unterscheidungen betreten – jener ›Differenzen, die Differenzen machen‹, wie Niklas Luhmann mit Bezug auf Heinz von Förster, Gregory Bateson und George Spencer-Brown gesagt hat.«[9]

Diese gesamte Konzeption, die, wie zu sehen war, im Einklang mit der allgemeinen Tendenz neuerer Präsenztheorie steht, das Symbolische, genauer das Feld der Zeichen gegenüber Phänomenen der Präsenz zu marginalisieren, wirft eine Reihe von fruchtbaren Fragen auf.

1. Wenn Medien ausschließlich auf der Seite des Imaginären und Symbolischen verortet sind, wie ist es dann möglich, dass gerade einer der wichtigsten Aspekte medialen Vollzugs, die Aisthetisierungsleistung von Medien,[10] nicht ohne Rest diskursiv einholbar ist? Welche Aspekte medialen Vollzugs geraten durch diesen »Medienmarginalismus« (Krämer) offensichtlich aus dem Blick?

2. Wie steht es um die ›Störanfälligkeit‹, die turbatorische Qualität ästhetischer Praxis, die nicht hauptsächlich wie die von Mersch genannten Beispiele explizit autoreflexiv die eigenen medialen Ermöglichungsgrundlagen thematisieren, wie zum Beispiel streng mimetisch operierende Spielarten der Kunst oder ästhetische Praktiken, die nicht unbedingt dem Kunstsystem zuzurechnen sind (Design, Interfaces) und deren Telos scheinbar der absoluter medialer Transparenz (»Windows«-Metapher) ist?

3. Ist die Ebene der »Differenzen, die Differenzen machen« nicht sowohl für Prozesse der Semiosis *als auch* für die der Aisthesis konstitutiv, oder anders formuliert: Was ist dieses *quod*, die Singularität, das Ereignis denn anderes als die *emphatische Extremform* eines Unterschieds, der einen Unterschied macht?

4. Eingedenk all dessen ist zu fragen, ob das Verhältnis von *aisthesis* und *semiosis* (und die darin verkapselte, von Mersch als agonal bestimmte Opposition Störung und Medium) ausschließlich als ein diametrales zu denken ist oder ob nicht auch die These vertreten werden kann, dass zum Beispiel die Avantgarden dieses Verhältnis

---

9 Ebd., S. 81.
10 Vgl. Sybille Krämers Einleitung zu Krämer 2004.

als ein diametrales *inszenieren*, um auf einen zentralen Aspekt der Eigenlogik medialer Prozesse selbst aufmerksam zu machen?

1. Vom Rausch(en) des Realen

In der Physik ist »Rauschen« definiert als breitbandiges Signal mit zufälligem Amplitudenverlauf. Das Problem des Signal-Rausch-Abstands in der Nachrichtentechnik besteht darin, aus dieser ›sinnlosen‹ Zufälligkeit ein informationstragendes Signal herauszufiltern oder es darin zu tarnen. Das so genannte »weiße Rauschen« bezieht sein Attribut aus dem Umstand, dass hier eine Form von Rauschen vorliegt, die dieselbe Amplitude auf jeder Frequenz aufweist und somit analog zur Farbe Weiß beschrieben werden kann, die in einer gleichzeitigen hohen Intensität aller Farbspektren dem Auge keine Farbdifferenzierung mehr erlaubt. Übrig bleibt ein aisthetisch leerer Raum, der, physikalisch gesehen, genau das Gegenteil, nämlich ein überfüllter Raum irisierender Intensität ist, der den menschlichen Wahrnehmungsapparat jedoch schlicht überfordert. Gleiches gilt für das sogenannte Johnson- oder Nyquist-Rauschen, jenes weiße Rauschen, das man gemeinhin als ›Hintergrundrauschen‹ bezeichnet. Es ist das thermische Rauschen, das aus der Bewegung der Moleküle resultiert. Hier kann man »die Materie rauschen hören und vermutlich nichts anderes mehr«.[11]

Ohne auf diese in der Informationstheorie und Physik gültige Definition des Begriffs »Rauschen« direkt Bezug zu nehmen, kommt Martin Seel in seiner Betrachtung des Rauschens als einer Form des (ästhetischen) Erscheinens zu ähnlichen Ergebnissen:

> »Das Beispiel des ruhigen Meeres zeigt (wie das einer flirrenden Wüste), daß sich das Phänomen des Rauschens nicht allein dort ergibt, wo wir mit einer außergewöhnlichen Fülle von Ereignissen konfrontiert sind; es kann gerade da auftreten, wo es im Vergleich zu sonstigen lebensweltlichen Umgebun-

---

11   Kittler 1993, S. 170. Und: »Und da das thermische Rauschen, das alle Materien, also auch Widerstände oder Transistoren, nach einer wiederum Boltzmannschen Formel bei Arbeitstemperaturen abstrahlen, ein derart weißes Rauschen ist, sind Informationen ohne Materie und Materie ohne Informationen verkoppelt wie die zwei Lesarten eines Vexierbildes.« Kittler 1993, S. 165.

gen reichlich leer ist. Auch hier aber tritt das Rauschen dadurch in Erscheinung, dass in dieser Leere – oder akustisch: Stille – eine außerordentliche Ereignis-Fülle vernehmbar wird, die jenseits ästhetischer Einstellungen nicht zur Wahrnehmung kommt. Auch im vermeintlich Leeren erweist sich das Rauschen somit als Gegenwart einer Fülle, genauer einer Überfülle von Gestalten, die bewirkt, dass nicht länger ein ›Spiel von Gestalten‹, geschweige denn einzelne Gestalten, Gestaltverwandlungen oder Gestaltfolgen ausgemacht werden können.«[12]

Seel interessiert das Rauschen als »gestaltlose Wirklichkeit«,[13] die wiederum definiert ist als »Geschehen ohne Geschehendes«.[14] Er unterscheidet dabei zwischen »bloßem« und »künstlerischem« Rauschen, wobei ersteres als »Rauschen und weiter nichts« beschrieben wird, während letzteres ein »nachhaltig fremdes Element innerhalb des Prozesses der künstlerischen Artikulation« bezeichnet.[15] Diese Unterscheidung gründet in der Beobachtung, dass es eine Störung, ein Rauschen, eine Dysfunktionalität innerhalb eines künstlerischen Prozesses streng genommen nicht gibt. Seels Unterscheidung resultiert aus der Tatsache, dass eine inszenierte Störung, wie zum Beispiel das Rauschen in Steve Reichs »Piano Phase«, das durch die additive Phasenverschiebung einer musikalischen Phrase erzeugt wird,[16] allein schon durch die Tatsache, dass es sich um eine *Inszenierung*, also ein intentional gerichtetes Geschehen handelt, Zeichencharakter bekommt und mit der Kontingenz eines »bloßen« Rauschens somit »nur« noch formale Gemeinsamkeiten hat. Das Moment der *tyché* ist somit verschwunden:

> »Im Unterschied zum Rauschen der Natur oder der Stadt ist das Rauschen der Kunst ein arrangiertes Rauschen und seine Wahrnehmung eine arrangierte Begegnung mit einem Rauschen. Dieses Rauschen, auch wenn es sich manchmal weiterhin aus kontingenten Prozessen ergibt, ist nicht länger ein kontingenter Vorgang. Das künstlerische Rauschen *zeigt sich* als Rauschen und es spielt sich *innerhalb* eines Spiels von Gestalten ab.«[17]

---

12 Seel 2003, S. 231.
13 Ebd., S. 233.
14 Ebd., S. 229.
15 Ebd., S. 229.
16 Ebd., S. 243.
17 Ebd., S. 237.

Das theoretische Problem bei Seel besteht hier in der Hypostasierung »ästhetischer Einstellung« als einzig möglichem Modus, Rauschen überhaupt in seiner Ereignishaftigkeit wahrnehmen zu können. Wenn Rauschen »jenseits ästhetischer Einstellungen nicht zur Wahrnehmung kommt«, bedeutet das in der Konsequenz, dass das, was Seel als »bloßes Rauschen« benennt, in seiner Relevanz für die ästhetische Theorie stark abgeschwächt wird. Der Unterschied zum Rauschen im physikalisch/informationstheoretischen Sinne wird hier an ein Wahrnehmen gekoppelt, »das sich den fraglichen Phänomenen [dem Rauschen] um ihrer selbst willen zuwendet, gerade weil an ihnen nicht recht etwas wahrzunehmen ist.«[18] Diesem ästhetischen Zugang zum Phänomen des Rauschens wird die informationstheoretische Verwendung des Begriffs gegenübergestellt, die als »negativ« und »außerdem auf scheiternde Kommunikation beschränkt« für eine ästhetische Betrachtung des Phänomens für unzureichend erklärt wird.[19] Das Problem bei dieser Marginalisierung des informationstheoretischen Begriffs des Rauschens ist, dass dem Phänomen dadurch letztlich die provozierende Spitze gekappt wird, auf der auch das künstlerische Interesse am Rauschen überhaupt basiert: *der Liminalität des Rauschens zwischen aisthesis und semiosis.* Natürlich ist wiederum die informationstheoretische Marginalisierung des Rauschens als Stör- und Ausnahmefall ansonsten gelingender Kommunikation[20] ebenfalls nicht allein dazu angetan dem Phänomen gerecht zu werden, jedoch bleiben hier jene Attribute des Rauschens im Blick, die es mit dem Lacanschen Realen verbindet: die Kontingenz, die Gewaltsamkeit der Störung sowie die Opposition zum »Sinn«,

---

18   Ebd., S. 228.

19   Ebd., S. 228.

20   »Gelingende« Kommunikation ist im Sinne der Informationstheorie eine Übertragung, bei der ein Signal ungestört beim Empfänger ankommt. Dies ist jedoch, streng nach Shannon/Weaver, unabhängig von der Ebene des *Sinns* gedacht und hier liegt der Unterschied zur »erfolgreichen« Kommunikation, die impliziert, dass vom Empfänger *verstanden* worden ist, was vom Sender *gemeint* war. Es ist offensichtlich, dass in diesem Sinne innerhalb *natürlicher* Sprachen gelingende und erfolgreiche Kommunikation nicht dasselbe sind. Sehr wohl jedoch innerhalb *formaler* Sprachen. Werde ich in einer mir unbekannten Sprache angesprochen, kommt das Signal bei mir an, während der Sinn mir verschlossen bleibt. Die Kommunikation ist gelungen, jedoch nicht erfolgreich. Da in formalen Sprachen jedoch Syntaktik und Sematik zusammenfallen stellt sich dieses Problem dort nicht.

genauer: *die im Rauschen stattfindende Erfahrung radikaler Alterität.*
Seel ist dieser Aspekt des Rauschens natürlich nicht entgangen:

> »In der Aufmerksamkeit für das bloße Rauschen ereignet sich eine *Begegnung mit gestaltloser Wirklichkeit.* Das Wirkliche, das sonst in dieser oder jener Gestalt wahrgenommen und dem in dieser oder jener Gestalt zumeist dieser oder jener Sinn zugewiesen wird, dieses Wirkliche erscheint hier ohne diese Gestalt und ohne den mit ihnen zumeist verbundenen Sinn. Was vorher in einer sozialen oder kulturellen Ordnung war, was vorher ein erwartbares und fixierbares Sein hatte, zeigt sich jetzt in einem subsinnhaften Erscheinen.«[21]

Was aber ist diese »gestaltlose Wirklichkeit« anderes als eine *ekstasis* des Realen im Sinne Lacans? Sobald Rauschen nur im Modus »ästhetischer Einstellung« wahrgenommen wird, ist eben dadurch all das, was das »bloße Rauschen« als Phänomen auch für die Kunst so interessant macht, heraussubtrahiert. Eine Formulierung wie die vom »subsinnhaften Erscheinen« suggeriert zudem, dass es sich bei dem, was Seel das »bloße Rauschen« nennt, um einen defizitären Modus der Rauschwahrnehmung handelt, was in der Konsequenz dem »künstlerischen Rauschen« ein gewisses Eigentlichkeitspathos verleiht– etwas, das Seel ja gerade vermeiden will. Somit bleibt Seels Konzeption des Rauschens letztlich einer Dichotomisierung verhaftet, die den Skandal des Rauschens unterschlagen muss.

Am physikalischen Phänomen des Rauschens (Seels »bloßem Rauschen«) ist die Ambivalenz von Leere und Fülle, 0 und 1 aisthetisch nicht zu Gunsten der einen oder anderen Seite entscheidbar. Am Beispiel des »weißen Rauschens« ist gut zu sehen, was damit gemeint ist. Obwohl es eine aisthetische Absenz gibt, die den Eindruck von Leere erzeugt, ist diese Leere der Überforderung des beobachtenden Wahrnehmungsapparates geschuldet. Das bedeutet jedoch nicht, dass die Fülle, die durch die Gleichzeitigkeit des Lichts physikalisch sehr wohl vorhanden ist, deswegen »wahrer« sei als die aisthetische Absenz. *Die Gleichzeitigkeit zweier sich logisch ausschließender Seinsmodi ist es gerade, was die unabweisbare und beunruhigende Insistenz des Rauschens ausmacht.*[22] Favorisiert man wie Seel die wie

21 Ebd., S. 233.
22 Auch Samuel Weber sieht hierin ein entscheidendes Moment der Störung. In

auch immer diffuse Sinnebene des Rauschens unter den Vorzeichen »ästhetischer Einstellung«, gerät jedoch jene Ebene aus dem Blick, um die es auch Martin Seel eigentlich geht: Das Erscheinen oder Erleben einer Präsenz.

Im Ergebnis resultiert daraus eine Überhöhung des Rauschens zu einer »Vergegenwärtigung unendlicher Möglichkeiten«, was Ruth Sonderegger richtig angemerkt hat.[23] Zwar gehe die »Ästhetik des Erscheinens« vom Primat der sinnlichen Wahrnehmung von Kunstwerken aus, münde aber in eine Synthese aus Sinn- und Präsenzphänomenen, die an die »klassisch idealistische Einheit des Symbols« erinnere, »in dem Dargestelltes und Darstellung, sinnliche Erscheinung und Idee, um nur zwei Topoi zu nennen, zur Synthese finden«.[24] Derartigen Synthesen jedoch entzieht sich das Phänomen des Rauschens. Baut man dieses allerdings in einen solchen Theoriekontext ein, verschwindet das theoretische Potenzial, um das es Seel ja zu tun ist: »Gleichwohl drängt sich der Eindruck auf, daß mit der Deutung der ästhetischen Synthese-Erfahrung als Fülle unendlicher Möglichkeiten nicht nur dem Rauschen und dem Erscheinen, wenn sie denn tatsächlich zwei verschiedene Phänomene sind, jeglicher Stachel genommen wird.«[25] Auch die Kunst werde, laut Sonderegger, »unter Wert verkauft, wenn die tumultarische Erscheinungssimultanität sich in eine ›Präsentation von Präsenz‹ verwandelt und als Erfahrung unendlicher Möglichkeiten gedeutet wird.«[26]

Indem Seel das Rauschen als reine Potentialität, als Fülle unendlicher Möglichkeiten profiliert, nähert er sich der von ihm zuvor verworfenen informationstheoretischen Definition des Rauschens ungewollt wieder an, denn auch für den Kryptographen Claude E. Shannon ist das Rauschen 1941 letztlich nichts anderes als ein

---

Bezug auf Kierkegaard heisst es: »Die Untrennbarkeit des Unvereinbaren erscheint demzufolge als zumindest eine der Quellen – und wohl nicht die geringfügigste – jener ›Störung‹, die uns hier beschäftigt. Das läßt uns aber vermuten, daß die Störung ›selbst‹ keine einfache oder eindeutige Bedeutung oder Funktion haben kann.« Weber 2003, S. 33. Und: »Das Aufeinanderangewiesensein des Inkommensurablen ist es, was das Medium ›überhaupt‹ bei Kierkegaard – und vielleicht nicht allein bei ihm – bestimmt.« Ebd., S. 37.
23   Sonderegger 2001, S. 33.
24   Ebd., S. 33.
25   Ebd., S. 34.
26   Ebd., S. 34.

Signal, das nur noch nicht entschlüsselt ist. Das Rauschen wird bei Seel auf diese Weise, wie Sonderegger bemerkt, zu einem Modus des Erhabenen umgedeutet, dem die genuine *Alterität* des Rauschens völlig fehlt, denn die Fülle unendlicher Möglichkeiten ist bei Seel eigentlich eine Fülle unendlichen *Sinns*. Innerhalb der rein syntaktischen Definitionen der Informationstheorie im Ausgang von Shannon und Warren Weaver wird die Störung zwar, wie Seel richtig anmerkt, *negativ* als das schlechthin Andere des Signals bestimmt.[27] Zu beachten ist allerdings, dass in Shannons berühmtem Kommunikationsdiagramm *noise-source* und *information-source* als jeweils eigenständige Ebenen *qualitativ gleichgestellt sind*. Der Unterschied besteht allein im Ort der beiden *sources* innerhalb des Kommunikationsdiagramms. Während die *information-source* zur Ebene des Senders gehört, ist der Ort der *noise-source* der Kanal, das *Medium* verstanden als materiellem Agens des Kommunikationsflusses. Shannons Diktum, dass ein Höchstmaß an Information nicht von einem Höchstmaß an Störung unterschieden werden könne, findet bei Seel seine Entsprechung in der Profilierung des Rauschens als Fülle unendlicher Möglichkeiten. An dieser Stelle vollzieht Seel einen entscheidenden Schritt Shannons über die reine Informationstheorie hinaus mit, und eben hier ist man bereits bei Shannon an dem Punkt angelangt, an dem die Alterität des Rauschens zugunsten einer Fülle unendlicher Möglichkeiten eingeebnet wird.

Entscheidend ist, dass es bei Shannon zunächst nicht um *Sinn*, sondern um *Information* geht und beide Begriffe klar voneinander abgegrenzt werden. Semantische Aspekte der Kommunikation, so Shannon, »sind irrelevant für das technische Problem«.[28] Diese Neuakzentuierung des Informationsbegriffs bei Shannon hatte entscheidenden Einfluss auf die Geschichte der Medien und legitimiert gleichzeitig sowohl Lacans Engführung von Symbolischem und Kybernetik als auch Friedrich Kittlers lacanianische Medientheorie. Shannons

---

27 Vgl. Shannon/Weaver 1963.

28 »The fundamental problem of communication is that of reproducing at one point either exactly or approximately a message selected at another point. Frequently the messages have *meaning*; that is, they refer to or are correlated according to some system with certain physical or conceptual entities. These semantic aspects of communication are irrelevant to the engineering problem.« Shannon/Weaver 1963, S. 31.

zunächst nicht-semantischer, rein syntaktischer Informationsbegriff ist genau an der Schnittstelle von Realem und Symbolischen situiert. »*Communication in the Presence of Noise*« bedeutet den Einschnitt in das amorphe Kontinuum des Realen in Form eines »Unterschieds, der einen Unterschied macht«, der Minimalform des Symbolischen: dem *bit* (*binary digit*). An dieser Stelle findet jedoch noch keine Eingemeindung des Rauschens in den Bannkreis des Sinns statt, denn ein *bit* ist ein letztlich arbiträrer Einschnitt im Realen und als solcher zwar Bedingung der Möglichkeit von Sinn, jedoch als physikalisches Datum noch frei von jeder semantischen Ebene. Hier wird klar, welchen Ertrag die Lacansche Trias von Symbolischem, Imaginärem und Realen im Zusammenhang einer Theorie und Ästhetik des Rauschens einbringt. Denn das Symbolische ist eben *nicht* mit Sprache, Diskurs oder Bedeutung gleichzusetzen. Das Symbolische ist jenes Element im Kontinuum der Sinngenese, das sich durch einen Einschnitt im Realen konstituiert. Shannons Informationsbegriff ist eine exakte Illustration dessen. Information ist bei Shannon als etwas gedacht, »das unabhängig von der Materialität seiner Instanzen verlustfrei übertragbar ist« und sich genau in diesem Punkt radikal vom Realen unterscheidet.[29] Diese Unabhängigkeit beruht allerdings auf einer Einfaltung im Realen selbst, denn physikalisch unterscheidet sich das Signal nicht vom Rauschen; es ist auf der Ebene des anfänglichen *bit* dem Rauschen *abgerungen*. Es handelt sich um die materielle Ebene des Signifikanten, dessen Signifikat – als bereits der Ordnung des Imaginären zugehörig – an dieser Stelle noch keine Rolle spielt.

Da es Shannon, dem Forscher der Bell Laboratories zu Beginn des Zweiten Weltkrieges, nicht um Ästhetik, sondern um Nachrichtentechnik geht, stellt sich ihm im Vergleich zu Seel das Problem des Sinns auf andere, formal jedoch überraschend vergleichbare Weise. Shannons Kommunikationsmodell bewegt sich im physikalischen Bereich einer »Materialität der Kommunikation«, was die Informationstheorie Shannonscher Provenienz in die Lage versetzt, die Widerständigkeit des Realen stets mitzudenken. Entscheidend ist jedoch, dass bereits bei Shannon *in einem zweiten Schritt* die im Rauschen sich ereignende Alterität des Realen eingeebnet wird, und zwar indem er,

---

29   Pias 2004, S. 298.

dem historischen Kontext des zweiten Weltkriegs geschuldet, diese sich im Rauschen ereignende Widerständigkeit des Realen im Modus der Störung *in den Termini von feindlich-intentionaler Interzeption formuliert*. In der Folge von Shannons Arbeiten werden die Begründer der Kybernetik in den vierziger und fünfziger Jahren des letzten Jahrhunderts im Rahmen der Macy-Konferenzen[30] das Phänomen des Rauschens als eine zufällige, nicht-intentionale Unordnung wieder offener profilieren, was exakt dem Begriff des Rauschens und der Störung entspricht, den Seel unter der Bezeichnung »bloßes Rauschen« seiner Theorie zugrunde legt. Die subtile Verschiebung des *noise*-Begriffs bei Shannon allerdings, von einer kontingenten Alterität hin zur Camouflage feindlicher Interzeption, die ihr Signal nur im Rauschen *verbirgt*, bleibt nicht nur für Seel, sondern selbst noch für die von Seel denkbar weit entfernte Theoriebildung Friedrich Kittlers folgenreich. Denn:

> »Das Verhältnis von Signal und Rauschen kann auch als Verhältnis zwischen einem codierten Signal und seiner zusätzlichen Verschlüsselung durch eine feindliche Intelligenz interpretiert werden. In dieser Perspektive wären dann die Unterschiede zwischen Information und Rauschen, zwischen Signal und bloßem Geräusch eingeebnet, und zwar so, dass auch das Rauschen, auch das Geräusch als eine Art von Code interpretierbar wird.«[31]

Das ist die exakte Beschreibung der Vorgehensweise Kittlers, etwa wenn er konstatiert: »Kommunikation (mit Shannon zu reden) ist immer *Communication in the Presence of Noise* –: nicht nur weil reale Kanäle nie nicht rauschen, sondern weil Nachrichten selber als Selektionen oder Filterungen eines Rauschens generierbar sind.«[32] Auf diese Weise »schlägt die Diskursanalyse, deren medientechnisches Erbe Kittler antrat, um in Kryptoanalyse«.[33] Jene Kryptoanalyse arbeitet jedoch entgegen dem eigenen Anspruch nicht mehr im Realen, denn dieses wird zu einer Potentialität »unendlicher Möglichkeiten« umgedeutet, die das Reale nur noch als Camouflage des Sinns gelten lassen kann und somit zum Verschwinden bringt:

---

30   Vgl. Pias (Hrsg.) 2003.
31   Krämer 2004b, S. 215.
32   Kittler 1993, S. 168.
33   Krämer 2004b, S. 215.

»Aber kündigt sich mit der Projektion des Reellen als enigmatische Krypto-graphie nicht eine merkwürdige Metamorphose, fast eine – auf den techni-schen Stand gebrachte – Rehabilitierung des hermeneutischen Projekts der ›Natur als Text‹ an? Die Idee, auf maschinelle Weise mit Zufallsdaten so um-zugehen, als seien sie Elemente eines Codes, ist ein immer wieder anklingen-der Zug im Denken Kittlers.«[34]

Indem also Kittler und Seel – Shannon darin streng folgend – Stö-rung und Rauschen mit einer nur getarnten Potentialität unendlichen Sinns gleichsetzen, wird die Materialität des Rauschens, verstanden als *ekstasis* des Realen, in ihrer ebenso konstituierenden wie destruk-tiven Insistenz schlicht negiert.

2. Rausch – Rauschen – Reales: Nietzsche mit Lacan

Seel entwirft eine Ästhetik des Rausch*ens* als Ästhetik des Rausch*es* und schließt die Beschreibung des Rauschens auf einem Umweg über Nietzsches Theorie des dionysischen Rausches an den Diskurs der Ästhetik an. Zwar betont Seel, dass das Rauschen, über das er spre-che, nicht umstandslos mit dem Rausch gleichgesetzt werden dürfe[35], jedoch versucht er eine Engführung, die an dieser Stelle ebenso ris-kant wie lohnend erscheint. Seel rekonstruiert Nietzsches Ästhetik der Tragödienschrift und zitiert in diesem Zusammenhang dessen Schopenhauerreferenz, die im Folgenden im Zusammenhang wie-dergegeben werden soll. Zunächst zitiert Nietzsche eine Stelle aus Schopenhauers »Die Welt als Wille und Vorstellung«:

»Wie auf dem tobenden Meere, das, nach allen Seiten unbegrenzt, heu-lend Wellenberge erhebt und senkt, auf einem Kahn ein Schiffer sitzt, dem schwachen Fahrzeug vertrauend; so sitzt, mitten in einer Welt von Qua-len, ruhig der einzelne Mensch, gestützt und vertrauend auf das principium individuationis«[36]

---

34   Ebd., S. 215.
35   Seel 2003, S. 227.
36   Nietzsche 1988, S. 28.

Schopenhauers an Kants maritime Metaphorik angelehntes Bild dient Nietzsche dazu, seine Kategorien des Apollinischen und Dionysischen zu profilieren. Die »Welt von Qualen« besteht im Einbruch des Realen in die Statuarik des Imaginären, welches hier den Namen »principium individuationis« trägt. Nietzsche identifiziert dieses mit dem apollinische Prinzip[37] und stellt diesem die den apollinischen Schein zerbrechende Gewalt des Dionysischen gegenüber:

> »An derselben Stelle hat uns Schopenhauer das ungeheure Grausen geschildert, welches den Menschen ergreift, wenn er plötzlich an den Erkenntnisformen der Erscheinungen irre wird, indem der Satz vom Grunde, in irgend einer seiner Gestaltungen, eine Ausnahme zu erleiden scheint. Wenn wir zu diesem Grausen die wonnevolle Verzückung hinzunehmen, die bei dem selben Zerbrechen des principii individuationis aus dem innersten Grunde des Menschen, ja der Natur emporsteigt, so thun wir einen Blick in das Wesen des Dionysischen, das uns am nächsten noch durch die Analogie des Rausches gebracht wird.«[38]

Dazu Seel:

> »Nicht an den *Erscheinungen* wird der Mensch in diesem Zustand irre, sondern, wie Nietzsche formuliert, ›an den *Erkenntnisformen* der Erscheinungen‹. Das ›principium individuationis‹, das hier außer Kraft gesetzt wird, ist das Prinzip der raumzeitlichen und gestalthaften Unterscheidbarkeit des Gegebenen. [...] Nietzsches Formulierung an dieser Stelle läßt die Möglichkeit einer Begegnung mit Erscheinendem offen, für das keine Erkenntnisform da ist, weil es nicht als raumzeitliche Gestalt – oder als ein Spiel solcher Gestalten – identifiziert werden kann. Wir hätten es hier mit einem Erscheinen zu tun, das nicht als Zusammenhang von Erscheinungen gefasst oder als Spiel von Erscheinungen verfolgt werden kann. Wir hätten es mit einem akustischen oder visuellen *Rauschen* zu tun.«[39]

In der Tat: Zerbricht die Möglichkeit zur Differenzbildung, ist es also nicht mehr möglich, einen Unterschied zu machen, der, im

---

37   Ebd., S. 28: » [...] man möchte selbst Apollo als das herrliche Götterbild des principii individuationis bezeichnen [...].
38   Nietzsche 1988, S. 28.
39   Seel 2003, S. 226.

Batesonschen Sinn, einen Unterschied macht, dann ist der Signal-Rauschabstand gleich null, Ergebnis: Rauschen. Eben dieser »Unterschied, der einen Unterschied« macht, ist die Minimaldefinition des Symbolischen, die Differenz von An- und Abwesenheit, 0 und 1, die das Symbolische als Feld der Differenzbildung konstituiert. Der Witz an Seels Engführung ist, dass mit Nietzsche der Rausch quasi mittels Internalisierung eines »bloßen Rauschens« als ästhetische Kategorie fruchtbar gemacht werden könne. Seel betont gleich im Anschluss den Unterschied von Rausch und Rauschen dergestalt, dass ersichtlich wird, dass es ihm bei dieser Differenzierung um den Unterschied von innen und außen, von Subjekt und Objekt, System und Umwelt geht: »Das Rauschen ist ein Vorgang auf der Objektseite, etwas, das Gegenstand unserer Wahrnehmung ist; der Rausch hingegen ist ein subjektiver Zustand.«[40] Mithilfe die Verkopplung von Rausch und Rauschen, deren Suggestivkraft durch die Nähe der beiden Begriffe im Deutschen nicht unbeträchtlich verstärkt wird, ist es Seel möglich, das Skandalon des Rauschens in eine radikale Immanenz des Erscheinens aufzulösen. Im Vergleich zu Nietzsche zeigt sich in der Begegnung mit einem Rausch/Rauschen für Seel nicht eine Transzendenz, d.h. in diesem Fall die Überschreitung des *principium individuationis*, sondern die Hingabe an Erscheinendes selbst:

> »Mit anderen gegenwärtigen Theoretikern [gemeint sind Karl Heinz Bohrer und Christoph Menke] bin ich der Meinung, daß die hier angelegte Transzendierung des Gestalthaften zu den Grundmöglichkeiten ästhetischer Wahrnehmung gehört. Entschiedener als der junge Nietzsche jedoch bin ich der Ansicht, daß diese Transzendierung nicht als ein Hinausgehen über die Welt der Erscheinungen, sondern vielmehr als ein Sichverlieren in diese Welt zu verstehen ist. Das Rauschen ist kein Phänomen der Transzendenz, sondern der radikalen Immanenz des Erscheinens. Es ist die Extremform des ästhetischen Erscheinens und somit ein potentieller, wenn auch unwahrscheinlicher Zustand ästhetischer Objekte aller Art.«[41]

Durch die Einebnung der radikalen Alterität des Rauschens zur »radikalen Immanenz des Erscheinens«, das zum Ende hin gar als »Extremform des ästhetischen Erscheinens« beschrieben wird, kommt es

---

40   Ebd., S. 227.
41   Ebd., S. 227.

hier zu einigen Schwierigkeiten, die nicht zuletzt aus der durchaus nicht unabsichtlichen begrifflichen Unschärfe des Begriffs »Ästhetik« resultieren. Seels »Ästhetik des Erscheinens« schreibt sich in jene Tradition postmetaphysischer Präsenztheorie ein, die in der Einleitung und im ersten Kapitel beschrieben wurde und deren Merkmal es ist, sich vom Diskurs der philosophischen Ästhetik seit Hegel ein Stück in Richtung einer in der *aisthesis* fundierten Theorie der Wahrnehmung abzukoppeln. Das Movens dieser Neuausrichtung ist die Abkehr von der Ebene der *semiosis*, des Sinns. Seels »radikale Immanenz des Erscheinens« führt jedoch ausgerechnet anhand des Rauschens diese Sinnebene durch die Hintertür wieder ein, um sie auf diese Weise umso mehr zu totalisieren.

Bei Nietzsche hingegen sind weder das Apollinische (»principium individuationis«) noch das Dionysische (Rausch/Rauschen) als Modi ästhetischer Erfahrung voneinander zu trennen. Er trennt analytisch zum Zweck der Verdeutlichung, jedoch liegt die Pointe von Nietzsches Dualität in der unauflösbaren Verstrickung dieser beiden Elemente, deren Verhältnis jedoch – und das ist entscheidend – letztlich *nicht* als dialektisches konzipierbar ist. Zwar gibt es bei Nietzsche in Form der vor-euripidäischen Tragödie eine idealtypische Verschmelzung des Apollinischen und Dionysischen, jedoch wird Entscheidendes unterschlagen, sobald diese Verschmelzung im dialektischen Sinn *als Synthese* verstanden wird. Die Hypostasierung jeweils des Dionysischen oder Apollinischen gilt Nietzsche entweder als »Barbarei« (im Falle des Dionysischen) oder (noch schlimmer) im Fall des Apollinischen als »ästhetischer Sokratismus«.[42] Den zentralen Unterschied zwischen Nietzsches Konzeption und einer dialektischen beschreibt Gilles Deleuze:

> »Das spekulative Element der Negation, des Gegensatzes oder des Widerspruchs ersetzt Nietzsche durch das praktische Element der *Differenz*: dem Objekt von Bejahung und Genuß. [...] Das ›Ja‹ Nietzsches opponiert dem ›Nein‹ der Dialektik; die Bejahung der dialektischen Verneinung; die Differenz dem dialektischen Widerspruch; die Freude, der Genuß der dialektischen Arbeit; die Leichtigkeit, der Tanz der dialektischen Schwere; die schöne Unverantwortlichkeit den dialektischen Verantwortlichkeiten.«[43]

---

42 Nietzsche 1988, S. 85.
43 Deleuze 1991, S. 13 und 14.

Auf diesen Unterschied von dialektischem Widerspruch und Differenz kommt alles an, und zwar nicht nur bei Nietzsche, sondern gerade auch innerhalb der von Seel angestoßenen Ästhetik des Rauschens, *denn die Differenz im Sinne Nietzsches bejaht den Widerspruch, indem das Element radikaler Alterität innerhalb des Theoriedesigns gerade als konstitutive Kraft beibehalten und nicht im Rahmen einer wie auch immer gearteten Synthese überdeckt wird.*[44] Nimmt man das Element der Differenz als radikale Alterität ernst, so ist es nicht möglich, das Rauschen – auch und gerade in Form des dionysischen Rausches – dem Bereich der *semiosis*, der immer schon sinnhaften Immanenz »unendlicher Möglichkeiten«, zuzuordnen. Die Schwierigkeit besteht in dem Umstand, dass das Verhältnis von Dionysischem und Apollinischem bei Nietzsche durchaus zunächst noch als ein dialektisches erscheint, weswegen es an dieser Stelle nötig ist, genau hinzuschauen.

Nietzsches eigentliches Augenmerk im Verlauf des Tragödientextes gilt jedoch nicht so sehr dem Verhältnis von Apollinischem und Dionysischem, sondern »dem viel tiefer gehenden zwischen Dionysos und Sokrates«.[45] Erst dieses Verhältnis bezeichnet die Differenz, um die es eigentlich geht. Sokrates steht bei Nietzsche für die radikale Abkehr von dem, was er als »klassisches Griechentum« bezeichnet, indem mit Sokrates »der Typus des theoretischen Menschen«[46] die historische Bühne betritt. *An dieser Stelle* – und es sei *for argument's sake* für einen Moment dieses unhistorische Gedankenspiel einmal erlaubt – *hat die Lacansche Trias aus Realem, Imaginärem und Symbolischem in den Masken von Dionysos, Apollo und Sokrates bereits philosophiegeschichtliche Generalprobe.* Denn was ist das apollinische Prinzip, das mit dem Bild, der Statue, dem *Individuationsprinzip* von Nietzsche assoziiert wird, anderes als das Imaginäre, welches das entstehende Subjekt als »Panzer« vor sich hinstellt, um sich überhaupt als solches konstituieren zu können? Was ist der zerstückelte Körper des von den Titanen zerissenen Dionysos (»Dionysos Zagreus«) anderes als das Reale, das sich in Lacans Figur des Spie-

---

44   Es ist ersichtlich, dass Deleuze sein eigenes, für ihn zentrales Konzept der Differenz hier mithineinliest. Da es jedoch hier nicht um eine Deleuze-Exegese geht, muss diese Ebene an dieser Stelle ausgespart bleiben. Vgl. Deleuze 1997.

45   Ebd., S. 18.

46   Nietzsche 1988, S. 98.

gelstadiums dem Kleinkind nicht zufällig im »zerstückelten Bild des Körpers« zeigt? Und schließlich: Für was steht die Figur des Sokrates, verstanden als Inbegriff des »theoretischen Menschen«, wenn nicht für Lacans »großen Anderen«, die väterliche Instanz des Gesetzes, die das Feld des Symbolischen eröffnet?

So heißt es zum Theorem des »zerstückelten Körpers« bei Lacan:

> »[...] das Spiegelstadium ist ein Drama, dessen innere Spannung von der Un-
> zulänglichkeit auf die Antizipation überspringt und für das an der lockenden
> Täuschung der räumlichen Identifikation festgehaltene Subjekt die Phantas-
> men ausheckt, die, ausgehend von einem zerstückelten Bild des Körpers,
> in einer Form enden, die wir in ihrer Ganzheit eine orthopädische nennen
> können, und in einem Panzer, der aufgenommen wird von einer wahnhaften
> Identität, deren starre Strukturen die ganz mentale Entwicklung des Subjekts
> bestimmen werden.«[47]

Mit dem »zerstückelten Körper« (*corps morcelé*) ist das biologische Reale des Körpers des Kleinkindes gemeint, dessen Selbsterfahrung als geteilt und zerstückelt der Unfähigkeit zur motorischen Koordination in diesem frühen Entwicklungsstadium entspricht. Lacan selbst leitet diese von nun an angstbehaftete körperliche Dissoziationserfahrung aus der spezifischen Vorzeitigkeit der menschlichen Geburt ab,[48] die das Kleinkind noch »unfertig« in die Welt entlässt und existenziell vom Körper der Mutter abhängig belässt. Entscheidend innerhalb dieser originär Lacanschen Konzeption ist die *Gleichursprünglichkeit* von dissoziierter Körpererfahrung des *corps morcelé* einerseits und dem Spiegelbild andererseits, das dem Kleinkind in dieser Urszene eine »orthopädische Ganzheit« suggeriert, deren illusionären Charakters *es im selben Moment gewahr wird.* Deswegen spricht Lacan vom zerstückelten *Bild* des Körpers. In diesem Moment ist bei Lacan die symbiotische Beziehung mit der Mutter ein für alle Mal gekappt, und die Subjektwerdung beginnt mit einer irreversiblen Diskrepanz zwischen imaginärem Spiegelbild und der realen körperlichen Situation des Kleinkindes. Die »Unzulänglichkeit« des noch unkoordinierten, »zerstückelten« Körpers springt im Spiegelstadium auf die

---

47 Lacan 1973, S. 67.
48 Ebd., S. 66.

»Antizipation« des »ganzen« Subjekts über. »Antizipation« deshalb, weil die Subjektwerdung bei Lacan sich erst im Feld des Symbolischen vollendet, zum Zeitpunkt des Spracherwerbs, der dem Spiegelstadium zeitlich nachgelagert ist.

Dieses Reale des zerstückelten Körpers bleibt fortan eine ständige Bedrohung des Subjekts und kehrt in den verschiedensten Masken wieder,[49] da es die Ebenen des Symbolischen und Imaginären sowohl subvertiert als auch im selben Maß konstituiert. Das Dionysische, dessen stärkstes Bild Nietzsche nicht zufällig im Bild des »Dionysos Zagreus« manifestiert sieht, bleibt ebenso wie das Reale des *corps morcelé* bei Lacan das latente *Hintergrundrauschen* innerhalb der Ordnung des Imaginären, bzw. des apollinischen Prinzips. Deleuze formuliert: »Dionysos ist gleichsam der Untergrund, auf dem Apollo den schönen Schein ausbreitet; unter Apollo aber grollt und brummt Dionysos.«[50] Vor diesem Hintergrund liest sich die entsprechende Stelle bei Nietzsche geradezu als mythische Illustration dieser Lacanschen Urszene.[51] Dionysos spielt hier eine ähnlich wich-

---

49   »Dieser zerstückelte Körper, dessen Begriff ich ebenfalls in unser System theoretischer Bezüge eingeführt habe, zeigt sich regelmäßig in den Träumen, wenn die fortschreitende Analyse auf eine bestimmte Ebene aggressiver Desintegration des Individuums stößt. Er erscheint dann in der Form losgelöster Glieder und exoskopisch dargestellter, geflügelter und bewaffneter Organe, die jene inneren Verfolgungen aufnehmen, die der Visionär Hieronymus Bosch in seiner Malerei für immer festgehalten hat, als sie im fünfzehnten Jahrhundert zum imaginären Zenit des modernen Menschen heraufstiegen.« Ebd., S. 67.

50   Deleuze 1991, S. 17.

51   »When ›Apollinian‹, picture making is placating: its perfections pacify the gaze, ›relax‹ the viewer from its grip (the Nietzschean term again projects the gaze as Dionysian, full of desire and death). Such is aesthetic contemplation according to Lacan: some art may attempt a *trompe-l'oeil*, a tricking of the eye, but all art aspires to a *dompte-regard*, a taming of the gaze.« Foster 1996, S. 140. Karl-Ludwig Pfeiffer liest Lacan ebenfalls mit Nietzsche und baut dessen Differenz von Apollinischem und Dionysischem in seine Medienanthropologie ein: »Bei Lacan lösen sich die freudianischen, vermeintlich wohldefinierten, auf die Sexualität verengten Energien des Unbewußten in amorphes Begehren auf. Um eindeutige, konkrete Formen anzunehmen, absorbiert das Unbewußte (vor allem ästhetische) Bilder und Vollzüge, welche die Medien der Kultur hervorbringen.« Pfeiffer 1999, S. 60. Leider verbleibt Pfeiffers Anwendung Lacans im Ungefähren und wird nie recht durchgeführt, obwohl seine Arbeit zur Medienanthropologie den Begriff des Imaginären bereits im Titel trägt. Ähnlich wie bei Wolfgang Iser, auf dessen »Das Fiktive und das Imaginäre« sich Pfeiffer explizit bezieht (Pfeifer 1999, S. 16), bleibt Lacan merkwürdig ausgeblendet.

tige – allerdings von Lacan selbst im Text über das Spiegelstadium nicht erwähnte – Rolle wie der Ödipus-Mythos bei Freud:[52]

> »In Wahrheit aber ist jener Held der leidende Dionysos der Mysterien, jener der die Leiden der Individuation an sich erfahrene Gott, von dem wundervolle Mythen erzählen, wie er *als Knabe* von den Titanen *zerstückelt* worden sei und nun in diesem Zustande als Zagreus verehrt werde: wobei angedeutet wird, dass diese Zerstückelung, das eigentlich dionysische Leiden, gleich einer Umwandlung in Luft, Wasser, Erde und Feuer sei, dass wir also den Zustand der Individuation als den Quell und Urgrund allen Leidens, als etwas an sich Verwerfliches, zu betrachten hätten.«[53]

Die Pointe liegt bei Nietzsche wie bei Lacan in der Figur der *Gleichursprünglichkeit*. Ebenso wie bei Lacan das Kleinkind im Moment der »jubilatorischen Aufnahme«[54] des Spiegelbildes sowohl der imaginären »Ganzheit« *als auch* seiner eigenen realen körperlichen Dissoziation im »zerstückelten Bild des Körpers« gewahr wird, entspringt bei Nietzsche aus der Zerstückelung die Individuation und umgekehrt. Für Nietzsche ist nämlich der zerstückelte Körper als Sinnbild des Dionysos nicht einfach Metapher für den Rausch im Sinne eines »Sichverlierens in diese Welt« (Seel), sondern vor allem der Ursprung der Individuation selbst. Die paradox klingende Konstellation bei Nietzsche lautet also: Zerstückelung *ist* Individuation, denn der »zerrissenen, in Individuen zertrümmerten Welt« wird bei Nietzsche die »Einheit alles Vorhandenen« gegenübergestellt.[55] Dionysos' »Leiden an der Individuation« ist Leiden an der Zerstückelung, am Verlust der »Einheit«, jedoch ist das Verhältnis Einheit/Zerstückelung nicht als dichotomische Gegenüberstellung konstruiert. Es ist also keineswegs so, dass sich Dionysisches (der Rausch, die Dissoziation des zerstückelten Körpers, das Reale) und Apollinisches (*principium individuationis*, die »Ganzheit« der Spiegelimago, das Imaginäre) antithetisch gegenüberstehen. Vielmehr ist bereits bei Nietzsche ebenso wie später bei Lacan das eine als das jeweils andere *konstituierend*

---

52   Es ist in diesem Zusammenhang nützlich zu betonen, dass für Nietzsche auch Ödipus nur eine Maske »dieses ursprünglichen Helden Dionysos« ist. Nietzsche 1988, S. 71.

53   Ebd., S. 72.

54   Lacan 1973, S. 64.

55   Nietzsche 1988, S. 72–73.

konzipiert, und zwar in Form einer Interdependenz in der Differenz.

Nietzsches »Ureinheit« ist ebenso wie die symbiotische Beziehung des Kleinkindes zum Körper der Mutter unwiederbringlich verloren und bildet den unerreichbaren Fluchtpunkt des Begehrens, von dem bei Nietzsche nur noch die Kunst eine Ahnung verschaffen kann. Eben das beinhaltet der Begriff des Tragischen:

> »In den angeführten Anschauungen haben wir bereits alle Bestandtheile einer tiefsinnigen und pessimistischen Weltbetrachtung und zugleich damit die Mysterienlehre der Tragödie zusammen: die Grunderkenntniss von der Einheit alles Vorhandenen, die Betrachtung der Individuation als des Urgrundes des Uebels, die Kunst als die freudige Hoffnung, dass der Bann der Individuation zu zerbrechen sei, als die Ahnung einer wiederhergestellten Einheit.«[56]

Eben diese »pessimistische Weltbetrachtung« ist auch Leitmotiv der Lacanschen Theorie, die im frühen Grundlagentext über das »Spiegelstadium« ebenso wie Nietzsches Tragödientext *expressis verbis* nicht weniger als »die ontologische Struktur der menschlichen Welt«[57] zu beschreiben versucht. Allerdings gibt es bei Lacan »die freudige Hoffnung, daß der Bann der Individuation zu zerbrechen sei« nicht mehr. Was nun aber zeigt dieser Exkurs zu Nietzsche und Lacan in Bezug auf das Problem des Rauschens in Martin Seels »Ästhetik des Erscheinens«?

Seel betont, dass nicht der Fehler begangen werden dürfe – wie Nietzsches Formulierung es nahe lege – im Rauschen eine Form von Transzendenz zu postulieren, zeigt dabei jedoch gleichzeitig den Preis, der für die Konzeption des Rauschens als einer Synthese aus Sinn und Präsenz gezahlt werden müsse:

> »An dieser Stelle müssen wir uns vor einem gravierenden Fehlschluss hüten. Die Erfahrung gestaltloser Wirklichkeit, die die Aufmerksamkeit für das Rauschen gewährt, ist weder eine Begegnung mit dem Ding an sich (wie es bei Schopenhauer gedacht ist) noch mit dem Urquell allen Seins (wie es in

---

56 Ebd., S. 72–73.
57 Lacan 1973, S. 64.

Nietzsches Tragödienschrift heißt), noch mit einem höheren Sein oder Sinn, wie man mit Heidegger oder George Steiner annehmen könnte, noch mit einem ›rohen Sein‹ im Sinn des späten Merleau-Ponty, noch mit sonst einer interpretationsfreien Realität. Auch das Vernehmen des Rauschens ist ein ›alshaftes‹ Weltverhältnis; das akustische und/oder optische Geschehen, dass wir als Rauschen auffassen, könnte auch anders gehört oder gesehen werden, z.b. als Krach oder Bildstörung.«[58]

Die Erfahrung gestaltloser Wirklichkeit, verstanden als Modus genuin ästhetischer Erfahrung, ist also Voraussetzung für das Gewahrwerden des Rauschens als solchem, welches daher immer schon in einen sinnhaften Zusammenhang gestellt ist, wie vage er auch immer sein mag. Rauschen, wahrgenommen im Modus der Erfahrung gestaltloser Wirklichkeit ist letztlich streng »interpretationsfreier Realität« gegenübergestellt. Als »alshaftes Weltverhältnis« ist die Erfahrung des Rauschens bei Seel daher immer schon – zumindest potenziell – *semiosis*. Ebenso problematisch wie symptomatisch für das Problem der theoretischen Erfassung des Rauschens ist dabei Seels Versuch, dieses Phänomen auf der Ebene des Sinns zu verorten, was ihn dann zu der kontraintuitiven und auch bereits sprachlich gezwungen wirkenden Wendung zwingt, das Rauschen der Störung *gegenüberstellen* zu müssen. Das wiederum führt jedoch dazu, dass die theoretische Sprengkraft des Phänomens Rauschen gerade auch im Zusammenhang einer Ästhetik des Erscheinens nicht nur aus dem Auge verloren, sondern geradezu zum Verschwinden gebracht wird.

Seel warnt vor dem »Fehlschluss«, das Phänomen des Rauschens, verstanden als »Erfahrung gestaltloser Wirklichkeit«, mit Formen »interpretationsfreier Realität« zu verwechseln. Einmal davon abgesehen, dass es fraglich ist, ob diese Definition tatsächlich auf alle genannten Theoreme angewandt werden kann, sollte zumindest am Beispiel Nietzsches und Lacans deutlich geworden sein, dass eine Verkoppelung von Sinn- und Präsenzphänomenen nur dann gelingen kann, wenn ein Element radikaler Alterität innerhalb der Konzeption mitgeführt wird. Das heißt, dass eine Synthese wie bei Seel Gefahr läuft, einer Dichotomisierung verhaftet zu bleiben, welche eben das Phänomen heraussubtrahiert, um das es doch eigentlich geht. Im

---

58   Seel 2003, S. 234.

Falle des Rauschens eben das Moment der Störung im Sinne einer Insistenz (*ekstasis*) des Realen, einer Alterität.

Dabei geht es geht es ausschließlich um die *Form* des zugrunde-liegenden Theoriegebäudes. Es ist natürlich nur zuzustimmen, wenn Seel darauf beharrt, dass die Erfahrung des Rauschens nicht mit Eigentlichkeitspathos aufgeladen werden dürfe. Allerdings übersieht Seel, dass es in diesem spezifischen Zusammenhang formal nicht um *Transzendenz*, sondern um Bejahung, d.h. Anerkennung einer unauflösbaren *Differenz* geht. Die von Seel vorgeschlagene Analogie von Rauschen und Rausch im Sinne Nietzsches funktioniert also bis zu dem Punkt, an dem die Erfahrung amorpher Dissoziation – die sowohl dem Rauschen als Erfahrung eines Widerstands des Realen, als auch dem Rausch zugrunde liegt – noch nicht zu einer »Immanenz des Erscheinenden« umgewertet wird. Auf ganz andere Art und Weise entgeht – wie zu sehen war – Shannon zumindest auf formaler Ebene zunächst diesem Problem, indem die unauflösbare Verkoppelung von *information* und *noise* im Modus reiner Syntaktik verbleibt. Zumindest so lange das Rauschen nicht als Tarnung feindlicher Interzeption dem Feld der *semiosis* zugeschlagen wird.

Um Missverständnissen vorzubeugen: Das Reale ist nicht mit dem Rauschen oder reiner Kontingenz identisch (das ist die These Friedrich Kittlers). Das Rauschen *ist* nicht das Reale, sondern eine Form der Insistenz des Realen. Der Modus dieser Insistenz ist *ekstasis*, die erklärbar macht, warum das Rauschen der Ort der Beunruhigung sein kann, warum das Reale bei Lacan als »Angstobjekt par excellence«[59] beschrieben wird. *Ek-stasis* sei hier in Erweiterung des bereits gesagten[60] auch im Sinne Gernot Böhmes verstanden als »das, wodurch sich Dinge als anwesend bemerkbar machen«:[61] »Es handelt sich um die Art und Weise, in der ein Ding in den Raum seiner Anwesenheit, seiner *sphaera activitatis* hinaustritt und so dort als anwesend spürbar wird.«[62] Das Interessante an Böhmes Konzeption der *sphaera activitatis* ist, dass hiermit die aisthetisch spürbare *ekstasis*, also das Aus-Sich-Heraustreten eines Anwesenden in den umgebenden Raum, benannt ist, die nicht das wie auch immer Anwesende

---

59 Vgl. nächstes Kapitel.
60 Vgl. Fußnote 11 auf S. 58.
61 Böhme 2001, S. 131.
62 Ebd., S. 131.

selbst, sondern die von diesem ausgehende atmosphärische »Tingierung« des Raums beschreibt. Es geht also zum Beispiel nicht um die formalen Eigenschaften einer Statue, eines Hauses oder einer Farbe, sondern um die Art und Weise, wie diese in den sie umgebenden Raum »hineinragen« oder »ausstrahlen« und im Austausch mit allen anderen Faktoren dieses Raums *Wirkung* zeigen.

Ein Widerspruch scheint darin zu bestehen, dass *ekstasis* im Sinne Böhmes immer ein dinghaft Anwesendes voraussetzt, weswegen die Rede von einer *ekstasis* eines sich konstitutiv Entziehenden wie dem Lacanschen Realen, das eben nicht »Ding« oder »Substanz« ist, zunächst kontraintuitiv erscheint. Jedoch liegt genau hier die Pointe: Da sich das Reale im Sinne Lacans den Ebenen des Imaginären und Symbolischen und damit jeder Repräsentation entzieht, kann eine Inszenierung des Realen nur gelingen, wenn nicht das Undarstellbare selbst repräsentiert (wie sollte das auch gehen?), sondern dessen *sphaera activitatis als solche* spürbar wird. Eben das ist hier gemeint, wenn von *ekstasis* des Realen die Rede ist. Das Reale selbst entzieht sich jeder Repräsentation, wird jedoch in seiner zu-stoßenden Ereignishaftigkeit als Störung, Katastrophe oder Rauschen inszenierbar. Das Rauschen selbst ist, wie zu sehen war, die unentrinnbare Leere des Sinns und doch nicht nichts. Wie im weißen Rauschen, das auf aisthetischer Ebene nur deshalb leer ist, weil es wie die Farbe Weiß aufgrund einer drängenden *Fülle* das Fassungsvermögen des Wahrnehmungsapparats übersteigt, zeigt sich das Reale als der undarstellbar blinde Fleck, der an den Rändern der Repräsentation jedoch stets seine drängende Anwesenheit spürbar macht. Noch einmal ist dabei zu betonen, dass die Differenz von Leere und Fülle eben *als Differenz* im oben beschriebenen Sinn in ihrer Unentscheidbarkeit erfahren wird und das Reale daher nicht als Synonym für Ding oder Substanz missverstanden werden darf. Hierin liegt die theoretische Sprengkraft des Phänomens Rauschen als Störung. *Ekstasis* ist der Modus, in dem das Reale in seiner *sphaera activitatis* an der Grenze des Repräsentierbaren erahnbar wird. Das Erschreckende, das »Angstobjekt par excellence« des Rauschens ist die beunruhigende Ahnung, dass all das, »was das ›Realitätsprinzip‹ da unter dem Namen der Außenwelt konstruiert« (Realität, symbolische Ordnung, die Kohärenz der Repräsentation, Nietzsches apollinischer Schein) auf sehr fragilen Füßen steht und jeden Moment Gefahr läuft, sich unter dem Druck des Realen mit einem »Knallen« in Luft aufzulösen.[63] Der Begriff der *ekstasis* im Sinne Gernot Böhmes, dessen Wurzeln wie schon weiter oben angedeutet bei Schelling zu suchen sind, ermöglicht die Beschreibung der Insistenz des Realen im Kontext der Ästhetik und Medientheorie, und wird eben deshalb fruchtbar, weil er einen Materialitätsbegriff impliziert, der nicht mit Ding, Substanz oder Stoff zu verwechseln ist.

3. Störung als »positive Möglichkeitsbedingung«

Der Begriff *turbatio* kann dazu dienen, das semantische Umfeld von /Störung/ näher zu beleuchten, das von den oben bereits skizzierten informationstheoretischen Überlegungen bei Claude E. Shannon und Warren Weaver dominiert wird, die Ludwig Jäger wie folgt zusammenfasst:

> »Der Begriff der Störung spielt in gängigen Theorien sprachlicher Verständigung, seit er von Claude Shannon in die Informationstheorie eingeführt wurde, die Rolle des Unglücksboten: Er markiert in der Regel jenen Bereich kommunikativer Verständigung, in dem die Unterbrechung ihres problemlosen Vollzugs thematisch ist. [...] Der erfolgreiche und ungehinderte Austausch von Information, durch den sprachliche Verständigung im ungestörten Standardfall charakterisiert sein soll, wird durch *Rauschen* (noise) gestört, das im Interesse der Wiederherstellung ungestörten Informationsaustausches getilgt werden muss.«[64]

Diese Charakterisierung der Störung als »Unglücksbote« ist treffend, denn zum etymologischen Umfeld von *turbatio* gehören sowohl *turbamentum* (Verwirrung), *turbator* (Aufwiegler), *turbidus* (trübe), *turbelae* (toller Unfug), als auch *turbineus* (kreisend), *turpis* (schimpflich, hässlich, schändlich) sowie *turbo* (Wirbel);[65] Begriffe,

---

63 Lacan 1980a, S. 208.

64 Jäger 2004, S. 42–43.

65 Dieses semantische Umfeld beschreibt zugleich ziemlich präzise die Qualitäten der mythischen Trickster-Figur, mit deren Beschreibung Albert Kümmel zu recht seinen Eintrag zum Begriff der Störung im jüngst erschienenen »Grundbegriffe der Medientheorie« beginnen lässt: »Trickster sind die Figuren des (gezielten) Mißverständnisses, der trickreichen Umwege und erfindungsreichen Neudeutungen

die auf eine spezifische Qualität des Realen hinweisen: *das Reale als »Erfahrung eines Widerstands«*. Hier wird deutlich, worin der Skandal der Störung eigentlich besteht: Was im Wirbel der *turbatio* erodiert, ist nicht nur die Stabilität medialer Prozesse und somit der problemlose Vollzug kommunikativer Verständigung. In der Verwirrung der Elemente erweist sich diese Stabilität selbst als Schein, als imaginäre »Verkennungsfunktion« [66] im Sinne des Lacanschen Spiegelstadiums. Hier wie dort entpuppt sich das Gegenüber (der Schein von Stabilität, das Spiegelbild) als »orthopädisches«[67] Konstrukt, welches das imaginäre Phantasma einer Ganzheit (der »problemlose Vollzug kommunikativer Verständigung«, das kohärente Körperbild beim Kleinkind) dem Realen gegenüberstellt. Es ist daher passend, dass auch Ferdinand de Saussure vom »Wirbel der Zeichen« spricht, welcher der Vorstellung von Sprache als einer fixen Form zuwiderläuft:

> »Alle modernen oder älteren Psychologen ohne Ausnahme stellen sich die Sprache als eine fixe Form vor, und auch alle ohne Ausnahme als eine konventionelle Form. Sie bewegen sich ganz selbstverständlich in dem, was ich die horizontale Ebene der Sprache nenne, aber ohne die geringste Idee des soziohistorischen Phänomens, das den Wirbel der Zeichen in der vertikalen Säule nach sich zieht und das es dann verbietet, aus der Sprache eine fixe oder eine konventionelle Sprache zu machen, da sie das Resultat der unaufhörlichen sozialen Wirkungen ist, das sich außerhalb jeder Wahl aufdrängt.«[68]

Die turbatorische Qualität sprachlicher Zeichen verdankt sich in Saussures Terminologie somit der diachronen Verfasstheit (der »vertikalen Säule«) von Zeichensystemen, ist also kein vernachlässigbarer »Störfall«, der auch zu vermeiden wäre, sondern im Gegenteil Möglichkeitsbedingung von Sprache überhaupt. Das sich »außerhalb jeder Wahl« Aufdrängende entspricht der »Erfahrung des Widerstands«,

---

von Botschaften. Jeder Trickstermythos muß als implizite Störungs*theorie* gelesen werden.« Roesler/Stiegler (Hrsg.) 2005, S. 229–230. Nicht nur Hermes, sondern auch Dionysos ist wenigstens teilweise bei Nietzsche als Trickster-Figur konzipiert, deren implizite Störungstheorie weiter oben erläutert wurde.

66   Lacan 1973, S. 69.

67   Ebd., S. 67

68   Zitiert nach Jäger 2004, S. 40.

Abb. 28 und 29: Stills aus Don't Look Now (dt. Wenn die Gondeln Trauer tragen), England/Italien 1973.

bzw. ist eine Weise, wie das Reale *ekstatisch* in den Bereich des Symbolischen *hineinwirkt,* zu-stößt.

»Eine Katastrophe ist kein Zufall des Realen, sondern eher ein ›zufälliges‹ Eindringen des Realen, wobei unter zufällig, *nolens volens,* der Auftritt einer Realität zu verstehen ist, die zugleich nicht wünschenswert ist und bis dahin von einer Gesamtheit von Repräsentationen geschützt wird, die anscheinend resistent, solide und erprobt sind.«[69]

Obwohl Rosset ähnlich wie Lacan stets eine hinreichend trennscharfe Distinktion der Begriffe »Realität« und »Reales« vermissen lässt,[70] finden sich hier die besprochenen Elemente wieder. Der »Gesamtheit der Repräsentationen« die »anscheinend resistent, solide und erprobt sind« entspricht das Phantasma der Stabilität, des »problemlosen Vollzugs«, das im Modus der Störung kollabiert. Die Fragilität diese Phantasmas kann durch die Inszenierung von Störungen, Un-fällen und Diskontinuitäten hervorgetrieben und ins Zentrum der Aufmerksamkeit gerückt werden.

Ein Beispiel: In der bisher vornehmlich aufgrund virtuoser Montagetechnik berühmten Eröffnungssequenz von Don't Look Now (dt. Wenn die Gondeln Trauer tragen, England/Italien 1973) inszeniert

---

69 Rosset 2000, S. 58.

70 Folgt man den Konzeptionen Lacans, ist es für die Bestimmung des Realen jedoch zumindest heuristisch zentral, dass es eben *nicht* mit Realität gleichzusetzen ist. Das Reale entzieht sich dem, was Lacan in dem weiter oben zitierten Absatz in Anlehnung an Freud »Realitätsprinzip« nennt, auf uneinholbare Weise. »Realität« ist im Gegenteil eine Konstruktion des Imaginären und Symbolischen. Nur so ist überhaupt die Widerständigkeit des Realen erklärbar, dem sich zu entziehen unmöglich ist.

Nicolas Roeg den Unfalltod eines Kindes, der sich dem von Donald Sutherland gespielten Vater mittels einer fotochemischen Störung ankündigt.

Ein Mädchen spielt in einer auffällig roten Regenmontur in einem großen, etwas verwilderten Garten eines Landhauses, während der Bruder auf seinem Fahrrad ziellos seine Runden dreht. Die nächsten Einstellungen wechseln in das Haus selbst und zeigen die Eltern bei ihren Beschäftigungen. Die Mutter (Julie Christie) konsultiert diverse Lexika, um, wie sie sagt, eine Antwort auf eine geologische Frage zu finden, die ihr die Tochter am Morgen gestellt habe. Der Vater begutachtet Dias, die verschiedene Ansichten von Kirchenschiffen zeigen. Bereits auf dem ersten Diapositiv ist eine sitzende, rot gekleidete Gestalt zu sehen, die dieses Foto metonymisch mit der im Garten spielenden Tochter in Beziehung setzt. Beim Betrachten einer Nahaufnahme des Mittelgangs der Kirche, welche die in rot gekleidete Figur rechts im Vordergrund zeigt, stutzt der Vater für einen Moment und wendet sich dann seiner Frau zu.

Nach einem kurzen Gespräch nimmt der Vater das erwähnte Dia aus dem Projektor und legt es auf einem Leuchttisch unter ein Vergrößerungsglas. Die Kamera zoomt, den Blick des Vaters okkupierend, auf einen Teilausschnitt und zeigt nun für einen Moment die rote Gestalt in Großaufnahme, woraufhin im nächsten Moment, begleitet von einem akustischen Signal, die Einstellung zum sich im Wasser spiegelnden Bild der spielenden Tochter wechselt. Die darauf folgenden, sehr kurzen Einstellungen zeigen, wie der Sohn mit seinem Fahrrad über ein spiegelndes Stück Glas fährt, das mit einem lauten Geräusch zerbirst. Dem geht ein schneller Schnitt voraus, der das Bein der Tochter zeigt, wie es ebenfalls mit einem lauten Geräusch in eine Pfütze tritt. Darauf ist wieder das Gesicht des Vaters zu sehen, der, offensichtlich aufgeschreckt, von seiner Arbeit aufsieht und zu horchen scheint. Er geht beunruhigt und ziellos im Raum herum, als wäre er sich über den Grund für seine Beunruhigung nicht recht klar, spricht dann wieder mit seiner Frau, offenbar, um das »ungute Gefühl« zu verscheuchen. Bald darauf will er wieder an die Arbeit gehen, beugt sich dabei ungeschickt über den Tisch und stößt ein gefülltes Glas um, das seinen Inhalt nun über die auf dem Leuchttisch verstreuten Dias ergießt. Das Geräusch des umfallenden Glases wird mit einer Einstellung aus dem Garten, die einen ins Wasser fallenden Ball zeigt, parallel montiert. Der Vater betrach-

Abb. 30 und 31: Stills aus Don't Look Now (dt. Wenn die Gondeln Trauer tragen), England/Italien 1973.

tet die durch die Flüssigkeit verunstalteten Dias und sieht durch das Vergrößerungsglas, wie auf dem erwähnten Foto, das die rot gekleidete Figur im Kirchenschiff zeigt, vom Kopf dieser Gestalt aus ein rotes Flüssigkeitsrinnsal immer mehr in die Bildmitte und die Emulsion der Fotografie eindringt.

In diesem Moment wird das zuvor diffuse Gefühl der Verunsicherung, deutlich im Gesicht Donald Sutherlands ablesbar, scheinbar immer mehr zu einem konkreten Gefühl von Gefahr und Angst. Mit schreckgeweiteten Augen eilt der Vater aus dem Arbeitszimmer, ohne auf die Frage seiner Frau, was denn los sei, recht antworten zu können. In den nun folgenden Sequenzen ist zu sehen, wie der Vater panisch in den Garten stürmt und der Zuschauer bekommt Hinweise darauf, was eigentlich passiert ist: Die Tochter scheint in der Absicht, ihren ins Wasser gefallenen Ball zurückzuholen, in den Teich gesprungen und dort untergegangen zu sein. Während der Vater in den Teich taucht, um seine Tochter zu retten, wird immer mehr offensichtlich, dass jede Hilfe zu spät kommt. Den verzweifelten Rettungsversuchen des Vaters, die mittels Zeitlupensequenzen inszeniert sind, werden immer im Wechsel Einstellungen seiner Frau zur Seite gestellt, die, noch nichts ahnend, das von ihrem Mann beim Herauseilen weggeworfene Dia betrachtet. Im selben Maß wie der Zuschauer die Hoffnung des Vaters auf Wiederbelebung der Tochter schwinden sieht, greift das rote Flüssigkeitsrinnsal auf dem Lichtbild immer mehr die fotochemische Emulsion an, bis diese das Bild bis zur Unkenntlichkeit zersetzt. In einer der letzten Einstellungen wird das achtlos weggeworfene Foto auf einem Buch liegend gezeigt, dessen Titel: »Beyond the fragile Geometry of Space« lautet.

Als *fragile*, zerbrechlich, zeigt sich hier nicht nur die Stabilität einer Familienidylle, sondern vor allem das Verhältnis von Realem und

Abb. 32: »Beyond the fragile Geometry of Space«. Still aus Don't Look Now (dt. Wenn die Gondeln Trauer tragen), England/Italien 1973.

Imaginärem. Ebenso wie das Reale des Todes in die heile Welt dieser Familie einbricht, zersetzt die durch einen »Unfall« provozierte Störung der Fotografie die Repräsentation und bringt jenseits dieser die schlierige, a-signifikante Materialität des Mediums zum Vorschein. Die Materialität wiederum erweist sich als das Andere repräsentationaler Sichtbarkeit und entlarvt diese als Dispositiv, als diskursiv hergestellte »Ordnung der Sichtbarkeit«,[71] deren Kohärenz stets Gefahr läuft. unter dem Druck des Realen zu kollabieren. Jacques Lacan bemerkt zu dieser Qualität des Realen: »Aber es [das Reale] ist da, identisch mit seiner Existenz, *Lärm, in dem man alles hören kann*, und bereit, mit seinem Knallen alles zu versenken, was das ›Realitätsprinzip‹ da unter dem Namen der Außenwelt konstruiert.«[72] Frappierend ist die Stringenz, mit der Roeg diesen doppelten Einbruch des Realen inszeniert und diese beiden so verschieden scheinenden »Unfälle« ins Verhältnis setzt. Der Eindruck eines katastrophischen Einbruchs des Realen wird dabei nicht zufällig durch den Verlust bzw. den Rückzug der Sprache verstärkt, der die beschriebene Sequenz begleitet.[73] Die Opposition von Außen/Innen, welche die Sequenz strukturiert, wird orchestriert durch das Schweigen der beteiligten Figuren. Während innerhalb des Hauses zwischen den Eltern alles Wichtige nonverbal (Blicke, Gesten) vermittelt wird und die kurzen Gespräche sich auf Nichtigkeiten beschränken (»Wo sind die Zigaretten?«), ist die einzige Sprache, die im Garten im Umkreis der Kinder zu hören ist, ausgerechnet die sich wiederholende mechanische Tonbandstimme einer Puppe, mit der die Tochter spielt. Die Abwesenheit der Sprache

---

71 Vgl. zur diskursiven Herstellung von Sichtbarkeit: Crary 1996 und Geimer 2002.
72 Lacan 1980a, S. 208, Herv. M. R.
73 Die folgende Beobachtung verdanke ich einem Gespräch mit Jeon-Suk Kim.

verstärkt auf diese Weise den Eindruck des Unheimlichen, der über der gesamten Szenerie liegt.

Der Ablösung und Zersetzung der Repräsentation korrespondiert dann das Sterben des kleinen Mädchens und Roeg lässt filmisch keinen Zweifel am engen Zusammenhang dieser beiden Vorgänge (Abb. 29 und 30). Ebenso wie die Tochter in Zeitlupe ins Wasser abtaucht, um nie wieder lebend daraus hervorzukommen, geht die Repräsentation der Fotografie ins Chaos reiner Kontingenz ein, in ein Rauschen im informationstheoretischen Sinn. Dieses Rauschen jedoch ist das Lacansche Reale selbst, »Lärm, in dem man alles hören kann«, genauer: Das Rauschen ist hier so deutlich wie nur selten *ekstasis* des Realen, das im Modus der Störung in den Raum des Symbolischen und Imaginärem hineinragt und das »Realitätsprinzip« erodiert.

Welche vorläufigen Konsequenzen wären also für die Medientheorie aus dieser ubiquitären Insistenz des Realen qua Störung, von der Shannonschen *communication in the presence of noise* bis zu deren ästhetischer Implementierungen, zu ziehen?

Jacques Derrida zeigt in »Signatur Ereignis Kontext«[74] anhand einer Lektüre von Austins *How to do things with words*, dass das, was Austin in seiner Theorie der Sprechakte als »parasitär«, »verkümmert« und »unüblich«[75] aus dem Umkreis gelingender Sprechakte als theoretisch vernachlässigbare Störungen im oben skizzierten Sinn verbannen will, sich als das eigentliche Konstitutivum performativer Sprechakte erweisen lässt. Austins großer Wurf sei die Entdeckung des »*performative*«, einer Klasse von Sprechakten, die »tun was sie sagen«, also nicht prädikativ verfahren, sondern im Akt des Sagens *wirkungsmächtig* sind, Wirklichkeit erzeugen, soziale Realitäten schaffen. Nachdem Derrida nachgezeichnet hat, wie bei Austin das Gelingen performativer Äußerungen ständig auch die Möglichkeit des Misslingens und parasitärer, »uneigentlicher« Gebrauchsweisen mit sich führt, bemerkt er:

»Ich stelle also folgende Frage: ist diese allgemeine Möglichkeit diejenige eines Mißlingens oder eine *Falle*, in die die Sprache *fallen* oder sich wie in einem Abgrund verlieren kann, der außerhalb ihrer selbst oder vor ihr liegt?

---

74 Vgl. Derrida 1999b.
75 Ebd., S. 344.

Was hat es mit dem *Parasitentum* auf sich? Mit anderen Worten, *umgibt* die Allgemeingültigkeit der von Austin anerkannten Gefahr die Sprache wie einen *Graben*, ein äußerer Ort des Verderbens, aus dem der Sprechakt (*locution*) nie herauskäme, den er vermeiden könnte, wenn er bei sich selbst, in sich bliebe, im Schutze seines Wesens oder seines Telos? Oder ist diese Gefahr im Gegenteil seine innere und positive Möglichkeitsbedingung? Dieses Äußere sein Inneres? Die Kraft und das Gesetz seines Auftretens selbst?«[76]

Auch Derrida speist seine Metaphorik zur Beschreibung des Austinschen Misslingens letztlich aus dem semantischen Fundus der *turbatio* und erweitert diesen durch eine Topografie der Fallen, Gräben und Stürze. Die zentrale Pointe Derridas liegt dabei in der Umwertung der turbatorischen »Bedrohung«, indem er diese als positive Möglichkeitsbedingung profiliert. Welche Konsequenzen aber hat es, den »Ort des Verderbens«, den »Unglücksboten« und den nicht beeinflussbaren »Wirbel der Zeichen« als »positive Möglichkeitsbedingung« zu verstehen?

Bezüglich der Rede hat Ludwig Jäger im Anschluss an Derrida aufgezeigt, inwieweit Störungen als Positivität und Konstitutivum sprachlicher Kommunikation verstanden werden können. Die positiven Möglichkeitsbedingungen von Kommunikation zeigen sich hier im Modus dessen, was Jäger Störungt (t = »transskriptiv«) nennt und von der Störungu (u = »Unfall«) unterscheidet. Störungt ist als »kommunikativer Aggregatzustand«[77] bestimmt, der »Unterbrechungen der flüssigen Rede – gleichsam Time-out-Phasen [generiere] – in denen die klärende Ausarbeitung der Redeintention vorangetrieben werden kann, ohne dass die für die mündliche Rede charakteristischen rigiden Bedingungen des engen zeitlichen Verarbeitungsfensters für die Redeplanung über Gebühr wirksam werden.«[78] Im Unterschied zur Störungt wird Störungu als jene Art von Störung definiert, die dem informationstheoretischen Rauschen am ehesten entspricht, also einen Un- und Zufall im herkömmlichen Sinn beschreibt, der eine schlichte Unterbrechung, Diskontinuität herstellt.[79] Genau zu

76 Ebd., S. 345
77 Jäger 2004, S. 65.
78 Ebd., S. 46.
79 Zu dieser Form der Störung, ebd., S. 42 : »›Störung‹ gilt als Prädikat einer Klasse von sprachlichen Unfällen, von denen die Interaktanten betroffen sind – Unfälle etwa derart, (1) dass der Sprecher nicht in der Lage ist zu sagen, was er

dieser Klasse von Störung gehören jedoch jene Unfälle, die in Don't look now inszeniert sind. Es wäre schwierig, den Unfalltod des Mädchens und die fotochemische Störung des mysteriösen Diapositivs als »transskriptiv« auszuweisen. Es ist daher legitim zu fragen, ob die für Medien konstitutive Funktion von Störung, sich auf jene Klasse beschränkt, die Jäger Störungt nennt, oder ob nicht die in der Störung sich manifestierende *ekstasis* des Realen Perspektiven auf die *conditio* von Medien überhaupt zulässt und als Bestandteil der Eigenlogik auch technischer Medien profiliert werden kann.

4. Transparenz und Opazität

Bei Ludwig Jäger ist dem Modus der Störung innerhalb medialer Prozesse derjenige der Transparenz gegenübergestellt. Transparenz meint dabei diejenige Qualität von Medien, die dem Beobachter als *Eindruck einer Unmittelbarkeit* begegnet. Dieser Eindruck gilt nicht erst seit Fritz Heiders »Ding und Medium« von 1926 als Gelingensbedingung medialer Vollzüge überhaupt. Ein Medium erfüllt seine Funktion demnach erst dann, wenn es selbst im medialen Vollzug verschwindet, unsichtbar ist:

> »Ich richte z.B. meinen Blick auf ein Haus. Ganz nah vor meinem Auge be findet sich die durchsichtige Luft. Von ihr nehme ich nichts wahr, ich blicke durch sie hindurch. Ich sehe im Allgemeinen die Luft nicht, ich sehe nicht, welche speziellen Eigenschaften, Zustände sie hat. [...] Beim Wahrnehmen durch das Gehör liegen die Dinge meist ebenso. Wir hören z.B. eine Pfeife. Was zwischen uns und der Pfeife ist, wird übergangen, wir hören durch die Luft, wie wir durch die Luft sehen.«[80]

meint bzw. offensichtlich nicht meint, was er sagt, oder (2) dass der Rezipient nicht versteht, was der Sprecher sagt, oder nicht versteht, was der Sprecher mit dem, was er sagt, meint etc...«. An dieser Stelle ist auffällig, wie sehr sich die von Jäger unterschiedenen Störungsformen mit Lacans Einteilung von *tyché* und *automaton* decken. Während Störungt unschwer als jenes *automaton* zu identifizieren ist, das innerhalb der Rede die Maschine des Symbolischen in Gang hält, ist das tychische Moment der Störungu ebenfalls unübersehbar. Die in dem eben zitierten Satz anklingende doppelte Kontingenz des Missverstehens ist eine exakte Zusammenfassung jenes Beispiels einer »Antwort des Realen«, die Slavoj Žižek anhand von Ruth Rendalls »Talking to strange Men« aufzuzeigen versuchte.
80 Heider 2005, S. 32. Sybille Krämer formuliert im Anschluss an Heider: »Wir

Sybille Krämer präzisiert:

»Sie [die Medien] wirken gewöhnlich unterhalb der Schwelle unserer Wahrnehmung; im Gebrauch ›entziehen‹ Medien sich durch eine Art ›aisthetischer Neutralität‹: Nur im Rauschen, das ist aber in der Störung, bringen Medien sich selbst in Erinnerung, rücken sie ins Zentrum der Wahrnehmung. Medien kommen einer Reflexionsfigur entgegen, die, was ›Vermittlung‹ ist, so entfaltet, dass dabei der Eindruck einer ›Unmittelbarkeit‹ entsteht.«[81]

Diese Beobachtung kommt bereits bei Kierkegaard in genau diesem Sinne zum Ausdruck:

»Wenn ein Mensch so spräche, daß man den Schlag der Zunge hörte usw., so spräche er schlecht; wenn er so hörte, daß er die Luftschwingungen hörte statt des Wortes, so hörte er schlecht; wenn jemand ein Buch so läse, daß er beständig jeden einzelnen Buchstaben sähe, so läse er schlecht. Gerade dann ist die Sprache das vollkommene Medium, wenn alles Sinnliche darin negiert ist.«[82]

Hier ist die ganze Komplexität des Problems von medialer Transparenz und Opazität *in nuce* formuliert. Was bezüglich gelingender medialer Vollzüge nur noch als Störfall charakterisiert werden kann, treibt die Materialität des Mediums in ihrer Unabweisbarkeit hervor. Dadurch, dass die Sprache in Kierkegaards Beispiel nur dann als »vollkommenes Medium« fungieren kann, wenn »alles Sinnliche darin negiert ist«, wird eben diese Sinnlichkeit, die Materialität der Sprache, erst sichtbar – und zwar im Modus der Störung.

Lambert Wiesing hat zu Recht darauf hingewiesen, dass diese Figur medialer Transparenz ein Basistheorem phänomenologisch orientierter Medientheorie ist.[83] Wiesing wirft diesem Ansatz unter Berufung auf Matthias Vogel und Georg Christoph Tholen vor, den Medienbegriff zu sehr zu »entdifferenzieren«. Der Medienbegriff sei infolge

---

hören nicht Luftschwingungen, sondern den Klang der Glocke; wir lesen nicht Buchstaben, sondern eine Geschichte; wir tauschen im Gespräch nicht Laute aus, sondern Meinungen und Überzeugungen, und der Kinofilm läßt gewöhnlich die Projektionsfläche vergessen.« Krämer 1998, S. 74.

81   Krämer 2003, S. 81.
82   Kierkegaard 1998, S. 82.
83   Vgl. Wiesing 2005, S. 152 ff.

dessen von »substanzieller Aushöhlung bedroht«.[84] Gemeint ist die in der Medientheorie seit Marshall McLuhan zu verzeichnende Tendenz, die Bezeichnung »Medium« auch auf Phänomene auszuweiten, die der alltagssprachliche Medienbegriff nicht mehr beinhaltet, zum Beispiel Luft, Licht, Verkehrsmittel oder Elektrizität. Matthias Vogel bemerkt dazu:

> »Eine Alternative zur Abwendung der drohenden Äquivokation von Medien und Werkzeugen und der Entwertung des Medienbegriffs kommt nur in Sicht, wenn wir die Ziele, zu deren Realisierung Medien beitragen, von denen unterscheiden, die mit Hilfe von Werkzeugen oder bloßen Mitteln erreicht werden können.«[85]

Vergessen wird dabei, dass Medientheorie nach dem Verhältnis von Medium, »bloßem Mittel« und Werkzeug überhaupt erst einmal zu fragen hätte. Zu wissen, was die Ziele sind, zu deren Realisierung Medien, Werkzeuge und »bloße Mittel« (was immer das ist) benötigt werden, setzt eben jene vermeintlich klar umrissenen Begrifflichkeiten bereits voraus, die doch erst erarbeitet werden sollen. Diese *Arbeit am Begriff* ist – wie zu sehen sein wird – bereits bei Heidegger phänomenologisch präzise und komplex ausgearbeitet und hat das Gegenteil einer summarischen Äquivokation zur Folge. Mediale Transparenz bestimmt sich nicht entlang reiner Unmittelbarkeit (außer in einem sehr spezifischen Sinne bei Walter Benjamin, s.u.), sondern aus einem Spannungsverhältnis von Transparenz und Opazität heraus, welches bei genauem Hinschauen eben jene *differentia specifica* abgeben kann, die Lambert Wiesing mit Recht für den Medienbegriff einfordert.

Wiesings von Husserl übernommene Leitunterscheidung von »Genesis und Geltung« jedoch, die als *differentia specifica* von Medialität überhaupt dienen soll, ist, angewandt auf den Medienbegriff, eigentlich ein in die Husserlsche Terminologie rückübersetzter Zeichenbegriff, der Medien ohne Rest im Symbolischen verortet. Medien werden hier funktional von Materialität und Kontingenz abgekoppelt und sind im Zuge dessen nur noch als Produzenten »artifiziel-

---

84   Ebd., S. 152.
85   Vogel 2001, S. 144.

ler Selbigkeit«[86] konzipiert, deren materielles Agens gegenüber ihren Inhalten offenkundig als völlig indifferent gedacht ist (mit der Kunst als Sonderfall). Genesis wird als physikalisch-empirisch beobachtbare Materialität, Geltung hingegen als ein »nicht physikalisch faßbares Etwas«[87] definiert: »Geltungen sind ›ohne jeden Anteil an der Zufälligkeit der Akte mit ihrer Zeitlichkeit und Veränderlichkeit‹«.[88] Medien sind bei Wiesing als gleichzeitig Trennendes und Vermittelndes zwischen diesen beiden Polen angesiedelt. Trennend, weil sie den Unterschied von Genesis und Geltung erst als solchen sichtbar machen, vermittelnd, weil sie die Pole in Beziehung setzen. *Wie* das allerdings geschieht, bleibt völlig offen. Damit zusammen hängt auch die etwas merkwürdige Idee vom Medium als eines Mittels, das für Menschen etwas wahrnehmbar macht, das »keine physikalischen Eigenschaften hat«.[89] Offenbar sind mit »Geltung« im medientheoretischen Zusammenhang also ausschließlich mentale Bilder, Semantiken oder Signifikate gemeint. Das lässt letztendlich nur noch Zeichen als Medien zu, woran sich gleich die Frage anschließen ließe, ob hier in der Absicht, der »Entdifferenzierung« des Medienbegriffs entgegen zu wirken, nicht etwas über das Ziel hinausgeschossen wird. Denn: Aufgrund einer solchen Definition ist nur schwer plausibel zu machen, inwiefern auch nur technische Medien in diesen Medienbegriff integriert werden könnten. Denn technische Medien wie Fotografie, Grammophon oder auch Computer »transportieren« oder speichern natürlich keinen »Sinn« oder »Geltung«, sondern auf materialer Ebene eben zunächst einmal »nur« Information, *Daten,* und es kann für eine Medientheorie, die eben *nicht* mit Zeichentheorie zusammenfällt, nicht trivial sein, *wie* sie das machen. Die »Geltung« entsteht erst im Überspringen dieser Medialität des Mediums, was eben jenes Problem der Transparenz wieder ins Spiel bringt, von dem Lambert Wiesing sich abzusetzen versucht. Die von einem Tonband aufgenommene Stimme zum Beispiel ist in ihrer temporalen Ereignishaftigkeit und physikalisch-empirischen Beobachtbarkeit in Form von Schallwellen gewiss »Genesis«, während die Bedeutung des Ge-

---

86 Wiesing 2005, S. 157.
87 Ebd., S. 155.
88 Ebd., S. 155.
89 Ebd., S. 158. Diese These wird absolut gesetzt: »Sie [die Medien] machen ausschließlich Dinge sichtbar, die ohne Medien überhaupt nicht sichtbar sein könnten, weil sie physiklos sind.« Ebd., S. 160.

sprochenen, Gesungenen, Geschrieenen und sei sie auch nur indexikalisch, sicherlich »Geltung« ist. Das Tonband selbst wird jedoch innerhalb der von Lambert Wiesing vorgeschlagenen Unterscheidung genauso zum blinden Fleck wie die Materialität der Stimme und ihre Transformation (Verzerrung, Verfälschung usw.) in der Wahrnehmung. Dieses Dritte, das das Medium ist, mag zwischen Genesis und Geltung angesiedelt sein, nur ist ausgerechnet die Medialität des Mediums mit diesen Kategorien überhaupt nicht in den Blick zu bekommen. Auf diese Weise insistiert mediale Selbstsubtraktion in der Transparenz auch noch in der Begrifflichkeit einer Medientheorie, die diese marginalisieren will.

Die Beschreibung der im Medium stattfindenden Dynamik von Transparenz und Opazität ist ein ureigenes Anliegen der Medientheorie, und zwar nicht erst seit Kierkegaard, der Phänomenologie oder Fritz Heider, sondern, wie Walter Seitter herausgestellt hat, bereits bei Aristoteles:

»Die Unterscheidung zwischen Eigenkörperlichkeit und Fremdkörperlichkeit überspielt Aristoteles mit seinem nichtanthropozentrischen Körperbegriff, dem zufolge sämtliche Körper aus den vier Elementen – alternativ oder additiv – bestehen. Die komplexeste Körperlichkeit ist diejenige des Sehmediums, welches Aristoteles das Durchscheinende [*Diaphanes*, M.R.] nennt und das eine Eigenschaft der Luft, des Wassers sowie auch vieler Festkörper und vor allem des Himmelskörpers ist. Das Durchscheinende ist entweder nur potenziell: dann ist es das Dunkel. Oder es ist aktuell Durchscheinendes: dann ist es Licht.«[90]

Das Diaphane ist bei Aristoteles nicht bloß eine Eigenschaft, ein Akzidens des Medialen, sondern geradezu *dieses Mediale selbst*.[91] Wobei schon bei Aristoteles Transparenz im Sinne des aktuell Durchscheinenden die bis in die heutige Medientheorie virulente Figur

---

90 Seitter 2002, S. 34.
91 Die aristotelische Substantivierung von *metaxu* (gr. zwischen) zu *ta metaxu* (gr. das Zwischen) sowie der in der aristotelischen »Medientheorie« zentrale Begriff des Diaphanen gehören zu den wichtigsten Quellen des Medienbegriffs, wobei sich das darin enthaltende Problem von Transparenz und Opazität bis heute erhalten hat. Es ist sicher unschwer zu erkennen, dass die vorliegende Arbeit sich auch als Beitrag zu diesem Problemkreis versteht. Vgl. hierzu: Hagen 2008.

»gelingender Kommunikation« bzw. »aisthetischer Neutralität« entscheidend vorbereitet.

So essentiell »aisthetische Neutralität« als Gelingensbedingung medialer Vollzüge auch ist, verstellt sie doch den Blick für das Andere dieser Neutralität, auf das sie stets bezogen bleibt. Heiders »Ding und Medium« nimmt 15 Jahre vor Shannon die bedrohlich-interzeptive Qualität der Störung theoretisch vorweg und bringt sie folgenreich in sein Medienkonzept ein.[92] Ludwig Jäger hingegen lässt die Störung als dieses Andere »aisthetischer Neutralität« zur Geltung kommen, indem er mediale Vollzüge zumindest in einer Dynamik von Störungt und Transparenz oszillieren lässt. Während jene Dynamik jedoch eher eine inhärente Prozesslogik des Medialen unter dem Gesichtspunkt gelingender Kommunikation im Sinne der Kybernetik und Informationstheorie beschreibt,[93] werden mediale Vollzüge in der Konfrontation von Störungu und Unmittelbarkeit/Transparenz zu genuin *ästhetischem Erleben*. Jene Dynamik ähnelt dann eher derjenigen, die Hans-Ulrich Gumbrecht ästhetischem Erleben überhaupt attestiert, nämlich der Spannung zwischen Sinn- und Präsenzphänomenen.[94] Bei Gumbrecht bewegt sich ästhetisches *Erleben*, das er im Sinne Husserls von der *Erfahrung* abgrenzt, zwischen semiotisch-»metaphysisch« ausgerichteten »Sinneffekten« und

---

92 »Es gibt undurchsichtige Medien und undurchsichtige Dinge. Der Nebel ist etwas, das für uns keine grobdingliche Bedeutung hat, man kann sich in ihm wie in ›leerer Luft‹ bewegen; aber in ihm werden die Zuordnungen der Lichtwellen zu den Dingen gestört. Eine andere Ausnahme ist das Glas. Es ist nicht fähig dem Wellengeschehen charakteristische Eigenanordnungen aufzuprägen, es läßt die Ordnungen durch, leitet sie weiter, wie ein Medium. Aber es ist eine grobdingliche Einheit, Glas ist ist ein fester Körper. Diese Ausnahmen haben biologische Bedeutung. Seeleute und Bergsteiger kommen im Nebel um, und die kleinen Vögel gehen zu Grunde, wenn sie sich an diese Ausnahme nicht angepaßt haben und mit dem Schnabel gegen Fensterscheiben stoßen.« Heider 2005, S. 70–71. Zwar gilt Heider das Glas nicht als Medium, da diesem als »festem Körper« eben jene Eigenschaft loser Kopplung von Elementen fehlt, die für Heider ebenso wie später für Luhmann – dessen Medium/Form Differenz auf Heiders Arbeit beruht – für ein Medium konstitutiv ist. Jedoch ist hier mit der interzeptiven Störung des Mediums bereits jene *ekstasis* des Realen bezeichnet, an der sich nur wenig später auch das Lacansche Subjekt »den Schnabel stoßen« wird.
93 Es ist daher sicher kein Zufall, dass Jägers Beschreibung des transkriptiven Prozesses innerhalb »gelingender Kommunikation« exakt analog funktionierender Programmabläufe von Software konzipiert ist. Vgl. Jäger 2004, S. 47.
94 Gumbrecht 2004, S. 129 ff..

einer widerfahrenden, ekstatischen Ebene von »Präsenzeffekten«. Zentral ist dabei, »daß die Spannung/Oszillation zwischen Präsenz- und Sinneffekten den Gegenstand ästhetischen Erlebens mit einer Komponente provozierender Instabilität und Unruhe ausstattet.«[95] Diese Unruhe/Instabilität – es ist an dieser Stelle einmal mehr die insistierende Qualität der *turbatio* als *ekstasis* des Realen zu erkennen – sorgt dafür, dass die beiden Ebenen nie zu einer »stabilen Komplementaritätsstruktur«[96] gerinnen. In dieser Spannung/Oszillation sieht Gumbrecht das Spezifikum ästhetischen Erlebens, und es wird nach allem Gesagten nicht allzu sehr verwundern, dass die Erlebbarkeit dieses Spannungsverhältnisses von den »medienspezifischen Modalitäten«[97] des ästhetischen Gegenstands abhängig gemacht wird.

Jenes unauflösbare Spannungsverhältnis von Störungu und Transparenz ist deswegen der Unterscheidung von Präsenz- und Sinneffekten im Gumbrechtschen Sinn analog, da aisthetische Neutralität natürlich eine unhintergehbare Möglichkeitsbedingung von »Sinn« überhaupt ist. Sinn kann erst dann hermeneutisch extrahiert werden, wenn die medienspezifischen Modalitäten dergestalt sind, dass mediale Oberflächen im Hinblick auf eine dahinterliegende »Tiefendimension« transparent werden, Information also von Rauschen überhaupt unterscheidbar ist. Wer einer Sprache nicht mächtig ist, dem bleibt deren Sinndimension bereits auf pragmatisch-semantischer Ebene verschlossen, die mediale Oberfläche verschließt sich zur Opazität. Das »Reich der Zeichen« wird zum Reich reiner Signifikanten, reiner Syntaktik und dieses ist, aus informationstheoretischer Perspektive, vom Rauschen nicht mehr unterscheidbar. In »Das Reich der Zeichen« hat Roland Barthes allerdings anhand dieses Beispiels gezeigt, dass eben jener Verlust an medialer Transparenz einen ungeheuren Gewinn an ästhetisch/aisthetischer *Signifikanz* eröffnet, die eben nicht sinnzentriert ist.[98] Die gesprochene unbekannte Sprache, ebenso wie deren Schrift eröffnen den Blick auf deren Materialität, die sich als solche eben nur *zeigt*, jedoch nicht *sagen* lässt, weswegen Barthes konsequenterweise gleich zu Anfang betont, dass

---

95   Ebd., S. 128.
96   Ebd., S. 130.
97   Ebd., S. 130.
98   Barthes 1981.

das, worüber er schreibt, nicht Japan ist, sondern ein System, das er Japan *nennt*.[99] Es handelt sich also nicht um eine hermeneutische oder semiologische *Interpretation* Japans, sondern explizit um eine Darstellung der *Wirkungen*, die Japan auf ein Subjekt namens Roland Barthes ausübt. Diese Materialität gehört zur Ebene der »Präsenzeffekte«, die sich eben der Opazität, eines Sich-Verschließens des Mediums verdankt. Dieses Spannungsverhältnis lässt sich bis in die Verfasstheit und Genese auch nichtsprachlicher Medien hinein verfolgen. Auch ist dieses Phänomen nicht jenem Bereich exklusiv, der dezidiert künstlerische Äußerungen beinhaltet.

Am Beispiel der Fotografie hat Peter Geimer gezeigt, wie das Spannungsverhältnis von Transparenz und Opazität in die historische Genese des Mediums Fotografie eingeschrieben ist. Nachdem Geimer ein besonders »schönes« Exemplar eines fotochemischen Unfalls analysiert hat,[100] resümiert er:

> »Dieses letzte Beispiel macht sehr deutlich, was geschieht, wenn die Materialität der Fotografie die Repräsentation der Welt heimsucht. Das Bild zerfällt in zwei Teile – auf der rechten Seite: Berninis Kolonnaden von St. Peter in Rom, auf der linken Seite: das sinnlose Werk der Fotochemie. In der Hitze der Trockenpresse ist der Referent zerschmolzen. In der Kontemplation solcher Spuren konnten die Fotografen die authentische Erfahrung dessen machen, was Martin Heidegger später ›die Modi der Auffälligkeit, Aufdringlichkeit und Aufsässigkeit‹ genannt hat. Diese Modi treten in Erscheinung, wenn Zeug seine Zuhandenheit verliert, wenn es, statt seinem Benutzer wie gewohnt zur Hand zu sein, nicht zur Stelle ist, seinen Dienst versagt oder beginnt zu stören. ›In solchen Entdeckungen der Unverwendbarkeit fällt das Zeug auf‹.«[101]

Eine Formulierung wie die von der »Heimsuchung« der Repräsentation durch die Materialität des Mediums ist dabei nicht zufällig

---

99   Ebd., S. 13.
100   Geimer 2002, S. 324. Es handelt sich um eine »misslungene« Fotografie (einem »Handbuch der Photographie« von 1930 entnommen), deren linke Bildhälfte durch das Abschmelzen der Emulsion infolge zu großer Hitze beim Trocknen der Negative schlierige Spuren aufweist, die in den noch erkennbar intakten rechten Teil der Bildhälfte bedrohlich einzudringen scheinen.
101   Ebd., S. 324.

gewählt. Tatsächlich zeigt sich an der Grenze zum »Chaos«, der Störung und des kontingenten Unfalls die Materialität des Mediums als etwas, das die Sphäre der Repräsentation zutiefst beunruhigt. Heideggers Diktum, dass sich hier das »Zeug« im Modus der »Aufdringlichkeit« und »Aufsässigkeit« als solches erst eigentlich zeige, beschreibt präzise diese Widerständigkeit des Medialen gegenüber dem Sinn, der Repräsentation, die es doch erst ermöglicht. Das Gewaltsame dieses Vorgangs klingt in Heideggers Formulierungen deutlich an; das »Abschmelzen des Referenten« ist das Trauma des Sinns, sozusagen der semiotisch-hermeneutische GAU. Jedoch: »Die Penetranz der Störung ist mithin nichts Negatives, kein Defizit, kein Ausnahmefall der Fotografie, sondern im Gegenteil eine ihrer möglichen Manifestationen.«[102] Im Folgenden beschreibt Geimar, wie sich Wissenschaft um 1900 diese Widerständigkeit des Mediums Fotografie zum Zweck der Aufzeichnung des Unsichtbaren zunutze macht. Röntgenstrahlung, Radioaktivität, Elektrizität, Infrarot und Hitze hinterlassen Spuren auf der fotografischen Platte und rücken somit in das Feld des Sichtbaren ein. Jedoch ist dieser Erkenntnisgewinn um den Preis der Unentscheidbarkeit von Rauschen und Referenz erkauft: »Ob die Effekte einer experimentellen Anordnung also Entdeckung oder Rauschen, Stoff für einen Nobelpreis oder Anlaß zur Reklamation sind, ist nicht immer zu entscheiden.«[103] Aufgrund dieser Unentscheidbarkeit kann die fotografische Platte dann auch Medium im okkulten und spiritistischen Sinn werden. Die »Fotografie des Unsichtbaren«, also der Versuch der Abbildung und somit Speicherung physikalischer Phänomene wie Röntgenstrahlung oder Infrarot, steht um 1900 auf dem selben schwankenden Boden wie die zur selben Zeit populäre »Geisterfotografie«.[104]

Auf dieser Ebene ist das Verhältnis von Transparenz und Opazität der Störung derart basal, dass eigentlich überhaupt nicht mehr sinnvoll entschieden werden kann, was Störung und was Repräsentation ist. Was bleibt, ist das reine »Dass«, die Widerständigkeit im Modus der *ekstasis* des Realen. Dabei ist streng genommen noch nicht einmal entscheidbar, ob es sich überhaupt um einen »Abdruck«, die Spur eines zweiten, eine ›Secondness‹ im Sinne von Peirce handelt.

---

102 Geimer 2002, S. 326.
103 Ebd., S. 332.
104 Ebd., S. 329.

Folglich betont auch Geimer die konstitutive Funktion von »Störung« und resümiert: »›Der [fotografischen] Platte ist alles gleichgültig‹ – das heißt eben auch, daß dem Auftritt des Referenten ein unbefragbares Rauschen vorausgeht.«[105] Dieses Rauschen fällt unter Martin Heideggers Kategorie des »Unzuhandenen«, worauf noch einzugehen sein wird.

Die »Heimsuchung« der Repräsentation durch die Materialität des Mediums bedeutet also eine Störung sowohl des Symbolischen als auch des Imaginären. Es geht hier augenscheinlich um eine Transgression, um die Überschreitung einer Grenze. Das scheinbar so verlässliche, *heimlich/heimelige*, weil brav mimetisch-indexikalische Medium der Fotografie wird in dem Moment unheimlich, in dem Kontingenz die Mimesis heimsucht und somit das Signal – ganz wie bei Shannon – sich als Ausnahmefall des chaotischen Rauschens entpuppt und nicht umgekehrt. Sigmund Freud hat in seiner Schrift »Das Unheimliche« nach einer langen etymologischen Herleitung bekanntlich genau dieses Umkippen des Begriffs in sein Gegenteil, die Ambivalenz von »heimlich«, als das Residuum des Unheimlichen selbst bestimmt: »Also heimlich ist ein Wort, das seine Bedeutung nach einer Ambivalenz hin entwickelt, bis es endlich mit seinem Gegensatz unheimlich zusammenfällt. Unheimlich ist irgendwie eine Art von heimlich.«[106] In diesem Zusammenhang ist ihm vor allem ein Zitat Schellings wichtig, das er Daniel Sanders Wörterbuch von 1860 entnimmt: »Un-h. nennt man Alles, was im Geheimnis, im Verborgenen [...] bleiben sollte und hervorgetreten ist.«[107] Letzteres ist, wie weiter oben zu sehen war, präzise der Moment der Transgression, die diffuse Grenzlinie zwischen Rauschen und Repräsentation. Was in der »Heimeligkeit« fotografischer Mimesis verborgen bleiben soll, ist ihre Geburt aus der reinen Kontingenz und genau jene tritt im Modus des fotochemischen »Unfalls«, der heideggerischen »Aufsässigkeit« des »Zeugs« hervor. Es geht hier exakt um eine Ambivalenz im Freudschen Sinne des Unheimlichen, die – um es in Lacanschem Duktus zu formulieren – ein Loch ins Symbolische und Imaginäre reißt, aus dem das Reale hervorquillt.

---

105 Ebd., S. 341.
106 Freud 1993, S. 145.
107 Ebd., S. 143.

Dieses Reale ist der Ort, bzw. Un-Ort, die *Dystopie* des Rauschens, das »Angstobjekt par excellence«.[108] Es ist hier jedoch einmal mehr wichtig, das Reale, wie es von Lacan als Kategorie etabliert wird, nicht zu ontologisieren. Denn die diversen, immer wieder neu unternommenen Umschreibungen dieser Kategorie bei Lacan gelten dem Zweck, das Reale als solches nicht auf den Begriff zu bringen und doch spürbar zu machen. Nur so kann die entscheidende Differenz zur *Realität* aufrechterhalten werden, die eine Funktion der Lacanschen drei Ordnungen ist und somit nicht mit der Sphäre des Realen allein identifiziert werden darf.[109]

Auch im Bereich der Mensch-Maschine-Interaktion digitaler Medien lässt sich entgegen aller Rede von totaler Immersion und Virtual Reality (VR) eine Dynamik aus »Gewähren und Verweigern« ausmachen, der in Form der »pyknoleptischen Immersion« eben jene Spannung von Transparenz und Störung, Sinn- und Präsenzeffekten zugrunde liegt.[110] Der Begriff »pyknoleptische Immersion« versucht durch eine bewusst paradoxe Begriffskombination das erwähnte Spannungsverhältnis zu bezeichnen. Während Immersion auf eine möglichst bruchlose Täuschung der Sinne abzielt, bezeichnet der der »Dromologie« Paul Virilios entlehnte Begriff der Pyknolepsie eine Absenz, ein ruckartig-momenthaftes Heraustreten aus der »Realität«.[111] Zwar wird absolute Transparenz, also das »Verschwinden« des Interfaces, gerne als Telos von VR-Technologien propagiert,[112] jedoch lässt sich zeigen, dass die Dynamik von Transparenz und Unterbrechung (Störung) auch für den Umgang mit digitalen Benutzeroberflächen konstitutiv ist:

---

108 Lacan 1980a, S. 211.
109 Nur wenn diese Differenz streng eingehalten wird, kann auch das Problem virtueller Realität abseits einer postmodernistischen Reformulierung des Höhlengleichnisses gewinnbringend neu gestellt werden. Vgl. dazu Žižek 2001.
110 Rautzenberg 2002, S. 69.
111 Virilio 1986, S. 9.
112 Vgl. etwa Bolter/Grusin 2000; Bühl 1996; Hayles 1999. Vor allem ist hier jedoch Gui Bonsiepes einflussreiche Interfacetheorie zu nennen, die reine Transparenz als Idealfall eines User-Interfaces propagiert: Bonsiepe 1996. Dieses Ideal datiert bereits auf die ersten *Human-Interface-Guidelines* der Firma Apple zurück, deren WYSIWYG-Ansatz (*what-you-see-is-what-you-get*) bis heute das Design gängiger GUIs (*Graphical-User-Interface*) maßgeblich prägt.

»Zwar ist ›flow‹ tatsächlich in dem Moment zu verzeichnen, in dem die ›muscle memory‹ eine bewußte Einflussnahme nicht mehr erfordert, gleichzeitig mäandert dieser spezifische Bewußtseinszustand aber immer wieder ins Leere, wird durch die Erfordernisse des Spiels selbst immer wieder unterbrochen. Dieses ständige Unterbrechen des ›flow‹ ist das Ergebnis der spezifisch dynamischen Struktur des Bildschirmspiels, dessen Immersionseffekt des ›flow‹ auf einem fragilen Gleichgewicht zwischen den individuellen motorischen und kognitiven Fähigkeiten des Spielers und den Erfordernissen der jeweiligen Spielsituation beruht.«[113]

Auch und gerade im Umgang mit digitalen Benutzeroberflächen zeigt sich die »Gegenwendigkeit« des Mediums, und zwar nicht nur auf der jedem Computerbenutzer nur allzu vertrauten Ebene des »Absturzes«, also dem schlichten Programmfehler. Entgegen aller Verschwindensrhetorik, wie sie gegenüber Neuen Medien nicht erst seit Jean Baudrillard[114] immer wieder gerne ins Feld geführt wird, zeigt sich die Kippfigur von Transparenz und Unterbrechung hier auf unvermutet leibliche Art und Weise, indem das Immersionserlebnis angesichts von VR-Technologien eng an Leib und *aisthesis* gekoppelt bleibt. Der Leib zeigt sich hier in seiner Widerständigkeit und wird als Insistenz des Realen spürbar, indem er sich »totaler Immersion« – also der Ununterscheidbarkeit von VR und Realität[115] – widersetzt, Widerstand leistet. Dies zeigt sich im Extremfall im Phänomen der »Simulator Sickness«, die sich in Verbindung mit VR-Erlebnissen wie der »Cave« einstellen kann:

»Es fehlen die Worte, wenn man genauer beschreiben will, was die Gegenwart der Computerbilder, in die man eingetaucht ist, auszeichnet. Das eigene Befinden lässt sich indes eher fassen. Es erinnert an die Symptome der Seekrankheit: Schwindel, Übelkeit, Kopfschmerz, Benommenheit, Schlappheit,

---

113 Rautzenberg 2002, S. 73.
114 Vgl. etwa Baudrillard 1978, oder auch – entgegen den Verheißungen des Titels – Kamper/Wulf (Hrsg.) 1982.
115 »Die virtuelle Realität zielt in ihrem technologischen Kern auf die Sinnestäuschung der Menschen ab. Der Betrachter, der in die vom Rechner erzeugte virtuelle Welt eintritt, soll den Eindruck einer subjektiv erlebten Wirklichkeit haben. Die vom Rechner erzeugten Sinneseindrücke sollen die Sinne des Menschen bis zur Perfektion täuschen.« Bühl 1996, S. 70.

Desorientierung und allgemeines Mißbefinden. Außenstehende sehen, daß man blaß und zittrig wird und schwitzt.«[116]

Im Gegensatz also zur Verschwindensrhetorik »apokalyptischer« Medientheorie ist gerade angesichts digitaler Medien zu betonen, »daß die Simulationstechnik virtueller Realitäten voraussetzt, daß der faktische Ort des Leibes und der virtuelle Ort der Interaktion divergieren. ›Cyberspace‹ setzt also die Differenz von virtueller Realität und leibsituierter Außenwelt voraus.«[117]

In Bezug auf das Reale bei Lacan sind eingedenk der verhandelten Beispiele vor allem zwei Aspekte auffällig: Die Verbindung des Realen mit dem Zufall, der *tyché*, sowie das Moment der Gewaltsamkeit dieses Einbruchs des Realen: die Heideggerische »Aufsässigkeit« des »Zeugs« in der »Penetranz der Störung«. Wenn es eine Konstante in Lacans Umschreibungen des Realen gibt, so ist es die des Zufalls, der *tyché* im invertierten aristotelischen Sinn. Dieses Chaos radikaler Kontingenz ist allerdings nichts Ephemeres, das ignorierbar wäre, im Gegenteil: Das Reale als solches insistiert auf eine Weise, dass es in dem Augenblick, in dem es an den Rändern des Symbolischen und Imaginären deren Sphäre tingiert, deren Ordnungen erodiert und die Kohärenz derselben als Phantasma entlarvt. Genau hierfür ist das zitierte »Abschmelzen des Referenten« im fotochemischen Unfall ein Beispiel. Denn, was ist dieser »Lärm, in dem man alles hören kann«[118] anderes als die Ununterscheidbarkeit von Rauschen und Signal, also das Rauschen selbst als *ekstasis* des Realen?

5. Jenseits von Transparenz und Opazität

5.1 Martin Heideggers Begriff des »Unzuhandenen«
Peter Geimers Hinweis auf die Paragraphen 15 und 16 in Martin Heideggers *Sein und Zeit* ist in seiner Relevanz für das Verständnis der Dynamik von medialer Störung und Unmittelbarkeit, Opazität und Transparenz kaum zu überschätzen. Während Hans-Ulrich Gumbrecht für seine Theorie ästhetischen Erlebens naheliegenderweise

---

116 Schönhammer 2001, S. 69.
117 Krämer 1997, S. 36.
118 Vgl. S. 150.

vor allem Heideggers Kunstwerkaufsatz heranzieht und das Verhältnis von Präsenz- und Sinneffekten mit Heideggers Beschreibung der Dynamik von »Erde und Welt« korreliert,[119] sind für die Betrachtung der »medienspezifischen Modalitäten« ästhetischen Erlebens Heideggers Ausführungen zur »Störung der Verweisung« zu ergänzen. Hier kann die beschriebene »turbatorische« Qualität medialer Phänomene in einen Zusammenhang gebracht werden, der einen Blick auf die Vollzugslogik von Medien erlaubt, so wie sie innerhalb der künstlerischen Moderne thematisiert wird und sich im täglichen Umgang auch mit digitalen Medien manifestiert. Es zeigt sich dabei, dass die Kategorie der »Störung« nicht nur ein Mittel der Kunst ist, um gegen den vermeintlichen »Bann« medialer »Mystifikation«[120] zu opponieren. Vielmehr ist »Störung« der Seinsweise von Medien konstitutiv eingeschrieben.

Innerhalb der Analyse des »in der Umwelt begegnenden Seienden« spricht Heidegger von dem »Zeug«, das sich im alltäglichen Umgang durch seine »Zuhandenheit« definiert. Zwar spricht er natürlich an keiner Stelle von *Medien* – seine Beispiele kommen, der »Zeug«-Metaphorik geschuldet, hauptsächlich aus dem Bereich der Werkzeuge –, jedoch legitimieren Heideggers weitere Charakterisierungen des »Zeugs« diese Engführung. Dabei ist zu beachten: »Zeug« ist kein Synonym für »Medium«. Heideggers Zeug-Analyse hilft jedoch, die spezifische Vollzugslogik von Medien im Spannungsfeld von *aisthesis* und *semiosis* näher zu bestimmen, da Medien auf eine bestimmte Weise sehr wohl Zeugcharakter haben, Zeuge jedoch nicht zwangsläufig Medien sind.[121]

Zur Definition des »Zeugs« gehört, dass die Seinsart von Zeug im *Herausstellen* besteht.[122] Dieses Herausstellen verdankt sich dem gleichzeitigen Zurückziehen des Zeugs als solchem. Diese Dynamik wurde oben im Zusammenhang mit medialen Vollzügen bereits mehrfach besprochen, es handelt sich um den Aspekt der Transparenz des Mediums, seiner »aisthetischen Neutralität«. »Zeug« fügt sich der Zuhandenheit erst dann, wenn es im oben beschriebenen

---

119 Gumbrecht 2004, S. 85 ff.
120 Vgl. Mersch 2004, S. 81.
121 Erschwerend kommt hinzu, dass »Zeug« etymologisch zu weiten Teilen mit »Maschine« und »Gerät« zusammenfällt. Diese Bedeutung transportiert sich bis heute im Begriff des »Zeughauses«.
122 Heidegger 1993, S. 68.

Sinne transparent ist: »Das Eigentümliche des zunächst Zuhandenen ist es, in seiner Zuhandenheit sich gleichsam zurückzuziehen, um gerade eigentlich zuhanden zu sein.«[123] Wie dieses »Zurückziehen« vorzustellen ist, zeigt Heidegger im Zusammenhang seiner Kritik an Descartes:

> »Für den, der zum Beispiel eine Brille trägt, die abstandsmäßig so nahe ist, daß sie ihm auf ›der Nase‹ sitzt, ist dieses gebrauchte Zeug umweltlich weiter entfernt als das Bild an der gegenüber befindlichen Wand. Dieses Zeug hat so wenig Nähe, daß es oft zunächst gar nicht auffindbar wird. [...] Das gilt zum Beispiel auch von der Straße, dem Zeug zum Gehen. Beim Gehen ist sie mit jedem Schritt betastet und scheinbar das nächste und Realste des überhaupt zuhandenen, sie schiebt sich gleichsam an bestimmten Leibteilen, den Fußsohlen, entlang. Und doch ist sie weiter entfernt als der Bekannte, der einem bei solchem Gehen in der ›Entfernung‹ von zwanzig Schritten ›auf der Straße‹ begegnet.«[124]

Ohne natürlich mit Benjamins Aura-Begriff irgendetwas zu tun zu haben, zeigt sich hier das Zeug im Zuge einer Widerlegung des »naturwissenschaftlich-mathematischen Ontologen Descartes«[125] als »Ferne, so nah sie auch sein mag«[126], denn das Zeug ist eben deswegen am weitesten entfernt, oder gar nicht erst »auffindbar«, *weil es so nah ist.* Dieser Umstand korrespondiert der Seinweise von Medien, wie sie fast zeitgleich mit »Sein und Zeit« Fritz Heider als Definitionskriterium des Medialen beschreibt und Sybille Krämer dann als »aisthetische Neutralität« bestimmt.

Zentral ist hierbei auch, dass »Zeug« bei Heidegger nicht einfach als Objekt oder »Ding«, sondern im Modus der Zuhandenheit vor allem als *Vollzug* konzipiert ist: »Der Umgang mit Zeug unterstellt sich der Verweisungsmannigfaltigkeit des ›Um-zu‹.«[127] Dieses »Um-zu« ist der Verweisungszusammenhang, in den Zeug immer schon eingebettet ist. Nur in diesem, im Vollzug des tätigen Umgangs, begegnet Zeug im Modus der Zuhandenheit. Instruktiv ist dabei die Tatsache, dass,

---

123 Ebd., S. 69.
124 Ebd., S. 107..
125 Kittler 2001, S. 230.
126 Benjamin 1977a, S. 142.
127 Heidegger 1993, S. 69.

obwohl Heidegger seinen Zeug-Begriff vom griechischen *prágma* ableitet,[128] Zeug weder als »Ding« noch als »Handlung« im Sinne von *prâxis* definiert ist, beide Konnotationen jedoch stets mitführt. Auf diese Weise oszilliert der Begriff zwischen den beiden Polen, ohne je in dem einen oder anderen gänzlich aufzugehen, und eben das macht den Zeug-Begriff und die diesem zugrundeliegende »Verweisungsstruktur« für die Medientheorie fruchtbar.

»Zeug« verschwindet also im Zusammenhang der Zuhandenheit ebenso wie Medien innerhalb eines »gelingenden«, d.h. ungestörten Vollzugs. Wie Medien wird »Zeug« erst dann überhaupt wahrnehmbar, wenn die Transparenz des »Um-zu« sich durch »Störung« trübt (*turbidus*), wenn das »Zeug« *unzuhanden* wird: »Dieses Unzuhandene stört und macht die *Aufsässigkeit* des zunächst und zuvor zu Besorgenden sichtbar.«[129] »Auffälligkeit, Aufdringlichkeit und Aufsässigkeit«[130] sind die Modi, in denen die Dynamik von Transparenz und Störung *erlebbar* wird, jedoch, und das ist zentral, nicht dergestalt, dass beide Ebenen wie chemische Elemente auseinanderfallen und isoliert beobachtet werden könnten, sondern in sozusagen *flüssigem* Zustand, als Schwellenphänomen, das ständig zwischen Transparenz und Opazität changiert:

»Die Modi der Auffälligkeit, Aufdringlichkeit und Aufsässigkeit haben die Funktion, am Zuhandenen den Charakter der Vorhandenheit zum Vorschein zu bringen. Dabei wird aber das Zuhandene noch nicht lediglich als Vorhandenes *betrachtet* und begafft, die sich kundgebende Vorhandenheit ist noch gebunden in der Zuhandenheit des Zeugs. Dieses verhüllt sich noch nicht zu bloßen Dingen. Das Zeug wird zu ›Zeug‹ im Sinne dessen, was man abstoßen möchte; in solcher Abstoßtendenz aber zeigt sich das Zuhandene als immer noch Zuhandenes in seiner unentwegten Vorhandenheit.«[131]

---

128 Ebd., S. 68. Friedrich Kittler dazu: »Auf griechisch hießen die Dinge *ta prágmata*, dasjenige also, ›womit man es im besorgenden Umgang‹, auf griechisch also in der ›prâxis‹, ›zu tun hat‹. Solche Dinge aber sind weder Fixsterne noch Massepunkte, weder mathematisch-ideale Geschoßparabeln noch physikalische Atome. Im alltäglichen Umgang geht es nur um Schreiben und Nähen, Handwerken, Fahren und Messen. Weshalb Heidegger das griechische *prágma* gar nicht mit Ding übersetzt, sondern in einem bezeichnenden Rückgang auf das Alltagsdeutsche mit Zeug.« Kittler 2001, S. 229.
129 Heidegger 1993, S. 74.
130 Ebd., S. 74.
131 Heidegger 1993, S. 74.

Hierbei wird zweierlei deutlich. Zunächst geht es hier um ein Erleben, ein »sich kundgeben«, um etwas, das *sich zeigt*, einen Prozess und nicht um eine passiv-extrinsische Rezeptions- oder Beobachtungsform. Nicht nur Heideggers dreifache Verwendung des »noch« bzw. »noch nicht« ist dafür Indiz. Das »Aufdringliche« ist die Erfahrung des Widerstandes, wie sie Lacan später dem Realen attestieren wird.[132] Daher kann das »Zeug« im Modus der Aufsässigkeit nicht von außen betrachtet oder »begafft« werden, *es ist Widerfahrnis des gleichzeitig Zu- und Vorhandenen im Modus des Unzuhandenen.* Es ist in Form der Störung in einem Grenzbereich zwischen Zuhandenem und Vorhandenem angesiedelt; hier, und *nur* hier, ist es sicht- bzw. erlebbar, denn: im Modus der Zuhandenheit verschwindet das Zeug in der Transparenz des »Um-zu«, während es als schlicht Vorhandenes sich zum »bloßen Ding« verhüllt, sich also in die Opazität des »bloß« zurückzieht, verschließt.

Es stellt sich ab hier nicht mehr die Frage, inwieweit Störung als »Parasit« (Austin/Derrida) oder »feindliche Interzeption« (Shannon) innerhalb medialer Vollzüge zu eliminieren wäre, sondern eher, ob diese ohne die »Aufsässigkeit« der Störung überhaupt denkbar sind. Heideggers Auseinandersetzung mit dem Begriff des Zeichens, die in »Sein und Zeit« nicht zufällig unmittelbar seiner Analyse des Zeugs folgt, zeigt die »Aufsässigkeit des Zeugs« nicht nur als Bedingung der Möglichkeit zum Beispiel von Zeichenprozessen, sondern erhellt zudem das Verhältnis von Zeichen und Medium, indem sie deren Differenz sichtbar werden lässt.

Im Paragraph 17 von »Sein und Zeit« beschäftigt sich Heidegger mit einer Klasse von Zeichen, die die Semiotik im weitesten Sinne *indexikalisch* nennen würde: »Zeichen sind aber zunächst selbst Zeuge, deren spezifischer Charakter im *Zeigen* besteht. Dergleichen Zeichen sind Wegmarken, Flursteine, der Sturmball für die Schiffahrt, Signale, Fahnen, Trauerzeichen und dergleichen.«[133] Zeichen, in diesem Sinne verstanden als »Zeigzeuge«, haben nun jedoch die Eigenart aus

---

132 Auch Mikkel Borch-Jacobsen betont die konzeptionelle Verwandtschaft von Lacans »Realem« und Heideggers »Vorhandenheit«: Borch-Jacobsen 1991, S. 17.

133 Heidegger 1993, S. 77. Es kann hier an dieser Stelle nicht darum gehen, Heideggers Zeichenbegriff auch nur ansatzweise erschöpfend zu diskutieren. Die Bevorzugung von indexikalischen Zeichen hat an dieser Stelle von »Sein und Zeit« theoriestrategische Gründe, da es Heidegger um den Aufweis einer basalen Verweisungsstruktur des Zuhandenen geht, die sich nicht auf Zeichennutzung be-

der »Unauffälligkeit«, die sich zuvor als Kennzeichen von Zeug überhaupt erwiesen hatte, herauszufallen. Zwar müssen Zeichen, um als »Zeigzeuge« in ihrer Verweisungsstruktur funktionieren zu können, in den Hintergrund treten, um für ihre »Botschaft« transparent zu werden: »Eigentlich ›erfaßt‹ wird das Zeichen gerade dann *nicht*, wenn wir es anstarren, als vorkommendes Zeigding feststellen.«[134] Jedoch müssen Zeichen in der Wahrnehmung zumindest soweit hervortreten, dass sie als solche überhaupt zu erkennen sind. Das ist der springende Punkt und für Heidegger die Begründung für die »Eigenartigkeit« des Zeichenphänomens:

> »Der eigenartige Zeugcharakter der Zeichen, wird an der ›Zeichenstiftung‹ besonders deutlich. Sie vollzieht sich in und aus einer umsichtigen Vorsicht, die der zuhandenen Möglichkeit bedarf, jederzeit durch ein Zuhandenes sich die jeweilige Umwelt für die Umsicht melden zu lassen. Nun gehört aber zum Sein des innerweltlich nächst Zuhandenen der beschriebene Charakter des ansichhaltenden Nichtheraustretens. Daher bedarf der umsichtige Umgang in der Umwelt eines zuhandenen Zeugs, das in seinem Zeugcharakter das ›Werk‹ des *Auffallenlassens* von Zuhandenem übernimmt. Deshalb muß die Herstellung von solchem Zeug (der Zeichen) auf deren Auffälligkeit bedacht sein.«[135]

Die zuvor als Aufsässigkeit und Aufdringlichkeit beschriebenen turbatorischen Qualitäten der Störung, die das Zeug unzuhanden werden lassen und eben dadurch der transparenten Nützlichkeit im Sinne des Zuhandenen entziehen, werden hier zur Bedingung der Möglichkeit jenes »Zeigzeugs« mit Namen »Zeichen«. Der subtile Perspektivenwechsel von der »Aufsässigkeit« zur »Auffälligkeit« – die Alliteration leistet Heidegger hier gute Dienste – erweist auf zunächst paradox klingende Weise am Beispiel des Zeichens die »Störung der Verweisung« als Konstituens eben dieser Form von Verweisung selbst. *Aufsässigkeit und Auffälligkeit sind zwei Bezeichnungen für denselben Vorgang: Nicht nur in der Störung erweist sich Zeug als unzuhanden, sondern auch und gerade im »problemlosen Vollzug« von*

---

schränkt, sondern dieser ontogenetisch vorausgeht. Zu Heideggers Zeichenbegriff vgl. Scheffczyk 1988.

134 Heidegger 1993, S. 79.

135 Ebd., S. 80.

semiosis. Die enge Verkoppelung von *aisthesis* und *semiosis,* die an diesem Beispiel innerhalb von Heideggers Konzeption zutage tritt, eröffnet den Blick auf eine Medientheorie, die den Fehler vermeiden kann, Medienvollzüge zu sehr als Zeichenprozesse zu denken. Denn »Verweisung« im Sinne Heideggers ist *nicht* schon von vornherein ein »als ob«-Verhältnis, also Zeichen. Wenn, wie es bei Heidegger heißt, das Sein des Zuhandenen die Struktur der Verweisung hat,[136] so bedeutet das gleichzeitig, dass Verweisung nicht immerschon als Zeichenprozess gedacht werden kann, denn diese geht jenem voraus: »Die Verweisung selbst kann daher, soll sie ontologisch das Fundament für Zeichen sein, nicht selbst als Zeichen begriffen werden.«[137]

Langsam wird die ganze Tragweite der durch die Störung inaugurierten Dynamik zwischen Transparenz und Opazität deutlich, denn es zeigt sich, wenn man Heidegger folgt, dass sowohl Opazität *als auch* Transparenz *nur zwei verschiedene Modi eines genuinen Entzugs, einer Verbergung sind.* Störung, die Aufsässigkeit/Auffälligkeit des Unzuhandenen, ist als das einzige konzipiert, das so etwas wie Positivität beanspruchen kann, wobei diese »Positivität« nur als Abschattung einer zweifachen Verbergung gegeben ist. Zwar liegt dem »Zeug« die Struktur der Verweisung zugrunde, jedoch ist Verweisung nicht immer schon als »alshaftes Weltverhältnis« (Seel) im Sinne des »problemlosen Vollzugs« einer wie auch immer gearteten *semiosis* beschreibbar. Das medientheoretisch relevante Potential dieser Analyse liegt in der Möglichkeit, die Medialität des Mediums als eine Verweisungsstruktur bestimmen zu können, die zwar Bedingung der Möglichkeit von *semiosis,* Sinn, Diskurs, Kommunikation oder Bedeutung, mit diesen »Verweisungsformen« aber *nicht identisch* ist. Und eben diese inkommensurable *Differenz* zeigt sich in Form der »Störung der Verweisung«, des Unzuhandenen, das sowohl gelingender Kommunikation im Sinne der »Auffälligkeit« des Zeichens als auch der Opazität in Form der »Aufsässigkeit« des unzuhandenen Zeugs zugrunde liegt. Prozesse der Verweisung verdanken sich also der konstitutiven Dynamik der *turbatio,* wobei sowohl mediale Transparenz als auch Opazität zwei Seinsweisen *desselben* Phänomens sind: des Unzuhandenen. Hier ist jedoch Vorsicht geboten. Obwohl die Verweisungsstruktur sozusagen ontogenetisch dem Zeichen

---

136 Ebd., S. 83.
137 Ebd., S. 83.

vorausgeht, impliziert dieses Verhältnis keine genealogische Hierarchie. Ebenso wenig ist die Störung als Unzuhandenes auf irgendeine Art »eigentlicher« als die Verweisungsformen, die sich der Dynamik des Unzuhandenen im Spannungsfeld von *aisthesis* und *semiosis* verdanken. Wie bei Lacan sind die hier von Heidegger vorgestellten Begriffe in Form eines borromäischen Knotens miteinander verzahnt, so dass die Isolierung eines der Elemente die Selbsteliminierung der ganzen Konzeption zur Folge hätte. Das wird am folgenden Beispiel noch deutlicher werden.

Die Figur der »zwiefachen Verbergung« taucht bei Heidegger auf instruktive Weise nocheinmal auf, und zwar nicht umsonst innerhalb seiner Beschreibung des »Geschehens der Wahrheit«, verstanden als ἀλήθεια (*aletheia*, gr. »Unverborgenheit«) im »Ursprung des Kunstwerkes«. Nach aller beschriebenen Vorbereitung in »Sein und Zeit« verwundert es nicht, dass Heidegger sich im Kunstwerkaufsatz dem Phänomen Kunst zunächst über eine Analyse des »Zeughaften des Zeuges«[138] nähert, um von da aus zum »Werkhaften des Werks« im Sinne des Kunst*werks* vorzudringen. Der Übergang von Zeug zu Werk wurde bereits anhand des Zeichenbeispiels in »Sein und Zeit« vorbereitet, indem Heidegger dort – wenn auch noch in Anführungszeichen – vom »›Werk‹ des *Auffallenlassens*« spricht.[139] Das Wesen der Kunst ist für Heidegger das »Sich-ins-Werk-Setzen der Wahrheit des Seienden«.[140] Was nun aber ist der Unterschied zwischen Zeug und (Kunst-)Werk, also zum Beispiel einem Paar einfacher Bauernschuhe und Vincent van Goghs *Darstellung* derselben, und was ist Wahrheit, verstanden als Unverborgenheit? Im Werk kommt das Sosein eines Zeugs eigens zum Vorschein. Während Zeug in der Zuhandenheit des Alltäglichen aufgeht, transparent wird und »dienlich« ist, kommt es Heidegger zufolge im Kunstwerk zu sich selbst: »Was geschieht hier? Was ist im Werk am Werk? Van Goghs Gemälde ist die Eröffnung dessen, was das Zeug, das Paar Bauernschuhe, in Wahrheit *ist*. Dieses Seiende kommt in die Unverborgenheit seines Seins heraus.«[141]

---

138 Heidegger 1994a, S. 17.
139 Vgl. Zitat auf Seite 170.
140 Heidegger 1994a, S. 21.
141 Ebd., S. 21.

Unverborgenheit, *aletheia*, ist der Begriff, auf den es Heidegger innerhalb des Kunstwerkaufsatzes ankommt und den er mithilfe der Metapher »Lichtung« er-örtert: »Sie [die Lichtung] ist vom Seienden her gedacht, seiender als das Seiende. Diese offene Mitte ist daher nicht von Seiendem umschlossen, sondern die lichtende Mitte selbst umkreist wie das Nichts, das wir kaum kennen, das Seiende.«[142] Hier etabliert Heidegger in Absetzung von cartesianisch-mathematischen Definitionen von Wahrheit als Richtigkeit[143] einen Wahrheitsbegriff, der entlang eben jener Konzeption von »zwiefacher Verbergung« entwickelt wird, wie sie in der Zeuganalyse von »Sein und Zeit« bereits vorbereitet ist:

»Das Wesen der Wahrheit, d.h. der Unverborgenheit, wird von einer Verweigerung durchwaltet. Dieses Verweigern ist jedoch kein Mangel und Fehler, als sei die Wahrheit eitel Unverborgenheit, die sich alles Verborgenen entledigt hat. Könnte sie dieses, dann wäre sie nicht mehr sie selbst. *Zum Wesen der Wahrheit als der Unverborgenheit gehört dieses Verweigern in der Weise des zwiefachen Verbergens.*«[144]

Aletheia, Wahrheit als Unverborgenheit ist ein *Geschehnis*,[145] ein dynamischer, niemals stillstehender Prozess:

»Die offene Stelle inmitten des Seienden, die Lichtung ist niemals eine starre Bühne mit ständig aufgezogenem Vorhang, auf der sich das Spiel des Seienden abspielt. Vielmehr geschieht die Lichtung nur als dieses zwiefache Verbergen. Unverborgenheit des Seienden, das ist nie ein nur vorhandener Zustand, sondern ein Geschehnis. Unverborgenheit (Wahrheit) ist weder eine Eigenschaft der Sachen im Sinne des Seienden, noch eine solche der Sätze.«[146]

---

142 Ebd., S. 40.
143 »Die Wahrheit des Satzes ist immer nur diese Richtigkeit. Die kritischen Wahrheitsbegriffe, die seit Descartes von der Wahrheit als Gewißheit ausgehen, sind nur Abwandlungen der Bestimmung der Wahrheit als Richtigkeit.« Ebd., S. 38.
144 Ebd., S. 41.
145 In der ersten Ausgabe von 1950 benutzt Heidegger noch den Begriff »Ereignis«. Vgl. Fußnote Heidegger 1994a, S. 41.
146 Ebd., S. 41.

Innerhalb des »zwiefachen Verbergens« wird im Kunstwerkaufsatz zwischen »Versagen« und »Verstellen« differenziert. »Seiendes versagt sich uns bis auf jenes eine und dem Anschein nach Geringste, das wir am ehesten treffen, wenn wir vom Seienden nur noch sagen können, daß es sei.«[147] Diesem Verbergen in Form des Versagens entspricht die Opazität des Zeugs, wenn es sich innerhalb der turbatorischen Dynamik im Modus des »nur Vorhandenen« zum »bloßen Ding« verschließt. Dieses »bloß« bezeichnet bei Heidegger nichts Defizitäres. Es ist ebenso Grenze der Erkenntnis wie deren Ermöglichungsbedingung, denn es ermöglicht überhaupt erst das Gewahrwerden *von* »etwas«. Das »Verstellen« hingegen entspricht – und das ist hier einmal mehr nur noch als Paradox formulierbar – dem Modus der Transparenz, die das Zeug im Zuge der Zuhandenheit verschwinden lässt. Hier schiebt sich »Seiendes vor Seiendes«,[148] das zunächst Zuhandene verbirgt sich in aisthetischer Neutralität, um so überhaupt zuhanden sein zu können. Medientechnisch formuliert: Das Rauschen »überträgt« nichts, hat keine Bedeutung, keinen »Sinn«. Einzig und allein das schiere »Dass« einer Anwesenheit (*ekstasis* des Realen) ist hier wahrnehmbar, die bloße Materialität eines Mediums. Im Zustand des Rauschens »versagt« sich das Medium. Sobald jedoch ein Signal auszumachen ist, »schiebt« sich dieses Seiende »vor« das Rauschen und macht die Materialität des Mediums durch »Verstellung« unsichtbar, um somit überhaupt als Medium fungieren zu können. Ein Gewinn von Heideggers komplexer Analyse besteht dabei in der Unmöglichkeit, »Versagen« und »Verstellen« als defizitäre Seinsmodi missverstehen zu können, die es zu vermeiden oder aufzulösen gelte, denn Wahrheit im Sinne von »Unverborgenheit« gibt es überhaupt nur im Hin-und-Her dieser »zwiefachen Verbergung« – was Heidegger in der für ein an der »Richtigkeit« orientiertes Wahrheitparadigma paradoxen Aussage zuspitzt, Wahrheit sei »in ihrem Wesen Un-Wahrheit«:[149]

»Der Satz: Das Wesen der Wahrheit ist die Un-Wahrheit, soll dagegen nicht sagen, die Wahrheit sei im Grunde Falschheit. Ebensowenig meint der Satz, die Wahrheit sei niemals sie selbst, sondern sei, dialektisch vorgestellt,

---

147 Ebd., S. 40.
148 Ebd., S. 40.
149 Ebd., S. 41.

immer auch ihr Gegenteil. Die Wahrheit west als sie selbst, sofern das verbergende Verweigern als Versagen erst aller Lichtung die ständige Herkunft, als Verstellen jedoch aller Lichtung die unnachläßliche Schärfe der Beirrung zumißt. Mit dem verbergenden Verweigern soll im Wesen der Wahrheit jenes Gegenwendige genannt sein, das im Wesen der Wahrheit zwischen Lichtung und Verbergung besteht. Es ist das Gegeneinander des ursprünglichen Streits.«[150]

Vielleicht ist Heideggers schöne Formulierung von der »unnachläßlichen Schärfe der Beirrung« überhaupt die treffendste Beschreibung der turbatorischen Qualität des Unzuhandenen, der Störung. Fest steht zumindest, dass Heideggers Metapher des »Streits« eben jene »Gegenwendigkeit« auch medialer Prozesse im Spannungsfeld von *aisthesis* und *semiosis* beschreibt, die jedoch erst im Kunstwerk *als solche* zu Geltung kommt. Heidegger versteht das Kunstwerk als den Streit zwischen »Erde« und »Welt«, und in seiner berühmten Darstellung des griechischen Tempels gibt er ein Beispiel für die unauflösbare Interdependenz in der Differenz von *aisthesis* und *semiosis* im Kunstwerk. Hier transformiert sich das Hin und Her des Unzuhandenen, wie es noch in der Zeuganalyse zu beobachten war, zum offenen »Streit«, was insofern konsequent ist, da der Begriff des Streits die in der gesamten Konzeption angelegte inkommensurable, in keine Synthese zwingbare Differenz sowohl bejaht als auch perpetuiert. Störung wird in Gestalt des Streits zum Agens von Kunst (dem Ins-Werk-Setzen der Wahrheit) überhaupt. Im Kunstwerk kommt das Zeug *in seiner Dynamik des »zwiefachen Verbergens« des Unzuhandenen* zwischen Aufsässigkeit und Auffälligkeit zur Geltung. Diese Dynamik zeigt sich hier nicht mehr als »Störung« im Sinne dessen, was man loswerden, »abstoßen« möchte, sondern als das, was diese Störung eigentlich ist: ein »Streit«, eine *Interdependenz in der Differenz*, die Anerkennung von Alterität.

»Das Gegeneinander von Welt und Erde ist ein Streit. Allzuleicht verfälschen wir freilich das Wesen des Streits, indem wir sein Wesen mit der Zwietracht und dem Hader zusammenwerfen und ihn deshalb nur als Störung und Zerstörung kennen. Im wesenhaften Streit jedoch heben die Streitenden, das eine je das andere, in die Selbstbehauptung ihres Wesens. Die Selbstbehaup-

---

150 Ebd., S. 41–42.

tung des Wesens ist jedoch niemals das Sichversteifen auf einen zufälligen Zustand, sondern das Sichaufgeben in die verborgene Ursprünglichkeit der Herkunft des eigenen Seins. [...] Je härter der Streit sich selbständig übertreibt, umso unnachgiebiger lassen sich die Streitenden in die Innigkeit des einfachen Sichgehörens los.«[151]

Heidegger gibt selbst den Hinweis zur Verwandtschaft von Störung und Streit. Zwar »verfälsche« man den Streit, wenn man ihn schlicht als »Störung und Zerstörung« verstehe, jedoch schreibt Heidegger mit Absicht nicht »verwechseln«. Störung ist zumindest in der komplex entwickelten Form des Unzuhandenen ein Phänomen, das die radikale Differenz bereits mitführt, die dann im »Streit« offenbar wird. Während zum Beispiel Opazität im Modus des Unzuhandenen zum Problem wird, indem es die »Dienlichkeit« durchkreuzt, wird eben diese Opazität in ihrer ekstatischen Qualität im Kunstwerk als solche thematisch:

»Der Stein lastet und bekundet seine Schwere. Aber während diese uns entgegenlastet, versagt sie sich zugleich jedem Eindringen in sie. Versuchen wir solches, indem wir den Fels zerschlagen, dann zeigt er in seinen Stücken doch nie ein Inneres oder Geöffnetes. Sogleich hat sich der Stein wieder in das selbe Dumpfe des Lastens und des Massigen seiner Stücke zurückgezogen. [...] Die Erde läßt so jedes Eindringen in sie an ihr selbst zerschellen. Sie läßt jede nur rechnerische Zudringlichkeit in eine Zerstörung umschlagen.«[152]

Anders im Kunstwerk, das die »Erde«, also die aisthetisch-ästhetische, noch-nicht-sinnhafte Qualität eines Vorhandenen im »Streit« eben *in seiner Opazität* zum Vorschein kommen lässt:

»Der Stein wird in der Anfertigung eines Zeugs gebraucht und verbraucht. Es verschwindet in der Dienlichkeit. Der Stoff ist umso besser und geeigneter, je widerstandsloser er im Zeugsein des Zeuges untergeht. Das Tempel-Werk dagegen läßt, indem es eine Welt aufstellt, den Stoff nicht verschwinden, sondern allererst hervorkommen und zwar im Offenen der Welt des Werkes: der Fels kommt zum Tragen und Ruhen und wird so erst Fels; die Metalle kommen zum Blitzen und Schimmern, die Farben zum Leuchten, der

---

151 Ebd., S. 35.
152 Ebd., S. 33.

Ton zum Klingen, das Wort zum Sagen. All dieses kommt hervor, indem das Werk sich zurückstellt in das Massige und Schwere des Steins, in das Feste und Biegsame des Holzes, in die Härte und den Glanz des Erzes, in das Leuchten und Dunkeln der Farbe, in den Klang des Tons und in die Nennkraft des Wortes.«[153]

Walter Benjamin nennt diese Qualitäten »Sprachen der Dinge«, und es wird sich zeigen, dass Benjamin und Heidegger in diesem Punkt nicht weit voneinander entfernt sind.

5.2 Aromen der Unmittelbarkeit: Walter Benjamins Medienbegriff
Walter Benjamins Einfluss auf die zeitgenössische Medientheorie ist allgegenwärtig. Kaum ein Proseminar zur Einführung in dieselbe kommt ohne Benjamins Aufsatz »Das Kunstwerk im Zeitalter seiner technischen Reproduzierbarkeit« aus. Seine darin entwickelten Theoreme gehören seit den sechziger Jahren zum Basisinventar der Film- und Medientheorie und haben sich über die Jahre gegenüber den verschiedenen akademischen Moden als äußerst haltbar erwiesen. Es ist vor allem Norbert Bolz zu verdanken, die Bedeutung Benjamins für eine Theorie der Medien Anfang der neunziger Jahre des letzten Jahrhunderts nach dessen Wiederentdeckung in den sechziger Jahren nocheinmal deutlich gemacht zu haben,[154] und inzwischen ist die Sekundärliteratur allein zu diesem Aspekt des Benjaminschen Denkens kaum noch zu überblicken.[155] Umso mehr verwundert es, dass eine Gesamtdarstellung der medientheoretischen Überlegungen Walter Benjamins bisher ausgeblieben ist. Detlev Schöttkers Verdienst ist es, dass seit 2002 zumindest ein Reader der medientheoretisch relevanten Arbeiten Benjamins, die vom Anfang seiner schriftstellerischen Tätigkeit bis zum Ende über das gesamte Werk verstreut sind, unter dem Titel »Medienästhetische Schriften« vorliegt.[156]
In dieser Zusammenschau der medientheoretischen Texte wird erahnbar, warum es eine umfassende Gesamtdarstellung der Medientheorie(n) Benjamins (noch) nicht gibt. Begriffe und Beschreibun-

---

153 Ebd., S. 32.
154 Vgl. Bolz/van Reijin 1991.
155 Eine ungefähre Vorstellung von Masse und Breite der Sekundärliteratur zu Walter Benjamin liefert: Markner/Rehm 1999. Zur Forschung und Virulenz allein des Kunstwerkaufsatzes Vgl. exemplarisch Gumbrecht/Marrinan (Hrsg.) 2003.
156 Benjamin 2003.

gen des Mediums und des Medialen scheinen in Benjamins Werk vom ersten zu Lebzeiten unveröffentlichten Aufsatz »Über Sprache überhaupt und über die Sprache des Menschen« bis zum Kunstwerkaufsatz und zu den Arbeiten im Umfeld des »Passagenwerkes« mitunter derart labyrinthisch, dass eine einigermaßen kohärente Synthese der von Benjamin immer wieder unternommenen Ansätze nicht nur unmöglich, sondern auch nicht angebracht erscheint. Denn die Offenheit der Benjaminschen Beschäftigung mit Phänomenen des Medialen – von den ersten Überlegungen zur Sprache als Medium über den Begriff des »Reflexionsmediums« im Trauerspielbuch bis zu den die »Aura« erodierenden technischen Reproduktionsmedien – lässt sich zwar nicht in ein stringentes Gesamtkonzept des Medialen zwingen, jedoch zeigt sich die Beschäftigung mit Medien und Medialität als ein entscheidendes Gravitationszentrum des Benjaminschen Denkens, das nicht allein auf den Kunstwerkaufsatz und Texte aus dessen Umfeld reduziert werden darf, will man sich nicht um entscheidende Aspekte von Benjamins Medientheorie bringen. Zu diesen Aspekten gehört auch die Affinität zu Störung, Unterbrechung und Diskontinuität nicht nur im Sinne der *turbatio* – wie im Folgenden zu sehen sein wird –, sondern nicht zuletzt auch innerhalb der Schreibweise Benjamins selbst:

»Wie Kierkegaard die Technik der Sprünge und der Verstellung beherrscht, so Benjamin die des Unterbrechens einschließlich der Selbstunterbrechung. Ob solche Brüche ›stören‹, scheint nicht zuletzt von der Einstellung des Lesers abzuhängen. Der apodiktische Charakter vieler Aussagen bei Benjamin gibt dem Leser die Möglichkeit, leicht über die potentiellen Störstellen hinwegzusehen, besonders, wenn er oder sie hauptsächlich nur auf Sinnvolles aus ist. Der Preis dafür ist allerdings hoch: nichts weniger als die eigentümliche Kraft seiner Texte, Eingefahrenes aufzubrechen und neue Wege zu bahnen.«[157]

---

157 Weber 2003, S. 38. Webers Text inszeniert selbst eine intratextuelle Störung, indem der Titel des Aufsatzes zwar »Walter Benjamin: Medium als Störung« heißt, die Beschäftigung mit Benjamin selbst aber einen eher geringen Teil des Textes ausmacht. Der größte Teil des Aufsatzes ist Bergson, Freud und Kierkegaard gewidmet, denen Benjamins Aufsatz »Über die Sprache überhaupt und über die Sprache des Menschen« als Korrelativ zur Seite gestellt wird.

Diesen »neuen Wegen« innerhalb der Medientheorie Benjamins ist das Folgende gewidmet, und obwohl es mir dabei durchaus auf »Sinnvolles« ankommt, besteht die Hoffnung, dass nicht über allzu viele Störstellen hinweggeschaut werden wird. Offensichtlich ist, dass gerade die Texte, um die es im Folgenden gehen wird, in jedem Absatz von eben diesen Störstellen und Selbstunterbrechungen geradezu wimmeln. Sei es das abrupte Abschneiden gerade erst begonnener Gedankenlinien (der Komplex des Zeichens in »Über Malerei oder Zeichen und Mal«) oder das Einfügen und Belassen verhältnismäßig kruder Beispiele (der hebräisch Buchstabe »Beth«, der wie ein Haus aussehe, oder die Onomatopöie als Beispiele für das »mimetische Vermögen« in der Sprache): Benjamins Thesen entwickeln sich nicht entlang einer linearen Argumentationskette, sondern führen stets selbst eine Art wissenspoetologische »Störanfälligkeit« mit, die er als solche bewusst bestehen lässt, um von der damit einhergehenden Offenheit zu profitieren. Benjamins turbatorische Poetik an dieser Stelle nachzuzeichnen, würde jedoch den Rahmen bei weitem sprengen.

Benjamins Nachdenken über Medien und Medialität ist nicht zuletzt deswegen von zentraler Bedeutung, da bereits zu diesem historisch frühen Zeitpunkt, bevor es eine dezidierte Medienwissenschaft als institutionalisierte Disziplin überhaupt gab, die Idee des Mediums als eines Liminalphänomens im Spannungsfeld von *aisthesis* und *semiosis* in einer Komplexität entwickelt wurde, die bis heute noch kaum eingeholt ist und daher gerade im Zusammenhang postmetaphysischer Präsenztheorie entscheidende Impulse liefert. Walter Benjamin und Martin Heidegger stehen für eine bestimmte Medientheorie *avant la lettre*, die bereits am Beginn des heute so genannten Informationszeitalters – und noch nicht unter dem Einfluss Shannons und der Kybernetik – ein theoretisches Instrumentarium entwickelt hat, das es für eine philosophische Medientheorie im Spannungsfeld von Medienwissenschaft und Ästhetik fruchtbar zu machen gilt.

Sowohl Benjamin als auch Heidegger entgehen in ihren Überlegungen auf jeweils sehr verschiedene Weise der Gefahr, mediale Phänomene entweder gegenüber ihren »Inhalten« zu marginalisieren oder deren Materialität allein zu privilegieren. Bei beiden wird dieses Verhältnis auf jeweils spezifische, jedoch formal durchaus vergleichbare Weise als konstitutiv Offenes, Unabschließbares gedacht und eben darin liegt das theoretische Potential dieser Konzeptionen. Dass die zwei in der Medientheorie inzwischen kanonischen Texte dieser beiden so verschiedenen Denker hier entweder gar nicht (im Falle Heideggers, der Text »Zur Frage der Technik«) oder nur am Rande besprochen werden (Benjamins Kunstwerkaufsatz),[158] hat im Falle Benjamins folgenden Grund: Bei Benjamin, der sich im Gegensatz zu Heidegger von Anfang an explizit mit Medien und Medialität beschäftigt hat, führt die Konzentration auf dessen Kunstwerkaufsatz zu einer Verkürzung des Benjaminschen Nachdenkens über Medien, dessen immanente Grundlagen auch und gerade aus seinen frühen Texten selbst freizulegen sind. Von den mannigfaltigen Aspekten, die dabei zutage treten, können die meisten nur angerissen werden, es soll jedoch im Folgenden das Verhältnis von Unmittelbarkeit, Magie und Medium im Mittelpunkt stehen. Im Unterschied jedoch zu der für dieses Thema grundlegenden Arbeit »Walter Benjamins Theorie der Sprachmagie« von Winfried Menninghaus,[159] dem es ausschließlich um Benjamins *Sprach*theorie geht, werden hier die *medienästhetischen* Aspekte im Mittelpunkt stehen, was sich im Falle Benjamins nicht immer randscharf, jedoch trotzdem deutlich trennen lässt.

Während Unmittelbarkeit in Form aisthetischer Neutralität in der weiter oben beschriebenen Weise als Konstitutivum medialer Prozesse verstanden werden kann, gehört es andererseits innerhalb der heutigen Medientheorie ebenso dazu, von Medien in zweifacher Weise als von einem *Mittel* zu sprechen. Zunächst im Sinne des Shannonschen Kanals als Zweck/Mittel Relation, als Übertragungskanal zum Zwecke der Informationsübermittlung. Zweitens jedoch auch hinsichtlich der logischen Position des Mediums innerhalb kommunikativer Prozesse. Auf dieser Ebene wird dann die Etymologie von *medium* (lat. Mitte) wichtig: »Als ›Mittleres‹ ist es ein relationaler Ausdruck, also nicht die Mitte an sich, nicht der Mittelpunkt, nicht das Zentrum, sondern das Mittlere gerade bezogen auf etwas, was nicht die Mitte ist, und zwar zu beiden Seiten.«[160] Letztere Beschreibung läuft darauf hinaus, Medien vor allem von deren logischer Funktionalität her zu denken, was den Vorteil hat, den Medien-

---

158 Es ist natürlich auch hier innerhalb eines kurzen Unterkapitels keine Gesamtdarstellung der Benjaminschen Medientheorie angestrebt. Auch gibt es bei der Auswahl der Texte und Theoreme keinerlei Anspruch auf Vollständigkeit.

159 Vgl. das Unterkapitel »Unmittelbarkeit, Medium, Magie« in: Menninghaus 1995, S. 17–20.

160 Ehlich 1998, S. 10.

begriff rein operativ konzipieren zu können. Zwar entledigt man sich damit einer vielleicht zu starken Ontologisierung, jedoch gerät man gleichzeitig in die Gefahr, die »Gegenwendigkeit« des Mediums nicht mehr sinnvoll konzeptionieren zu können, da die Eigenschaft eines Mediums, »blinder Fleck im Mediengebrauch«[161] zu sein, leicht dazu führen kann, diese Eigenschaft mit dem Verschwinden des Mediums selbst zu verwechseln, also in einen »Medienmarginalismus« (Krämer) münden zu lassen.

Das Verhältnis von Mittel, Mittelbarkeit und Unmittelbarkeit liegt so im Zentrum des Nachdenkens über Medien, und es verwundert daher nicht, dass Benjamins Überlegungen zu diesem Problemkreis bereits in dem frühen programmatischen Aufsatz »Über die Sprache überhaupt und über die Sprache des Menschen« an diesem Punkt ansetzen. Dieser Text, noch in Benjamins Studienzeit geschrieben und nie zur Veröffentlichung vorgesehen, gilt innerhalb der Benjaminforschung als zentral, worauf vor allem Winfried Menninghaus aufmerksam gemacht hat, der in seiner genannten Monographie den Sprachaufsatz ins Zentrum der Aufmerksamkeit rückt.[162] Da die in »Über Sprache überhaupt und über die Sprache des Menschen« ausgeführten Gedanken zur Medientheorie auf den ersten Blick ziemlich weit von dem entfernt zu sein scheinen, was heute innerhalb der Forschung virulent ist, wird dieser Text im Folgenden etwas näher beleuchtet.

In diesem sehr komplexen Aufsatz taucht das Wort Medium zum ersten Mal in direktem Zusammenhang mit dem Begriff der Unmittelbarkeit auf:

»[...] jede Sprache teilt sich in sich selbst mit, sie ist im reinsten Sinne das ›Medium‹ der Mitteilung. Das Mediale, das ist die *Unmittel*barkeit aller geistigen Mitteilung, ist das Grundproblem der Sprachtheorie, und wenn man diese Unmittelbarkeit magisch nennen will, so ist das Urproblem der Sprache ihre Magie.«[163]

In diesem Satz finden sich einige der wichtigsten Thesen des Sprachaufsatzes in verdichteter Form wieder. Weiter oben begeg-

---

161 Krämer 1998, S. 74.
162 Vgl. Menninghaus 1995.
163 Benjamin 2002a, S. 69.

nete bereits die Beobachtung, dass sich »gelingende« mediale Vollzüge einer bestimmten »Unmittelbarkeit« des Mediums verdanken. Der Prozess, innerhalb dessen sich Medien zugunsten der von ihnen transportierten »Botschaften« oder Inhalte aisthetisch neutralisieren, also »unsichtbar« werden, mündet in den »Eindruck einer Unmittelbarkeit«, mit Ludwig Jäger in die »Transparenz« medialer Oberflächen. Beschrieben ist damit die aisthetische Selbstsubtraktion der Medien innerhalb medialer Prozesse. Das bedeutet aber gleichzeitig: Diese Unmittelbarkeit ist eben »nur« eine *aisthetische*, d.h. natürlich ist das Medium noch immer und zwar ständig als ein *Dazwischen* im Sinne des *terminus medius* zugegen, und sei es als Funktion in dem von Konrad Ehlich skizzierten Sinn. Zwar ist die Luft als solche unsicht- und unhörbar, trotzdem natürlich Ermöglichungsbedingung der optischen oder akustischen Wahrnehmung. Um ein bereits zitiertes Beispiel Fritz Heiders aufzugreifen: »[...] wir hören *durch* die Luft, wie wir *durch* die Luft sehen.«[164] Mit diesem »Durch« sind Medien hier sowohl als transitorisch als auch instrumentell konturiert.

Benjamins Satz allerdings, dass das Mediale die »*Unmittel*barkeit aller geistigen Mitteilung« sei, meint im Kontext des Sprachaufsatzes etwas völlig anderes, ja scheinbar gegenteiliges. Benjamins Kursivierung des ersten Teils des Wortes »Unmittelbarkeit« weist bereits darauf hin, dass er im Gegensatz zu den eben zitierten Ansätzen den Begriff wörtlich nimmt. *Unmittel*barkeit bedeutet bei Benjamin tatsächlich buchstäblich *ohne Mittel*, genauer: ohne *Mittler* bzw. *Ver-Mittlung*. Hier deutet sich ein Medienbegriff an, der deutlich *nicht* entlang eines instrumentellen Kommunikationsmodells à la Shannon konzipiert ist, was in seiner scheinbaren Kontraintuitivität zeigt, wie sehr es inzwischen zur Gewohnheit geworden ist, mediale Prozesse allein als semiotische Ver-mittlung zu denken. Diese Differenz ist jedoch fundamental, denn Benjamin wird innerhalb seines Aufsatzes nicht müde zu betonen, dass sich die von ihm postulierte Unmittelbarkeit des Mediums als Dynamik eben nicht einem transitorischen »*durch*« verdankt:

> »Was teilt die Sprache mit? Sie teilt das ihr entsprechende geistige Wesen mit. Es ist fundamental zu wissen, daß dieses geistige Wesen sich *in* der Sprache

---

164 Vgl. Zitat auf S. 153. Herv. von mir, M.R.

mitteilt und nicht *durch* die Sprache. Es gibt also keinen Sprecher der Sprachen, wenn man damit den meint, der *durch* diese Sprache sich mitteilt. Das geistige Wesen teilt sich in einer Sprache und nicht durch eine Sprache mit – das heißt: es ist nicht von außen gleich dem sprachlichen Wesen.«[165]

Einem Medienkonzept, das Medien als Kanäle, also als *Durch-gangsstationen* für einen von diesen grundsätzlich verschiedenen Inhalt konzipiert, wird damit eine klare Absage erteilt. Was ist jedoch mit dieser Neuperspektivierung gewonnen? Benjamins sehr spezieller Sprachgebrauch kann Anlass zu vielfältigen Missverständnissen geben, die es vor der Beantwortung dieser Frage zunächst zu klären gilt. Wichtig für das Verständnis ist es zu betonen, dass Benjamin, unter Einfluss seines Freundes Gershom Scholem, mit dem er das Interesse an der kabbalistischen Sprachmystik teilt, hier einen Sprachbegriff entwickelt, der weit über das hinausgeht, was die Linguistik zum Gegenstand hat. Bereits der Titel des Aufsatzes »Über Sprache überhaupt und über die Sprache des Menschen« impliziert einen Sprachbegriff, der über die verbale Sprache hinausgeht und eine »Sprache der Dinge«[166] ausdrücklich mitmeint, die sich von der des Menschen grundsätzlich unterscheide, jedoch trotzdem in einem spezifischen Sinne Sprache genannt werden müsse.

> »Man kann von einer Sprache der Musik und der Plastik reden, von einer Sprache der Justiz, die nichts mit denjenigen, in denen deutsche oder englische Rechtssprüche abgefaßt sind, unmittelbar zu tun hat, von einer Sprache der Technik, die nicht die Fachsprache der Techniker ist. [...] Mit einem Wort: jede Mitteilung geistiger Inhalte ist Sprache, wobei die Mitteilung durch das Wort nur ein besonderer Fall, der der menschlichen, und der ihr zugrunde liegenden oder auf ihr fundierten (Justiz, Poesie), ist.«[167]

Diese »Sprachen«, die als Emanationen menschlicher Kultur auch Semiotik und strukturalistische Ästhetiken noch als solche bezeichnen würden,[168] sind von Benjamin allerdings so konzipiert, dass auch die Ding- und Tierwelt an ihnen teilhat: »Es gibt kein Geschehen

---

165 Benjamin 2002a, S. 68.
166 Ebd., S. 81.
167 Ebd., S. 67.
168 Man denke zum Beispiel an Roland Barthes' »Sprache der Mode«.

oder Ding weder in der belebten noch in der unbelebten Natur, das nicht in gewisser Weise an der Sprache teilhätte, denn es ist jedem wesentlich, seinen geistigen Inhalt mitzuteilen.«[169] Dieser »geistige Inhalt« oder das »geistige Wesen« kann somit nicht zum Beispiel mit »intellektuellem Inhalt«, »Mentalität« oder Semantik verwechselt werden. Das »geistige Wesen« ist hier den verbalen Inhalten einer Sprache gegenübergestellt und meint dabei jene Qualität, die auch als »Ausdrucks-Wert«[170] bestimmt werden kann und daher, entgegen dem, was der Begriff »Geist« suggerieren könnte, ähnlich wie Roland Barthes' Begriff der *Signifikanz* terminologisch im Grenzbereich zwischen *aisthesis* und *semiosis* verortet ist.

> »Die Untersuchung des Ausdrucks einer Sprache als solcher hat nur deshalb, auch für den späten Benjamin, an Kunstwerken ihren prädestinierten Gegenstand, weil in ihnen das nichtsignifikante Sprachmoment eine ›dominierende Rolle spielt‹, während es im gewöhnlichen Sprechen in der Regel einer untergeordneteren Rang in der Hierarchie sprachlicher Funktionen einnimmt.«[171]

Benjamin unterscheidet »geistiges Wesen« von dessen »sprachlichem Wesen«, wobei letzteres ersteres insofern beinhaltet, als das »sprachliche Wesen« dasjenige ist, was an einem »geistigen Wesen« *mitteilbar* ist.[172] Die Sprache des Menschen und die Sprache der Dinge unterscheiden sich bei Benjamin dadurch, dass die Sprache des Menschen im Unterschied zu allem anderen, was Benjamin als Sprache bezeichnet, zunächst *benennend* ist.[173] Und erst mit dieser nennend/benennenden, auf Erkenntnis ausgerichteten, menschlichen Sprache beginnt die instrumentelle Funktion, wie sie der gewöhnlichen Sprachbegriff beinhaltet. Das menschliche Wort ist für Benjamin eine gegenüber der göttlich-adamitischen Sprache letztlich defizitär – und hier setzt der Begriff der *Unmittel*barkeit ein, um die

---

169 Benjamin 2002a, S. 67.
170 Menninghaus 1995, S. 11.
171 Ebd., S. 15. Zu betonen ist dabei, dass sich dieser Ausdruckswert für Benjamin nicht auf künstlerische Äußerungen beschränkt, sondern auch der »Sprache der Dinge« oder auch zum Beispiel der »Sprache der Justiz« etc. zu Eigen ist.
172 »Das geistige Wesen ist mit dem sprachlichen identisch, nur *sofern* es *mitteilbar* ist.« Benjamin 2002a, S. 68.
173 »*Das sprachliche Wesen des Menschen ist also, daß er die Dinge benennt.*« Ebd., S. 69.

göttliche Sprache von der des Menschen zu unterscheiden.[174] Die menschliche Sprache trägt bei Benjamin aber, *indem sie bennenend* ist, Spuren der göttlichen in sich und ist somit mit ihr verbunden. Denn der Name ist eben das *Unmittel*bare in der menschlichen Sprache, Spur des göttlichen Schöpferwortes: »Der Name ist dasjenige, *durch* das sich nichts mehr, und *in* dem die Sprache selbst und absolut sich mitteilt. [..I]*m Namen teilt das geistige Wesen des Menschen sich Gott mit.*«[175] Der Name ist bei Benjamin »reines Medium«, *Unmittel*barkeit, jedoch:

> »Das absolute Verhältnis des Namens zur Erkenntnis besteht allein in Gott, nur dort ist der Name, weil er im innersten mit dem schaffenden Wort identisch ist, das reine Medium der Erkenntnis. Das heißt: Gott machte die Dinge in ihrem Namen erkennbar. Der Mensch aber benennt sie maßen der Erkenntnis. [...] Gott hat den Menschen nicht aus dem Wort geschaffen und hat ihn nicht benannt. Er wollte ihn nicht der Sprache unterstellen, sondern im Menschen entließ Gott die Sprache, die *ihm* als Medium der Schöpfung gedient hatte, frei aus sich. Gott ruhte, als er im Menschen sein Schöpferisches sich selbst überließ. Dieses Schöpferische, seiner göttlichen Aktualität entledigt, wurde Erkenntnis. Der Mensch ist der Erkennende derselben Sprache, in der Gott Schöpfer ist.«[176]

An dieser Stelle wird deutlich, was mit »Sprachmagie« gemeint ist. Es ist die im Namen, in der *Benennung* noch aufbewahrte Qualität des Schöpferwortes, das eben nicht »nur« erkennend, d.h. mittelbar auf das zu Erkennende bezogen, sondern gleichermaßen schaffend, erschaffend, *unmittelbar wirklichkeitsmächtig*[177] ist. Erkenntnis ist bei Mensch und Gott verschieden, denn in Gott fallen Erkenntnis und Schöpfung zusammen, die Sprache Gottes ist als »reines Medium« *unmittel*bar, d.h. ohne eine dazwischengeschaltete, trennende Enti-

---

174 Die Tradition der Sprachmystik, in die Benjamins Argumentation hier eingebettet ist, kann an dieser Stelle nicht weiter verfolgt werden. Vgl. dazu Menninghaus 1995, S. 188–227.
175 Benjamin 2002a, S. 70.
176 Ebd., S. 74.
177 »Ursprünglich auf die archaischen Bereiche okkulter und exklusiver Praxis bezogen, meint der Begriff der ›Magie‹ dort die Realisationsform einer Kraft, die unmittelbar, d.h. ohne mit den instrumentellen Zweck-Mittel Relationen technischer Vernunft faßbar zu sein, wirklichkeitsmächtig ist.« Menninghaus 1995, S. 17.

tät wirkungsmächtig, schöpferisch. Anders und im Duktus heutiger Theoriebildung formuliert: *Das göttliche Schöpferwort, eine absolute Sprache also im Sinne Benjamins, wäre Performativität par excellence* in einem völlig buchstäblichen, unmetaphorischen Sinn: Die göttliche Sprache ist dadurch gekennzeichnet, dass sie *tut, was sie sagt, indem sie es sagt*, und eben darin besteht ihre Unmittelbarkeit. Zeichentheoretisch formuliert, handelt es sich um den »semiotische[n] Traum von Eigennamen, die unmittelbar auf ihre Träger bezogen wären«,[178] also die *Identität* von Signifikant und Signifikat. Die Frage, ob Medien das von ihnen Vermittelte auch prägen oder gar erst konstituieren, wird bei Benjamin also am Beispiel der Sprachmagie in einer Radikalität bejaht, die heutiger Medientheorie, bei der die instrumentelle, ver-mittelnde Funktion von Medien gemäß dem Vorbild strukturalistischer Zeichenbegriffe oder informationstheoretischer Kommunikationsmodelle zumeist im Vordergrund steht, geradezu widersinnig erscheinen muss.

Innerhalb dieser Konzeptionen der Sprache gibt es bei Benjamin einen absteigenden Dreischritt, der von der göttlichen, die als Identität von Erkenntnis und Schöpfung reine Unmittelbarkeit ist, über die adamitisch/paradiesische Sprache, die zwar nicht mehr erschaffend, jedoch immerhin noch eine »vollkommen erkennende«[179] ist, zum »menschlichen Wort«, das mit dem Sündenfall beginnt, fortschreitet:

> »Das Wort soll *etwas* mitteilen (außer sich selbst). Das ist wirklich der Sündenfall des Sprachgeistes. Das Wort als äußerlich mitteilendes, gleichsam eine Parodie des ausdrücklich mittelbaren Wortes auf das ausdrücklich unmittelbare, das schaffende Gotteswort, und der Verfall des seeligen Sprachgeistes, des adamitischen, der zwischen ihnen steht. Es besteht nämlich in der Tat zwischen dem Worte, welches nach der Verheißung der Schlange das Gute und Böse erkennt, und dem äußerlich mitteilenden Worte im Grunde Identität. [...] In dem der Mensch aus der reinen Sprache des Namens heraustritt, macht er die Sprache zum Mittel (nämlich einer ihm unangemessenen Erkenntnis), damit auch an einem Teile jedenfalls zum *bloßen* Zeichen; und das hat später die Mehrheit der Sprachen zur Folge.«[180]

---

178 Eco 1991, S. 41.
179 Benjamin 2002a, S. 78.
180 Ebd., S. 78–79.

Im Gegensatz zu Heidegger bezeichnet Benjamins kursives »*bloß*« stets etwas Defizitäres, nämlich in diesem Fall eine im Vergleich zur adamitischen und göttlichen *verfallene* Sprache, die als Schwundstufe des göttlichen Wortes seit dem Sündenfall Sprache *als Mittel* gebrauchen muss. Dieses »äußerlich mitteilende Wort« bezeichnet nun genau die Art von Zweck/Mittel orientierter Funktion, die die instrumentelle Medialität der Sprache innerhalb der Sprachtheorie bis heute zu einem Großteil definiert, der Benjamin *seinen* Medienbegriff jedoch *genau gegenüberstellt*. Sprache ist für Benjamin ausschließlich dann Medium, wenn sie unmittelbar, also eben *kein* Mittel ist, durch das eine Botschaft, ein Gehalt etc. transportiert werden könnte. Sprache als Medium im Sinne Benjamins ist ein Nu, die instantane Identität von Erkenntnis und Schöpfung, Signifikant und Signifikat, mit einem Wort: Magie.[181] Die Sprache des Menschen ist aber nicht nur Verfallserscheinung. Im Namen, in der Bennenung hat sie immernoch am göttlichen Wort Teil und deswegen ist es ihr möglich auch das »stumme Wort im Dasein der Dinge«[182] *in sich* zur Sprache zu bringen, zumindest den Teil des geistigen Wesens der Dinge, das mitteilbar ist: »In dieser Verbindung von Anschauung und Benennung ist innerlich die mitteilende Stummheit der Dinge (der Tiere) auf die Wortsprache des Menschen zu gemeint, die sie im Namen aufnimmt.«[183]

---

181 »[...] ein Medium ist [für Benjamin] das Element einer Darstellung, ohne doch deren Mittel zu sein. Außer dieser Negation der instrumentellen Auffassung der Sprache als eines Mittels realisiert der Begriff des ›Mediums‹ einen terminologischen Vor- und Anklang an jenen Sprachbereich okkulter Praxis, den Benjamin mit dem Begriff der ›Magie‹ dann ganz kompakt betritt: das gebräuchliche Paradigma des Wortes ›Medium‹ reicht ja von der Naturwissenschaft über die Kommunikationstheorie bis zum spiritistischen ›Medium‹.« Menninghaus 1995, S. 17.

182 Benjamin 2002a, S. 77.

183 Ebd., S. 77. In dieser Formulierung ist jenes in der *aisthesis* fundierte ethische Moment bereits angelegt, das mit Dieter Mersch »Responsivität« genannt werden kann (Vgl. Mersch 2001). Während Mersch jedoch *aisthesis* und *semiosis* gegeneinander ausspielt und Medialität für ihn im Sinne einer »Als-Struktur« immer schon Zeichenprozess ist, sind bei Benjamin beide Ebenen aufs Engste verkoppelt, ohne jedoch die Differenz zu überdecken. Die »mitteilende Stummheit der Dinge«, die auf die Wortsprache des Menschen *zu gemeint* ist, zeigt sich in ihrer radikalen Alterität im medialen Hin-und-Her als unüberwindbarer Riss zwischen Unmittelbarkeit und Mittelbarkeit, ohne dabei im instrumentellen Vollzug der Sprache aufzugehen. Benjamins Medienbegriff integriert also die durch den Sündenfall bedingte radikale Alterität der »Sprache der Dinge«, ohne sie umstandslos in *semiosis* zu überführen.

Die Schwierigkeit, aber auch das große theoretische Potential von Benjamins Sprachaufsatz besteht (unter anderem) darin, dass er ausgerechnet in den Termini einer Sprachtheorie, Medium und Medialität auf konsequente Weise *nicht* sprachanalog denkt. Trennt man Benjamins Sprachbegriff von dem der Linguistik und Alltagssprache – und das fordern die terminologischen Anstrengungen des Sprachaufsatzes –, zeigt sich, welcher Gewinn darin liegt, wenn es gelingt, einen Medienbegriff konsequent nicht am Vorbild der Sprache und Semiotik zu orientieren. Indem Benjamin Sprache auch als Medium im Sinne »reiner Unmittelbarkeit« entwickelt (was für eine linguistisch-semiotische Sprachtheorie schlichtweg undenkbar ist), ist es ihm nicht nur möglich, sinnvoll und unmetaphorisch von einer »Sprache der Dinge« zu sprechen, sondern diese auch mit der menschlichen Sprache in Verbindung zu bringen.

In der Wortsprache des Menschen ist nach dem Sündenfall die »vollkommene Erkenntnis« der adamitischen Sprache verloren, und so klafft eine Lücke zwischen dem »stummen Wort der Dinge« und der Wortsprache des Menschen, die niemals vollkommen überbrückt werden kann. Ausdruck dessen ist die Sprache *als Mittel* (im Sinne von *instrumentum*) im Gegensatz zur Sprache als Medium, denn als Mittel ist Sprache nie zu »vollkommener Erkenntnis« fähig. Im menschlichen Wort waltet Sprache jedoch sowohl als Mittel als auch als Medium. Denn nur als Medium ist das menschliche Wort überhaupt in der Lage, die »mitteilende Stummheit der Dinge«, die auf die »Wortsprache des Menschen zu gemeint ist«, im Namen aufzunehmen.

> »Es gibt eine Sprache der Plastik, der Malerei, der Poesie. So wie die Sprache der Poesie in der Namenssprache des Menschen, wenn nicht allein, so doch jedenfalls mit fundiert ist, ebenso ist es sehr wohl denkbar, daß die Sprache der Plastik oder Malerei etwa in gewissen Arten von Dingsprachen fundiert sei, daß in ihnen eine Übersetzung der Sprache der Dinge in eine unendlich viel höhere Sprache, aber doch vielleicht derselben Sphäre, vorliegt. Es handelt sich hier um namenlose, unakustische Sprachen, um Sprachen aus dem Material; dabei ist an die materiale Gemeinsamkeit der Dinge in ihrer Mitteilung zu denken.«[184]

---

184 Ebd., S. 81.

Kunst ist für Benjamin somit das Residuum der medialen Aspekte von Sprache im Sinne einer paradox konstruierten *mittelbaren Unmittelbarkeit*. Hier verbindet sich das menschliche Wort mit der Sprache der Dinge, indem diese sich innerhalb der »materialen Gemeinsamkeit der Dinge in ihrer Mitteilung«, als »Sprachen aus dem Material« zeigen. Im Kunstwerk treten »Dingsprache« und menschliche Sprache in ein Spannungsverhältnis, das allerdings als ein unabschließbares gedacht werden muss, da die »Sprachen aus dem Material« als solche »namenlos« sind und daher nicht im menschlichen Wort aufgehen können, das eben *als Mittel* medialer Unmittelbarkeit entgegengesetzt ist. Die formale Parallele zu Heideggers terminologisch völlig anders gearteter Beschreibung des »Streits« zwischen Welt und Erde drängt sich hier geradezu auf, denn aus der Dynamik von Sprache als Mittel und Sprache als Medium schlägt Benjamin wie Heidegger im »Streit zwischen Welt und Erde« den Funken ästhetischen Erlebens: jene »Aromen« und »flüchtigen Essenzen«, die im Zwischenreich von *aisthesis* und *semiosis* angesiedelt sind.

In dem in der Medientheorie bisher wenig beachteten Text »Über die Malerei oder Zeichen und Mal«, der dem Sprachaufsatz sowohl historisch wie inhaltlich sehr nahe steht, beginnt Benjamin seine Thesen am Beispiel konkreter Medienphänomene zu erproben. Dieser sehr kurze, fragmentarisch wirkende Text birgt einige Schwierigkeiten, denn Zeichen werden von Benjamin hier sehr »unlinguistisch« von ihrer Materialität her entwickelt, entlang der »wechselnden Bedeutung, die in ihnen die Linie hat«.[185] Da es hier nicht um eine sprachtheoretische Perspektive geht, konzentriert sich Benjamin auf die graphische Linie, die er innerhalb des Mediums der Malerei mit dem, was er »Mal« nennt, kontrastiert. Medientheoretisch relevant ist dabei, was hier jeweils als Medium gilt und was warum nicht.

»Die graphische Linie bezeichnet die Fläche und bestimmt damit diese, indem sie sich selbst als ihrem Untergrund zuordnet. Umgekehrt gibt es auch eine graphische Linie nur auf diesem Untergrunde, sodaß beispielsweise eine Zeichnung, die ihren Untergrund restlos bedecken würde, aufhören würde, eine solche zu sein.«[186]

---

185 Benjamin 2002b, S. 271.
186 Ebd., S. 271.

Die Sphäre des Zeichens ist hier bereits der Mittelbarkeit zugeordnet, denn »die graphische Linie verleiht ihrem Untergrund Identität«,[187] gehört also formal zur Ebene des »menschlichen Wortes« des Sprachaufsatzes. Aus diesem Grund kann Benjamin selbst das, was er das »absolute Zeichen« nennt, nicht umstandslos als Medium definieren: »Jedenfalls ist diese Sphäre [des Zeichens] wahrscheinlich kein Medium, sondern stellt eine uns höchstwahrscheinlich zur Zeit gänzlich unbekannte Ordnung dar.«[188] »Gänzlich unbekannt« deswegen, weil Benjamin als »absolute Zeichen«, für die er als Beispiele »das Kainszeichen, das Zeichen, mit dem bei der zehnten Plage in Ägypten die Häuser der Israeliten bezeichnet waren, das vermutlich ähnliche Zeichen in Ali Baba und die vierzig Räuber«[189] nennt, Zeichen im Blick hat, die ein Amalgam aus magischer Unmittelbarkeit und instrumenteller Mittelbarkeit darstellen.

Der Begriff des Mals wird im Kontrast zu dem des Zeichens entwickelt und hier ergibt sich *ex negativo* eine weitere Profilierung des Zeichens: »Hier ist nun der erste fundamentale Unterschied darin zu sehen, daß das Zeichen aufgedrückt wird, das Mal hingegen hervortritt. Das weist darauf hin, daß die Sphäre des Mals die eines Mediums ist.«[190] Dieser Satz ist nur im Zusammenhang mit dem Sprachaufsatz verständlich. Das Mal, das an dieser Stelle an Beispielen leiblicher Erscheinungen illustriert wird,[191] ist deswegen Medium, weil es *als Hervortretendes* Unmittelbarkeit ist. Es ist im Gegensatz zur identitätsstiftend-benennenden Prägekraft des Zeichens ein *Nu*, das als solches nichts ver-mittelt, sondern etwas erscheinen lässt. Hier erweisen sich Benjamins Thesen aus dem Sprachaufsatz als ertragreich, denn mit dem dort entwickelten Medienbegriff lassen sich nun *aisthesis* und *semiosis* im Medium der Malerei auf originelle Weise zusammendenken. Auf der Ebene des leiblichen Mals, um das es Benjamin hier noch geht und von dem er »Mal« in *Mal*erei ableitet, können Male wie das Wundmal oder das Erröten ja durchaus als Zeichen, nämlich als indexikalische Zeichen – etwa von einem Arzt – verstanden werden, jedoch wäre damit die Ereignishaftigkeit,

---

187 Ebd., S. 271.
188 Ebd., S. 272.
189 Ebd., S. 272.
190 Ebd., S. 272.
191 »[...] (Wundmale Christi, Erröten, vielleicht der Aussatz, Muttermal) [...]«, Ebd., S. 272.

die in der Materialsprache des Körpers sich zeigt und in der Konzeption des Mals als Medium (Unmittelbarkeit) noch mitgeführt wird, heraussubtrahiert.

Dieses Ineinander von *aisthesis* und *semiosis*, von dem Benjamin schon hier andeutet, dass dieses an Ereignishaftigkeit (*Geschehnis* bei Heidegger) gebunden ist,[192] ist aber für das Mal »im engeren Sinne«, nämlich dem der Malerei, konstitutiv. »Das Medium der Malerei wird bezeichnet als das Mal im engeren Sinne; denn die Malerei ist ein Medium, ein solches Mal, da sie weder Untergrund noch graphische Linie kennt.«[193] Benjamin unterscheidet die Malerei radikal von der Zeichnung, indem er erstere nicht von der Prägekraft des (mittelbaren) Zeichens, sondern vom (unmittelbaren) Mal her denkt: »Das Bild hat keinen Untergrund. Auch liegt eine Farbe nie der anderen auf, sondern erscheint höchstens im Medium derselben.«[194] Das gemalte Bild kann aber natürlich kein reines Mal, reine Unmittelbarkeit sein, denn »so wäre eben damit es ganz unmöglich, es zu benennen«,[195] d.h. überhaupt Figurationen, welcher Art auch immer, zu erkennen. Diese Spannung zwischen »Mal und Wort«,[196] Medium und Komposition macht das gemalte Bild aus, was Benjamin in dem verschlungenen Satz verdichtet:

> »Nun ist aber das eigentliche Problem der Malerei in dem Satze zu finden, daß das Bild zwar Mal sei, und umgekehrt daß das Mal im engern Sinne nur im Bild sei, und weiter, daß das Bild, insofern es Mal ist, nur im Bild selber Mal sei, aber: daß andrerseits das Bild *auf etwas das es nicht selbst ist,* d.h. auf etwas, das nicht Mal ist, und zwar indem es benannt wird, bezogen werde.«[197]

---

192 »Insofern der Zusammenhang von Schuld und Sühne ein zeitlich magischer ist, erscheint vorzüglich diese *zeitliche* Magie im Mal in dem Sinne, daß der Widerstand der Gegenwart zwischen Vergangenheit und Zukunft ausgeschaltet wird und diese auf magische Weise vereint über den Sünder hereinbrechen.« Ebd., S. 272–273. Die auch für den späten Benjamin (»Über den Begriff der Geschichte«) zentralen Figuren des blitzhaften Augenblicks und des »Choks« sind hier bereits vorbereitet.

193 Benjamin 2002b, S. 273.

194 Ebd., S. 273.

195 Ebd., S. 274.

196 Ebd., S. 274.

197 Ebd., S. 274.

Das »sprachliche Wort, das sich im Medium der malerischen Sprache, unsichtbar als ein solches, nur in der Komposition sich offen-
barend, niederläßt«,[198] ist jenes Element innerhalb des Bildes, das es
als solches, indem es »auf etwas, das es nicht selbst ist«[199] verweist,
überhaupt erst konstituiert. Gleichzeitig ist jedoch durch diesen Einbruch des Wortes die Unmittelbarkeit des Mals immer schon *gestört*.
Mit dem »sprachlichen Wort« ist, eingedenk des Sprachaufsatzes,
noch nicht *semiosis* in einem entwickelten Sinne gemeint – »Komposition« ist für Benjamin zunächst einmal nichts weiter als die »gegenseitige Begrenzung der Farbflächen«[200] und noch nicht Figur oder
Bildobjekt – jedoch ist hier genau die Bruchstelle von *aisthesis* und
semiosis benannt, auf die es ankommt. Das Hin-und-Her zwischen
Unmittelbarkeit und Mittelbarkeit ist so allerdings – und das ist entscheidend – nicht als linearer, sondern als zirkulärer, reziproker Prozess gedacht, der nicht stillzustellen ist, sondern sich im *Augenblick*
des Übergangs je flüchtig offenbart. Das Bild der Malerei ist so immer
schon Vexierbild, in dem der Einbruch des »sprachlichen Wortes« für
den Moment steht, in dem es zu kippen beginnt, aber für einen kurzen Augenblick (der zeitlichen Magie) der »Widerstand der Gegenwart zwischen Vergangenheit und Zukunft ausgeschaltet wird« und
eine Ahnung von Unmittelbarkeit aufleuchtet.

In gleicher Weise teilt sich in den Aufsätzen »Lehre vom Ähnlichen« und dessen Variation »Über das mimetische Vermögen« das,
was Benjamin »unsinnliche Ähnlichkeit« nennt, im »Vexierbild«[201] der
Schrift mit. Schrift ist für Benjamin »neben der Sprache, ein Archiv
unsinnlicher Ähnlichkeiten, unsinnlicher Korrespondenzen«,[202] in
das das mimetische Vermögen, also die menschliche Fähigkeit Ähnlichkeiten und Korrespondenzen wahrzunehmen und vor allem her-
vorzubringen, eingeflossen ist. Unsinnlich deswegen, weil für Benjamin der moderne Mensch diese magische Fähigkeit weitgehend
verloren hat und die einstmals zutiefst sinnlichen Korrespondenzen
nicht mehr als solche erkennen kann. Zwar sei in der Sprache zum
Beispiel in Form der Onomatopöie (Lautmalerei) noch immer eine

---

198 Ebd., S. 274.
199 In der Semiotik entspricht genau dieser Satz bekanntlich der Minimaldefinition des Zeichens: Etwas, das auf etwas anderes verweist.
200 Benjamin 2002b, S. 273.
201 Benjamin 2002c, S. 120.
202 Benjamin 2002d, S. 125.

aisthetische Ähnlichkeitsbeziehung von Ding und Wort erkennbar, jedoch ist das ein eher unglückliches Beispiel.

»Was nie geschrieben wurde, lesen‹, Dieses Lesen ist das älteste: das Lesen vor aller Sprache, aus den Eingeweiden, den Sternen oder Tänzen. Später kamen Vermittlungsglieder eines neuen Lesens, Runen oder Hieroglyphen in Gebrauch. Die Annahme liegt nahe, daß dies die Stationen wurden, über welche jene mimetische Begabung, die einst das Fundament der okkulten Praxis gewesen ist, in Schrift und Sprache ihren Eingang fand.«[203]

Es ist an dieser Stelle unerheblich, ob diese Diagnose sprachhistorisch zutrifft oder nicht. Entscheidend ist, wie das Verhältnis von mimetischem Vermögen und Sprache/Schrift gedacht ist.

»Dergestalt wäre Sprache die höchste Verwendung des mimetischen Vermögens: ein Medium, in das ohne Rest die frühern Merkfähigkeiten für das Ähnliche so eingegangen seien, daß nun sie das Medium darstellt, in dem sich die Dinge nicht mehr direkt wie früher in dem Geist des Sehers oder Priesters sondern in ihren Essenzen, flüchtigsten und feinsten Substanzen, ja Aromen begegnen und zu einander in Beziehung treten.«[204]

Die Schrift, in die das mimetische Vermögen wie in ein Vexierbild eingegangen ist, ist zwar nicht mehr Unmittelbarkeit in dem Sinne, in dem »der Geist des Sehers oder Priesters« in der Lage war, Ähnlichkeiten und Korrespondenzen »direkt« wahrzunehmen, jedoch ist in ihr *als Medium* dieses okkulte Wissen eingeschrieben. Dieses Wissen existiert im Medium der Schrift, genauer: in den medialen Aspekten der Schrift und wird in einer Dynamik von *aisthesis* (der sinnlichen Wahrnehmung von Korrespondenzen und Ähnlichkeiten) und dem »menschlichen Wort«, das in diesem Text nun auch unter dem Namen *semiosis* auftritt, erlebbar. Diese beiden Ebenen sind so eng verzahnt, dass das Mimetische der Sprache nur entlang des Semiotischen erscheinen kann. Benjamin präzisiert diesen Vorgang:

»Alles Mimetische der Sprache ist vielmehr eine fundierte Intention, die überhaupt nur an etwas Fremdem, eben dem Semiotischen, Mitteilenden

---

203 Ebd., S. 125.
204 Benjamin 2002c, S. 121.

der Sprache als ihrem Fundus in Erscheinung treten kann. So ist der buchstäbliche Text der Schrift der Fundus, in dem einzig und allein sich das Vexierbild formen kann. So ist der Sinnzusammenhang, der in den Lauten des Satzes steckt, der Fundus, aus dem erst blitzartig Ähnliches mit einem Nu aus einem Klang zum Vorschein kommen kann.«[205]

Da es sich hier um einen neuralgischen Punkt handelt, der Benjamins Idee einer medialen Dynamik zwischen *aisthesis* und *semiosis* eindrücklich illustriert, sei dem obigen Zitat aus der »Lehre vom Ähnlichen« dessen präzisierende Variante aus dem Aufsatz »Über das mimetische Vermögen« zur Seite gestellt:

»Diese Seite der Sprache wie der Schrift [die mimetische] läuft aber nicht beziehungslos neben der anderen, der semiotischen einher. Alles Mimetische der Sprache kann vielmehr, der Flamme ähnlich, nur an einer Art von Träger in Erscheinung treten. Dieser Träger ist das Semiotische. So ist der Sinnzusammenhang der Wörter und Sätze der Träger, an dem erst, blitzartig, die Ähnlichkeit in Erscheinung tritt. Denn ihre Erzeugung durch den Menschen ist – ebenso wie ihre Wahrnehmung durch ihn – in vielen und zumal den wichtigsten Fällen an ein Aufblitzen gebunden. Sie huscht vorbei. Nicht unwahrscheinlich, daß die Schnelligkeit des Schreibens und des Lesens die Verschmelzung des Semiotischen und des Mimetischen im Sprachbereiche steigert.«[206]

In der Ereignishaftigkeit des »blitzhaften« Augenblicks, im Vorbeihuschen, zeigt sich das Mimetische in seiner medialen Unmittelbarkeit und aisthetischen Qualität als »Aroma«, als flüchtige Substanz. Bedingung der Möglichkeit dieser momenthaften Epiphanie ist aber die enge Verzahnung von *aisthesis* und *semiosis* im medialen Hinund-Her von Unmittelbarkeit und Mittelbarkeit. Benjamins Medienbegriff ermöglicht diese Engführung und verhindert die Subsumierung der ekstatischen Momente medialer Vollzüge unter die Ägide des Nur-Symbolischen. Wie bei Heidegger ist Medientheorie hier nicht mehr von Medien*ästhetik* zu trennen. Der Epiphanie des Unmittelbaren bei Benjamin entspricht formal der *aletheia* bei Heidegger, der Wahrheit als Unverborgenheit, wie sie im Kunstwerk als

—
205 Ebd., S. 120.
206 Benjamin 2002d, S. S. 125.

»Streit zwischen Erde und Welt« sich ereignet. Hier wie dort ist ein solches momenthaftes Ereignen oder Geschehen an mediale Konstellationen gebunden und zeigt sich im Modus einer Unruhe – *turbatio* – einem spannungsvollen Hin-und-Her der Ebenen, und zwar *nur* in einem solchen.

Ist also die von Benjamin herausgearbeitete Figur des Mediums als Unmittelbarkeit mit der aufgezeigten Konzeption einer medialen Transparenz im Sinne »aisthetischer Neutralität« unvereinbar? Mitnichten, denn ähnlich wie schon bei Heidegger bedeutet Benjamins Konzeption des Medialen als Unmittelbarkeit nicht eine Negierung, sondern vielmehr eine Präzisierung der Ausgangsthese. Denn während mediale Unmittelbarkeit im Sinne der Transparenz bei Heidegger bereits eine bestimmte Form der Opazität im »Verstellen« impliziert, beinhaltet Benjamins Unmittelbarkeitsbegriff in Bezug auf Medien eine derart unver-mittelte Direktheit, wie sie dem Menschen nach dem Sündenfall schlichtweg gar nicht zugänglich ist und daher für den post-paradiesischen Menschen in reine Opazität umschlägt, die nur in den »Aromen« und »flüchtigen Substanzen« ästhetischer Epiphanien blitzhaft suspendiert ist. Diese Epiphanien, in denen sich die »Sprache der Dinge« in ihrer noch nicht sinnhaften Insistenz zeigt,[207] konstitutiv in den Begriff des Mediums eingebunden zu haben, ist eine der wichtigsten Leistungen der Benjaminschen Medientheorie, die allerdings gegenüber den geschichtsphilosophischen und politischen Aspekten innerhalb der Rezeption bis heute oftmals verdeckt, wenn nicht sogar negiert wird.

Bereits Theodor W. Adorno sieht in seiner einflussreichen Benjamininterpretation sehr präzise, dass Benjamins Theoriebildung sich ständiger »leibhafter Fühlung mit den Stoffen«,[208] dem »spezifischen Gewicht des Konkreten in seiner Philosophie«[209] verdankt. Allerdings

---

207 »Man hat das déjà vu oft beschrieben. Ist die Bezeichnung eigentlich glücklich? Sollte man nicht von Begebenheiten reden, welche uns betreffen wie ein Echo, von dem der Hall, der es erweckte, irgendwann im Dunkel des verflossenen Lebens ergangen scheint. Im Übrigen entspricht dem, daß der Chock, mit dem ein Augenblick als schon gelebt uns ins Bewußtsein tritt, meist in Gestalt von einem Laut uns zustößt. Es ist ein Wort, ein Rauschen oder Pochen, dem die Gewalt verliehen ist, unvorbereitet uns in die kühle Gruft des Einst zu rufen, von deren Wölbung uns die Gegenwart nur als ein Echo scheint zurückzuhallen.« Benjamin 1977b, S. 282.
208 Adorno 1998, S. 568.
209 Ebd., S. 572.

wird dieses »Stoffliche« bei Adorno nicht mit Materialität und *aisthesis*, sondern ausschließlich mit *semiosis* identifiziert: »Die Stoffschicht aber, an die er sich band, war historisch und literarisch. [...] Die ganze Schöpfung wird ihm zur Schrift, *die es zu dechiffrieren gilt, während der Code unbekannt ist.* Er versenkt sich in die Realität wie in einen Palimpsest. Interpretation, Übersetzung, Kritik sind die Schemata seines Denkens.«[210] So plausibel es ist, Benjamins Werk in die Tradition der kabbalistischen und spätromantischen Sprachmystik zu stellen, so sehr hat die in diesem Punkt apodiktische Eingleisigkeit von Adornos Beschreibung, die ihm vor allem dazu dient, Benjamin posthum gegen den verhassten Heidegger ins Feld zu führen,[211] eine Verengung vieler Teile der Benjaminrezeption zur Folge, die mittelbar dann auch die mitunter sehr einseitigen Fokussierungen auf Benjamins Kunstwerkaufsatz erklärt.[212] Benjamins Philosophie ist jedoch nicht einfach die Re-Inszenierung eines überkommenen Pansemiotismus, der die Welt als Buch begreift. Für eine bestimmte Richtung heutiger Medientheorie ist Adornos Diktum jedoch immer noch die alleinige *via regia* zum Verständnis Benjamins:

> »Benjamin hat immer von der Literatur her, von der Autorschaft, vom Schreiben her gedacht und ein sprach- und schriftphilosophisches Konzept seinen Analysen zugrunde gelegt. Er hat also einen Primat gesetzt, den die Medienwissenschaften im Phantasma vom audiovisuellen und computeriellen Ende der Gutenberggalaxis zu ihrem Schaden vorschnell meinten verabschieden zu müssen.«[213]

Die stellenweise sehr aggressiven Ausfälle[214] gegen eine Medientheorie, die, wie die Marshall McLuhans, bei aller ansonsten berechtigten Kritik, Körper, *aisthesis* und die Materialität der Medien überhaupt erst zum Thema macht, führen zu einer Marginalisierung oder sogar Negierung eben jener Aspekte im Werk Benjamins.[215]

---

210 Ebd., S. 573. Herv. von mir, M.R.
211 Ebd., S. 572.
212 Eine instruktive und detailgenaue Ausnahme ist auch hier Samuel Webers Beitrag zu Benjamins Kunstwerkaufsatz, der ebenfalls Benjamin mit Heidegger korreliert, jedoch auf eine andere als die hier vorgeschlagenen Weise, Vgl. Weber 1996.
213 Lindner 2005, S. 10.
214 Vgl. Vogel 2001, S. 113–116.
215 Karl-Heinz Barck bringt diese von den Vertretern der »Frankfurter« Benjamin-

Adorno hingegen wusste um die Bedeutung dieser Seite von Benjamins Theoriebildung und hat seiner Abneigung gegenüber diesem eminent wichtigen Aspekt in Benjamins Philosophie in einem Brief deutlich Ausdruck verliehen:

»Am 6.9.1932 schreibt Theodor W. Adorno an Walter Benjamin: ›Alle die Punkte, in denen ich, bei der prinzipiellsten und konkretesten Übereinstimmung sonst, von Ihnen differiere, ließen sich zusammenstellen unter dem Titel eines *anthropologischen Materialismus*, dem ich die Gefolgschaft nicht leisten kann. Es ist, als sei für Sie das Maß der Konkretion der Leib des Menschen.‹ Gerade weil die Benjamin-Rezeption sehr stark von der Kritischen Theorie der Frankfurter Schule geprägt worden ist, muß man diese Differenzbestimmung sehr ernst nehmen: Der Kernbestand von Benjamins Erkenntnistheorie, sein anthropologischer Materialismus, ist von der Kritischen Theorie nicht rezipiert worden und deshalb noch nicht deutlich genug ins Bewußtsein der ›Nachwelt‹ getreten.«[216]

Dieser Befund von Bolz und van Reijin kann nicht nachdrücklich genug unterstrichen werden. Obwohl Adorno – wie der zitierte Brief zeigt – genau wusste, dass Benjamins »Maß der Konkretion« der Leib des Menschen ist, unterschlägt er eben diesen anthropologischen Materialismus in der zitierten »Einleitung zu Benjamins ›Schriften‹« und münzt das »Stoffliche«, um das es Benjamin stets gehe, ins rein Literarisch-Historische um. Derlei Vereinnahmungen sperren sich vor allem die frühen Texte Benjamins, aber auch der Kunstwerkaufsatz, den auf der Grundlage des in diesem Kapitel Gesagten noch einmal

---

Rezeption gerne verleugnete Korrespondenz mit Blick auf den Kunstwerkaufsatz auf den Punkt: »I would like to suggest that Benjamin's noninstrumental view of technology, which is a kind of theoretical leitmotif in the *Artwork* essay, constitutes a vision of great contemporary importance. Benjamin's militant critique of cultural and aesthethic concepts breaks down the «Great Wall« between technology and aesthetics to create a bordercrossing that resembles, for example, McLuhan's account of how our involvement with perception of television images increases our tactical abilities. Books such as *The Gutenberg Galaxy* and *Understanding Media* have tought us to see the parallels between the starring role played by typography in the shaping of human thought and life and the changes in perceptual modes effected by life in the ›electric age‹. What links these is touch, which, as McLuhan has suggested, is not so much a separate sense as the very interplay of senses.‹« Barck 2003, S. 42–43.
216 Bolz/van Reijin 1991, S. 87.

neu zu rekonstruieren hier nicht mehr der Platz ist. Zu Benjamins anthropologischem Materialismus gehören nicht nur die wahrnehmungsgeschichtlichen Umwälzungen des »Leibraums«, wie sie Bolz und van Reijin entlang des Surrealismus-Aufsatz rekonstruieren,[217] sondern eben auch jene Form von Medienästhetik, die unter enormen terminologischen Anstrengungen das Spannungsfeld von *aisthesis* und *semiosis* innerhalb medialer Prozesse zu durchmessen sucht.

6. Zusammenfassung

Es hat sich gezeigt, dass eine dichotomische Gegenüberstellung von Transparenz und Opazität innerhalb einer theoretischen Darstellung medialer Vollzüge nicht haltbar ist. Weder ist Störung eine rein subversive Kraft, die gegen die »Bannkraft« medialer »Verblendungszusammmhänge« opponiert, noch sind Medien überhaupt als störungsfrei-monolithische Enigmata denkbar. Heideggers Begriff des Unzuhandenen erlaubt ebenso wie Benjamins Konzeption des Medialen als Unmittelbarkeit die inkommensurable Interdependenz von aisthetischer Neutralität und Störung, Transparenz und Opazität auf eine Weise zu denken, die für die Medientheorie folgenreich ist:

Medien sind nicht ausschließlich dem Symbolischen und Imaginären zuzuordnen, da entscheidende Aspekte ihrer Vollzugslogiken sich *Ekstasen des Realen* verdanken. Letztere zeigen sich im Modus der Störung, deren mannigfaltige Formen und Aggregatzustände oben ohne Anspruch auf Vollständigkeit nachgezeichnet wurden. Indem somit das Reale medialer Vollzüge medientheoretisch wieder eingeholt wird, entpuppt sich das kulturpessimistische Bild von Medien als »Affirmationszwang« auslösenden »Enigmata« (Mersch) selbst als Phantasma, das es zu relativieren gilt.

Transparenz und Opazität, aisthetische Neutralität und Störung sind nicht dichotomische Oppositionen, sondern verschiedene Formen desselben Vorgangs; mit Heidegger formuliert: Der Auffälligkeit/Aufsässigkeit des Unzuhandenen, das in seinen vielgestaltigen turbatorischen Qualitäten Bedingung der Möglichkeit nicht nur von Störung, sondern auch von »gelingenden« medialen Vollzügen ist.

---

217 Ebd., S. 87–107.

Nach allem Gesagten ist Dieter Mersch zwar Recht zu geben, wenn er, wie eingangs zitiert, davon ausgeht, dass das Faszinosum der Medien in ihrer »Verbergung« begründet ist. Jedoch lässt sich daraus nicht automatisch die Schlussfolgerung ziehen, dass aus diesem Umstand gleich ein »Verblendungszusammenhang« resultiert, der dann von den Künsten qua Störung subvertiert würde. Vielmehr lässt sich gerade anhand der Heideggerschen Analyse der »zwiefachen Verbergung« die Vollzugslogik des Medialen beleuchten, die dann in der Kunst (und zwar nicht nur in derjenigen der Avantgarden) in Form des »Streits« aufgegriffen wird. Obwohl bei Benjamin der Begriff der Störung selbst keine Rolle spielt, zeigen sich bei ihm mediale Vollzüge gerade (aber eben nicht nur) im Modus ästhetischen Erlebens in einer Dynamik von Unmittelbarkeit und Mittelbarkeit, deren Signum die Ereignishaftigkeit des »blitzhaften« Aufscheinens ist, die wiederum eine entscheidende Qualität der Störung im Sinne der *turbatio* ist. In der Ereignishaftigkeit des Kunstwerkes ist das Paradox der mittelbaren Unmittelbarkeit wie der »Streit« bei Heidegger als Interdependenz in der Differenz von *aisthesis* und *semiosis* eingeschrieben.

Nicht zuletzt wird das in den Geisteswissenschaften der letzten Jahre immer mehr als agonal dargestellte Verhältnis von *aisthesis* und *semiosis* beschreibbar, ohne das eine oder andere von vornherein privilegieren oder unterschlagen zu müssen. Das Reale der Medien zeigt sich im Modus der Störung, des Rauschens, des Unzuhandenen und lenkt den Blick ebenso auf die unhintergehbare Aisthetizität der *semiosis* wie auf die genuine Semiotizität der *aisthesis*. Benjamins »Aromen der Unmittelbarkeit« sowie Heideggers subtile Unterscheidung zwischen »Aufsässigkeit« und »Auffälligkeit« am Beispiel des »Zeigzeugs« Zeichen illustrieren auf terminologisch sehr verschiedene, formal jedoch verwandte Weise genau das: Ebenso wie bei Benjamin reine mediale Unmittelbarkeit im Sinne des magischen Schöpferwortes dem Menschen nach dem Sündenfall in reine Opazität umschlägt und diese Opazität wiederum in der Sprache des Menschen als dessen Ermöglichungsbedingung zutiefst eingeschrieben ist, ist die »Störung der Verweisung« bei Heidegger auf einer ganz basalen aisthetischen Ebene Bedingung für die Semiotizität von Zeichen, eben indem diese *auffallen*, also aisthetisch »aufsässig« werden müssen.

Heideggers und Benjamins Theorien sind so konsequente Versionen dessen, was weiter oben mit Jäger und Gumbrecht als Spannung zwischen Störung und Transparenz, bzw. Präsenz- und Sinneffekten beschrieben wurde. Die von Heidegger aufgezeigte Konzeption des Unzuhandenen als eines dynamischen Schwellenphänomens zwischen Zuhandenem und Vorhandenem bietet einen Ausblick darauf, wie die »medienspezifischen Modalitäten« mit ästhetischem Erleben zusammenhängen und umgekehrt. Eine Medientheorie also, welche die turbatorische Qualität von Medien in den Fokus rückt, ist somit immer schon auch *Ästhetische* Theorie.

V. Zu einer Präsenztheorie digitaler Medien

1. Exkurs: Das Harte und das Sanfte im Clinch: TERMINATOR 2

Ein Film wie TERMINATOR 2 zeigt exemplarisch, wie Medienumbrüche und die damit einhergehenden Irritationen zwischen *aisthesis* und *semiosis* auf ästhetischer Ebene buchstäblich ausgefochten werden können. James Camerons Fortsetzung seines in den frühen achtziger Jahren gedrehten »Blockbusters« steht am Anfang einer Entwicklung, die heute aus dem Mainstreamkino nicht mehr wegzudenken ist. In TERMINATOR 2 wird das Medium Film im *digital image processing* entscheidend transformiert. Vor allem die Technik des *morphing* hat als spektakulärer *special effect* bleibenden Eindruck hinterlassen, was sich auch in der kaum noch überblickbaren Sekundärliteratur zu diesem Film ausdrückt. Nicht zu Unrecht, denn hier wird ein konstitutives Moment analoger Filmtechnik verwandelt: das Verhältnis von Einstellung und Montage. Während in der Filmtheorie klassischerweise Montage und Einstellung als *die* fundamentalen Einheiten der Filmsprache gelten, werden die zuvor festen Grenzen dieser beiden Elemente in der digitalen Technik des *Morphing* suspendiert.

> »Beim Morphing wird dem Computer das Ausgangsbild und das gewünschte Endbild in Form gescannter ›Realbilder‹ eingegeben, das entsprechende Programm errechnet die Zwischenstufen selbstständig und wandelt die Ausgangsgestalt durch unmerkliches Austauschen von Bildpunkten in die Endgestalt um. Werden die dabei errechneten Zwischenbilder in Form der 24 Filmbilder pro Sekunde vorgeführt, entsteht der Eindruck gleitender Verwandlungen, die magische Wirkungen zeitigen. Menschliche Gestalten werden zu tierischen oder zu dinglichen, Körper und Objekte werden in neue Zusammenhänge transformiert.«[1]

Digitales *image processing* in Form des Morphings überwindet die Grenze von Montage und Einstellung, indem eine Metamorphose *innerhalb* ein und derselben Einstellung, also ohne Zwischenschnitt, vollzogen werden kann: »Das Morphing überwindet sinnlich wahrnehmbar die Beschränkungen der klassischen Montage, es löst auch

---

1   Hoberg 1999, S. 32.

Abb. 33: Still aus Terminator 2, USA 1991.

für den unbefangenen Betrachter die Grenzen bisheriger Bild- und Trickwirkung auf.«[2] Im Ergebnis bedeutet das eine Form von *innerer Montage*,[3] die nur aufgrund der durch den Computer ermöglichten Manipulierbarkeit einzelner Bildpunkte technisch umgesetzt werden konnte. Die Technik des Morphings verdankt ihre Popularität in der Theorie dabei vor allem ihrer Deutlichkeit. Obwohl dieser *special effect* heute alles andere als spektakulär und in Werbung, Musikvideos, Film und Nachrichtenvorspännen so allgegenwärtig geworden ist, dass er als solcher kaum noch wahrgenommen wird, liegt die Bedeutung von Terminator 2 in dessen Inszenierung einer bestimmten medientheoretischen Diskurskonstellation. Denn entgegen der inzwischen sattsam geläufigen These, dass in Terminator 2 die »Entkörperlichung« des Digitalen sich in ihrer ganzen Tyrannei manifestiere,[4] ist vielmehr auffällig, dass der Film von der narrativen bis zur filmischen Ebene geradezu *besessen* ist von Materialität, Oberfläche, Textur und Körperlichkeit. Der »T-1000« – wie der Ur-Terminator ein Cyborg, der von einer künstlichen Intelligenz in die Vergangenheit geschickt wird, um dort den Anführer einer zukünftigen »Wetware«-Revolte zu eliminieren – besteht laut Film-Dialog aus einer »mimetischen Poly-Legierung«, einem quecksilber-artigen Metall, das sich in beliebige Objekte verwandeln kann; ein Foucaultscher »Dämon der Ähnlichkeit«, dem der immerhin noch aus »lebendem Gewebe über einen Exoskelett« bestehende Ur-Terminator nicht viel entgegenzusetzen hat.

---

2   Ebd., S. 69.

3   Ebd., S. 47.

4   »Das Morphing ist ein sinnfälliger Ausdruck davon, wie das materielle, körperliche Element bei der Spielfilmproduktion zu einer potentiell schwindenden Kategorie wird, sozusagen ein Vorschein dessen, was in der Verlängerung der bisherigen – anfänglichen – Anwendungsweisen der neuen Technik denkbar ist.« Hoberg 1999, S. 33.

Abb. 34–45: Stills aus Terminator 2, USA 1991.

Neben seiner unheimlichen Fähigkeit »verlustfreie« Kopien sowohl von Menschen als auch von Dingen erzeugen zu können, besteht ein weiteres Beunruhigungspotential des T-1000 in der zähflüssigen Konsistenz seiner quecksilbrigen Substanz. Einige der beeindruckendsten Sequenzen von TERMINATOR 2 zelebrieren diese auf fast alchemistischen Weise.

Die visuelle Faszination am Flüssigen, an der Opposition von hart und sanft, oder besser hart und *weich*, hat sich insbesondere innerhalb der *digital cinematography* ungebrochen erhalten und fließt daher natürlich auch in jenen Film ein, der acht Jahre nach TERMINATOR 2 die auch und gerade auf dieser Unterscheidung basierende Differenz von Analog und Digital bereits mitreflektiert: THE MATRIX.

Während in der Spiegelsequenz (Abb. 46–48) das Amorphe der digital generierten »Matrix« in den Körper des Protagonisten buchstäblich eindringt, stürzt in einer weiteren Sequenz ein Hubschrauber in eine vermeintlich feste Hochhausfront und erweist im Aufprall diese als digitales Konstrukt der »Matrix«. Das Weiche ist hier vollends zum Emblem des Digitalen geworden, das im Zuge dessen mit seinem einstmaligen Gegenteil, dem Amorphen, zusammenfällt.

2. Das digitale »Unding« (Flusser)

> Der Wert verschiebt sich vom Ding auf die Information:
> Umwertung aller Werte. […] Nicht das Ding, die Information ist
> das ökonomisch, sozial und politisch Konkrete.
> Unsere Umwelt wird zusehends weicher, nebelhafter, spektraler.
> *Vilém Flusser*

Wenn Präsenzerfahrung im Modus der Störung als *ekstasis* des Realen ein Konstitutivum von Medien sein soll, das »gelingende« mediale Vollzüge in gleichem Maße durchkreuzt wie ermöglicht und in die medial induzierte Sinngenese als Bedingung ihrer Möglichkeit eingeschrieben ist, so ist dieser Befund angesichts digitaler Medien auf den ersten Blick schwer nachvollziehbar. Im Gegenteil, der Topos von der »Agonie des Realen« (Baudrillard) hat innerhalb zeitgenössischer Medientheorie und Ästhetik seit Mitte der achtziger Jahre augenscheinlich im selben Maße an Evidenz gewonnen, wie digitale

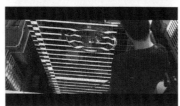

Abb. 46–48: Stills aus THE MATRIX,
USA 1999.

Medien die tägliche Wahrnehmungs- und Kommunikationspraxis zu
beherrschen begannen. In einer Zeit, in der Face-to-Face Kommunikation vom SMS- und Emailverkehr scheinbar verdrängt wird, jedes
Bild unter dem Generalverdacht der Manipulation durch *image processing* steht und man noch nicht einmal mehr eine U-Bahn-Fahr-
karte kaufen kann ohne mit *Touchscreen-Interfaces* konfrontiert zu
werden, hat die Rede vom »Verschwinden des Körpers« und der ab-
weisenden »Kühle« digitaler Medienwelten ungebrochen Konjunktur.
Gerade innerhalb des Diskurses postmetaphysischer Präsenztheorie
wird die theoriestrategische Fokussierung auf Präsenzerfahrungen
geradezu als philosophisch-ästhetische Rehabilitation einer Alteri-
tätserfahrung verstanden, die im Zeitalter des Digitalen in Vergessenheit zu geraten drohe, so dass die unverhohlene Abneigung gegenüber digitalen Medien oftmals umso aggressiver wird, je elaborierter
die Theoriebildung ist.

Mit der Rede von einer »Agonie des Realen« (Baudrillard) geht
zumeist die Gegenüberstellung der vermeintlichen Sterilität des Digitalen als medialem Endpunkt neuzeitlicher Rationalisierung und
Mathematisierung und dem »Analogen« als dem kontinuierlichen
»Realen« einher, das sich nicht in die Zwangsjacke binärer Disjunk-
tionen pressen lasse. In diesem Zusammenhang liegen der Unterscheidung Analog/Digital zumeist folgende Bedeutungen zugrunde:
»Entropie versus Information, kontinuierlich versus diskontinuier-
lich, linear versus nichtlinear, Ereignis versus Wiederholung, Wahr-

scheinlichkeit versus Unwahrscheinlichkeit, Reales versus Symbolisches, Natur versus Artefakt usw.«[5] Es ist kein Zufall, dass diese Gegenüberstellungen auch den Diskursraum postmetaphysischer Präsenztheorie markieren.

1989, also vier Jahre nach Serres' »Fünf Sinne« wird »das Harte und das Sanfte« von Vilém Flusser in einem Text wieder aufgenommen, der in komprimierter Form und in sehr klarer Weise diese Attribute auf jene Phänomene bezieht, um die es im digitalen Zeitalter und in den Frontstellungen postmetaphysischer Präsenztheorie eigentlich geht: Analog versus Digital, *Hard*ware versus *Soft*ware.

> »Die harten Dinge in unserer Umwelt beginnen, von weichen Undingen verdrängt zu werden: Hardware von Software. Die Dinge ziehen sich aus dem Zentrum des Interesses zurück, es konzentriert sich auf Informationen. Wir können und wollen uns im Leben nicht mehr an die Dinge halten: sie sind nicht mehr das ›Konkrete‹. Daher kann ›Abstrahieren‹ nicht mehr ›weg vom Ding‹ bedeuten.«[6]

Flussers argumentative Pointe ist es, in diesem Text eine Programmatik der »Abstraktion« zu entwerfen, die unter den Vorzeichen der Digitalisierung invertiert gedacht werden müsse. War es in vordigitalen Epochen noch so, dass die Denkbewegung sich von den Dingen in ihrer Singularität weg zu einem in der Abstraktion fundierten Denken in »Formen« (»Begriffe, Modelle, Symbole«[7]) bewegen musste, um die Dinge be-greifen zu können,[8] so ist laut Flusser innerhalb der gegenwärtigen (medien-)historischen Situation das Gegenteil der Fall. Die Dinge in ihrer Widerständigkeit und »Härte« seien diffundiert in das »weiche und nebelhafte« der *Information*,[9] wobei hier die Rede von der »Haltlosigkeit« des in den Datenströmen sich ver-

---

5   Schröter 2004b, S. 10.
6   Flusser 1997a, S. 185–186.
7   Ebd., S. 185.
8   »Je weiter entfernt von den Dingen, desto abstrakter, ›theoretischer‹ war eine Form«. Ebd., S. 185.
9   An dieser Stelle greift Flusser Serres' Unterscheidung von der physikalischen Materialität der »Energie« und dem »Sanften« der *semiosis* in Form der »Information« auf. Flusser bringt hier keinen strengen Begriff der Information in Anschlag, sondern erweitert den Shannonschen Begriff metaphorisch auf alle Bilder, Zeichen und technischen Vorgänge, die sich elektronischen Medien verdanken.

lierenden postmodernen Subjekts – wie schon bei George Steiner – den bekannten Topos von der »transzendentalen Obdachlosigkeit«[10] wieder aufleben lässt: »An die Dinge können wir uns nicht halten, und bei den Informationen wissen wir nicht, wie uns an sie halten. Wir sind haltlos geworden.«[11] Schnell ist klar, was mit »Information« gemeint ist: *Soft*ware, die somit gegen das Dinghafte einer *Hard*ware ausgespielt wird:

> »Die Verschiebung des Interesses vom Ding weg in Richtung Information läßt sich mit der Automation der Dingerzeugung erklären. Maschinen werden informiert, um Dinge massenhaft zu speien. All diese Rasiermesser, Anzünder, Füllfedern, Plastikflaschen sind praktisch wertlos. Wertvoll allein ist die Information, das Programm in den Maschinen.«[12]

Unübersehbar ist, dass hier die bereits radikale These vom technischen Medienapriori à la Kittler in kritischer Absicht noch durch eine Art *Medienplatonismus* überboten wird, der in einer starken *type/token*-Logik verankert ist und vom Technischen unmittelbar auf die *conditio humana* überspringt. Das Subjekt des digitalen Zeitalters findet sich bei Flusser unversehens in die imaginären Gewölbe des platonischen Höhlengleichnisses zurückversetzt und sieht sich nunmehr entleibt und an seine Maschinen gefesselt, jenen »weichen und nebelhaften« Gebilden gegenüber, die jetzt nicht mehr »Schatten«, sondern »Undinge« heißen und nicht mehr auf Höhlenwänden, sondern auf Bildschirmen und in Softwareroutinen begegnen:

> »Information – Undinge wie Bilder auf dem Fernsehschirm, in Computern gelagerte Daten, in Robotern gespeicherte Programme, Mikrofilme und Hologramme – lassen sich nicht mit Fingern greifen. Im buchstäblichen Sinne des Wortes sind sie ›unbegreiflich‹. [...] Nicht auf die Chips, auf die Bits müssen wir achten. Dieser gespenstische Charakter unserer Umwelt, diese ihre unbegreifliche Nebelhaftigkeit, ist die Stimmung, in der wir zu leben haben.«[13]

---

10 Vgl. Lukács 1988.
11 Flusser 1997a, S. 187.
12 Ebd., S. 186.
13 Ebd., S. 187.

Das postmoderne Subjekt hat es also mit Gegebenem zu tun, das dieses mit Informationen wie vormals mit Dingen umstellt, nur dass diese neuen Dinge sozusagen *falsche* Dinge, also »Undinge« sind: Schatten an der Höhlenwand, die vom elektronischen »Funkenflug« integrierter Schaltkreise erzeugt werden.[14] In einer solchen Welt aus Undingen müsse natürlich auch das Dinghafte des menschlichen Körpers, seine Materialität, sich in der Interaktion mit diesen Schattenbildern üben und verliere im Zuge dessen seine Fähigkeit, beziehungsweise überhaupt die Notwendigkeit, mit »echten« Dingen, also der materiellen »Härte« des »Realen« umzugehen: Verschwinden des Körpers, der, selbst zu Software geworden, nicht mehr »hart« sein muss.[15] In der Maske von Ding und Unding, Hardware und Software inszeniert Flusser am Beispiel des digitalen Zeitalters eben jene Unterscheidung von *aisthesis* und *semiosis*, um die es innerhalb postmetaphysischer Präsenztheorie geht, die hier allerdings radikal dichotomisch gedacht wird. Das Ding in seiner Materialität und Widerständigkeit werde im digitalen Zeitalter »uninteressant«, da es nicht mehr um die Dinge in ihrem So-Sein, sondern nur noch um die Relationen *zwischen* den Dingen gehe, die als solche in Form der computierbaren »Information« den Platz der Dinge selbst einnehmen:

> »Nicht der Tisch, und nicht ich selbst, sondern das Verhältnis von Ich-Tisch ist die Sache. Die dingliche Umwelt ist uninteressant geworden, das Interesse hat sich auf die Dokumente verschoben. Es sind die Dokumente, die Formen, die Modelle, die gegenwärtig beginnen, das Konkrete der Umwelt auszumachen. Aus dieser uns programmierenden Konkretizität der Dokumente müssen wir die Tatsachen abstrahieren.«[16]

---

14   Dies entspricht der Baudrillardschen Theorie der Simulakra: Vgl. Baudrillard 1991.

15   »Der an den Dingen uninteressierte künftige Mensch wird keine Hände benötigen, denn er wird nichts mehr behandeln müssen. Die von ihnen programmierten Apparate werden jede künftige Behandlung übernehmen. Übrig bleiben von den Händen die Fingerspitzen. Mit ihnen wird der künftige Mensch auf Tasten drücken, um mit Symbolen zu spielen und um audiovisuelle Informationen aus Apparaten abzurufen.« Ebd., S. 188. Ein solchermaßen amputierter Leib verschmilzt somit gänzlich mit dem Digitalen (*digitus*, lat. Finger, Vgl. zur Etymologie des Begriffs Loleit 2004 und zur Kulturtechnik der Hand: Wenzel 2003).

16   Baudrillard 1991, S. 189.

Flusser fordert ein »Zurück zu den Sachen selbst«, die aus den zu virtueller »Konkretizität« geronnenen Informationsströmen ersteinmal wieder »rückwärts« abstrahiert werden müssten. In dieser »Konkretizität« der »Dokumente, Formen und Modelle« ist einmal mehr jener durch Derrida und die Kybernetik inaugurierte »Ultrastrukturalismus« wiederzuerkennen, dem sein Zentrum (die Präsenz) abhanden gekommen ist. Obwohl Flussers kurzer Text des öfteren unterkomplex bleibt und in der prognostizierten »Entleibung« des digitalisierten Subjekts nah an schiere Science Fiction heranreicht, sind hier einige entscheidende Topoi der Medienkritik postmetaphysischer Präsenztheorie versammelt, die auch noch in wesentlich genaueren und terminologisch dichteren Kommentaren zu finden sind. Neben der These von der »Agonie des Realen« ist hier vor allem die Frontstellung von Analog und Digital zu nennen, in der sich die darin implizierte Dichotomie von *aisthesis* und *semiosis* nur unzureichend verbirgt:

> »Die denkende Sache ist klar und deutlich – und das heißt, sie ist voller Löcher zwischen den Zahlen. Die Welt aber ist eine ausgedehnte Sache – *res extensa* –, in der alles fugenlos zusammenpasst. Wenn ich also die denkende Sache an die ausgedehnte anlege, um die zu bedenken – *adaequatio intellectus ad rem* –, dann entschlüpft mir die ausgedehnte Sache zwischen den Intervallen.«[17]

In diesem Satz liegt eine ganze Diskursgeschichte und Phänomenologie des Digitalen, die in einer Linie von Descartes zu Turing führt und für die Medienkritik postmetaphysischer Präsenztheorie zentral ist. Die »Löcher zwischen den Zahlen« sind Metapher für das Kriterium der *Entscheidbarkeit*, das allen formalen Sprachen zugrunde liegt und im Entweder/Oder des Binärcodes seine Minimalform findet. Das ist das Grundmisstrauen, das dem Digitalen entgegengebracht wird: Die Befürchtung, dass im digitalen Medium das Gesetz vom ausgeschlossenen Dritten Absolutheitsanspruch erlangt und das Reale somit durch das »Netz des Symbolischen« hindurch »entschlüpft«.

---

17 Flusser 1997b, S. 206.

3. Medienmarginalismus als Rehabilitierung
der Präsenzkategorie (Mersch)

Eine der entschiedensten und zugleich am besten begründeten Positionen innerhalb dieser präsenztheoretischen Medienkritik nimmt Dieter Mersch ein. Für Mersch sind nicht nur digitale Medien, sondern Medien *überhaupt* gegenüber der *aisthesis* als defizitär konzipiert, weshalb es ihm in seinen zentralen Texten um den Aufweis und die Beschreibung einer genuinen *Amedialität* der Wahrnehmung[18] geht. Für Mersch fällt der Begriff des Mediums zwar nicht mit dem des Zeichens zusammen, jedoch ist die Nähe dieser beiden Ebenen eng genug konzipiert, um medialen Vollzügen die *aisthesis* als deren radikal Unverfügliches gegenüberstellen zu können.

»Insofern allerdings kulturelle Prozesse überhaupt an symbolische Praktiken geknüpft sind, verweisen Medien auf Zeichensysteme, mit denen sie eng verzahnt sind. Zwar gehen die Begriffe Zeichen, Symbol und Medium nicht wechselseitig ineinander auf, wohl aber beschreiben sie verwandte Aspekte. Insbesondere lassen sich Zeichen, wie bei Ernst Cassirer, als Medien des Symbolischen lesen, die dadurch Bezüge setzen, daß sie Welt ebenso abtrennen wie zeigen.«[19]

Medien sind so immer schon auf der Ebene der *semiosis* zu denken und erfüllen hier ihre Funktion. Für Mersch sind Medien *Mittler*, beziehungsweise *die Mitte* als Relation, wie sie in dem Zitat von Konrad Ehlich skizziert wird und im aristotelischen *ta metaxu* begründet ist. *Innerhalb* der Zeichentriade aus Signifikant, Signifikat und Interpretation (»symbolischer Ordnung«[20]) nehmen Medien eine Mittelposition ein:

---

18 »Auffindbar im Begriff der *Aisthesis*, der gegenüber den Techniken der Sensibilisierung, der Schärfung und Überschärfung der Sinne sowie den Inszenierungen und Gestaltungen von Sichtbarkeit und Hörbarkeit abzugrenzen ist, hebt das Zuvorkommende gerade das Nichtvermittelte wie Unmittelbare oder Plötzliche hervor – mit einem Wort; die *Amedialität von Wahrnehmungen*.« Mersch 2002a, S. 54.

19 Mersch 2002a, S. 56.

20 Ebd., S. 56. Bei dem Begriff der »Symbolischen Ordnung« ist zu beachten, dass Mersch hier nicht die Lacansche Ordnung, sondern den Symbolbegriff Ernst Cassirers im Blick hat.

»als Funktion oder Ort der Beziehung oder Kodifizierung, die die Form der *Semiosis* allererst konstituiert und ›austrägt‹ und dabei weder der einen noch der anderen Seite zuzuschlagen ist. Durchweg handelt es sich also um Mittel, weniger im Sinne eines *instrumentums*, als vielmehr um eine nicht auszulotende Mitte, die sich zwischen zwei Positionen hält.«[21]

Hierbei folgt Mersch der bereits beschriebenen Transparenzthese der Medien:»Damit erweist sich eine Differenz für den Medienbegriff als konstitutiv: Medien erfüllen sich in dem, was sie *nicht* sind. [...] Auf Medien bezogen, liegt ihr Optimum im Ideal des Zurücktretens. In diesem manifestiert sich sowohl deren spezifische Macht als auch ihre Unheimlichkeit.«[22] Zwar wird durchaus zugestanden, dass sich die Theorie der Medien nicht mehr mit Zeichen, sondern mit deren materiellen Ermöglichungsbedingungen beschäftige, allerdings sei diese Form der Materialität immer schon im Hinblick auf *semiosis* theoretisch vorgeprägt. Denn obwohl der Begriff des Mediums nicht in denen des Zeichens oder des Symbolischen aufgehe, *bezeichnen Medien für Mersch allein jene Materialitäten die »formieren«*:[23] »Dann handelt es sich jedoch nicht eigentlich um Materialitäten, die Eigenschaften des Stofflichen wie Gewicht, Dauer und Beharrungsvermögen oder seine Zeitdimension wie Endlichkeit, Verfall und Erosion betonen und sich in erster Linie der Wahrnehmung erschließen, sondern um Strukturalitäten.«[24]

Mit dem Terminus der »Strukturalitäten« zeigt sich bei Mersch ein Medienbegriff, der immer schon am Vorbild der *semiosis* orientiert ist und Medien damit gegenüber der *aisthesis* als defizitär veranschlagen kann. Innerhalb eines solchen Medienbegriffs können Materialitäten und an diese gekoppelte Präsenzerfahrungen – auch und gerade im Sinne der Störung – nur als Subvertierungen oder Zusammenbrüche »funktionierender« medialer Vollzüge manifest werden.[25] Auf diese Weise ist das Verhältnis von Präsenz/Materialität

---

21 Ebd., S. 56.
22 Ebd., S. 56–57.
23 Ebd., S. 61.
24 Ebd., S. 61.
25 »Materialitäten werden insbesondere auffällig [!], wo Störungen eintreten oder Geräte versagen. Sie drängen sich auf, wo sie irritieren: in ›Dysfunktionalitäten‹, wo die Strategien der Mediatisierung scheitern oder Programme abstürzen, wo sich ein Nichtwiederholbares in die Wiederholung einschreibt oder die Lektüren verwi-

und Medialität rein *agonal* bestimmt. Mersch sieht präzise, dass im Rauschen und in der Störung sich Materialität als radikale Alterität *zeigt* und »ekstatisch« in die Wahrnehmung hineinsteht,[26] jedoch erscheint hier jene Präsenzerfahrung als das schlichtweg *Andere* von Medialität: »Es [das Rauschen] erweist sich im Modus von Wahrnehmung gerade als das ›Andere‹ des Mediums, das ›Amediale‹, das die Weisen medialer Gewahrung invertiert. Es entfunktionalisiert das Medium, setzt es außer Kraft, gebietet Abstand.«[27] Materialität, Präsenz, Ereignis stellen sich in dieser Argumentation nunmehr als radikal *Nichtmediatisierbares* heraus, denn das, was die »Simulakren«[28] des Medialen durch Störung subvertiert, kann aufgrund des als agonal angenommenen Verhältnisses von (medialer) *semiosis* und (amedialer) *aisthesis* nicht selbst wieder mediatisiert werden. Dieser Befund ist gegen die These vom Medienapriori gerichtet, indem dieser ein infiniter Regress nachgewiesen wird. Durch die Eigensinnigkeit von Präsenz und Materialität bleibe die Position des Medienaprioris ihre Legitimität schuldig:

> »Das läßt sich exemplarisch am Verhältnis von Medialität und Wahrnehmung insofern festmachen, als jedes Medium im selben Maße, wie es sich in die Prozesse seiner Mediatisierung auflöste, tendenziell auch seine Wahrnehmbarkeit einbüßte. Der Umstand erweist sich unterm Medienapriori als fatal: Wie die Wahrnehmung nur als mediatisierte vorgestellt wird, kommt ihr die Inkonsistenz zu, als Wahrnehmung des Mediums wiederum nur als mediatisierte gelingen zu können.«[29]

Dieser Regress ist allerdings nur dann problematisch, wenn unter dem Gesichtspunkt der Medialität das Verhältnis von *aisthesis* und *semiosis* als radikal agonal bestimmt wird und somit das Konzept der Medialität letztlich am Modell Shannonscher Vermittlung orientiert bleibt, die dann gegen die vermeintliche Unmittelbarkeit amedialer

---

schen. Umgekehrt gilt, daß Medien als Medien so lange ›transparent‹ bleiben, wie sie funktionieren, weshalb schon McLuhan vermerkte, daß der ›Inhalt jedes Mediums gegenüber der Wesensart des Mediums blind‹ mache.« Ebd., S. 63.

26   Ebd., S. 65–66.
27   Ebd., S. 66.
28   Mersch bezieht sich in seiner Medienkritik explizit auf Baudrillard.
29   Mersch 2002a, S. 67.

Präsenzerfahrung ausgespielt werden kann. Sobald man allerdings annimmt, wie es im Rekurs auf Heidegger und Benjamin weiter oben vorgeschlagen wurde, dass sich mediale Vollzüge nicht einer dichotomen Opposition von Transparenz und Opazität, sondern vielmehr einer »zwiefachen Verbergung« im Hin und Her changierender Dynamiken (etwa des Heideggerschen »Streits«, oder der »Aromen« Benjamins) dieser beiden Ebenen verdanken, wird ersichtlich, wie die Materialität des Mediums sich auch in die scheinbare Transparenz »gelingender« Mediatisierungen einschreibt. In dem Moment, in dem Zeichen als solche in ihre mediale Funktionalität eintreten und sich somit einerseits in der »aisthetische Neutralität« ihrer »Zeughaftigkeit« verbergen, sind diese andererseits immer schon in ihrer Materialität »auffällig«, um überhaupt als Zeichen fungieren zu können, und *genau in dieser Interdependenz in der Differenz von aisthesis und semiosis liegt ihre Medialität.* Um es noch einmal zu wiederholen: Zwischen dem Gelingen und dem Scheitern medialer Vollzüge muss kein agonales Ausschließlichkeitsverhältnis behauptet werden, vielmehr kann diese Unterscheidung auch als *graduell,* etwa als Dynamik von »Auffälligkeit« und »Aufsässigkeit«, beschreibbar sein.

Die Folgerung, »Kein Medium vermag seine Materialität mitzuvermitteln, sowenig wie diese selbst tilgbar wäre«,[30] ist dann zu modifizieren: Die Materialität eines Mediums ist nicht tilgbar, *weil die* Medialität des Mediums konstitutiv an deren Materialität gebunden ist, die sich so noch *vor jeder Vermittlung* stets *zeigt,* ja zeigen *muss,* damit überhaupt etwas als Medium fungieren kann, *und zwar unabhängig davon, ob es sich dabei um gelingende oder gescheiterte Mediatisierungen handelt, da letztere Unterscheidung einem informationstheoretischen Paradigma von Medialität verhaftet bleibt, mit dem Medientheorie sich nicht begnügen kann.* Der Unterschied innerhalb medialer Vollzüge wäre dann nicht mehr zwischen Medium und »Amedium« (Präsenz, Materialität), sondern *zwischen verschiedenen Formen von Alterität* aufzuzeigen, die Mediation nicht nur vollziehen, sondern im selben Maße auch verhindern und durch derartige Hinderungen andere Vollzüge wiederum ermöglichen. In dem Moment bricht die Dichotomisierung von einem »unheimlichen« medialen Verblendungszusammenhang in der Transparenz und einer »unverfüglichen« Opazität amedialer Präsenz zusammen. Nicht etwa

---

30   Ebd., S. 67.

um einem radikalen Medienapriori das Wort zu reden, sondern um aufzuzeigen, dass das Ausspielen von *semiosis* gegen *aisthesis* unter der Ägide des Medienbegriffs Gefahr läuft, nur die Vorzeichen zu vertauschen, unter denen das jeweils eine gegenüber dem anderen dann mit Eigentlichkeitspathos aufgeladen werden kann. Denn während die Apologeten des Medienapriori sich in den Aporien präsenz-vergessener Technikbegeisterung verlieren,[31] läuft eine zu radikale Restituierung des Präsenzbegriffs stets Gefahr, hinter die Erträge postmetaphysischer Präsenztheorie insofern zurückzufallen, als der Platz dessen, was jeweils restituiert werden soll, auf formaler Ebene letztlich austauschbar bleibt.

4. Digitale Medien als Kulminationspunkt medieninduzierter »Uneigentlichkeit«

Bringt man, wie Mersch es tut, einen Medienbegriff, der hauptsäch-lich an *semiosis* und Informationstheorie orientiert ist, in Anschlag gegen die Eigensinnigkeit einer als genuin amedial gedachten *aisthe-sis*, sind Medien als solche immer schon unrettbar defizitär. Denn das ihnen absolut Inkommensurable der Präsenz und Materialität kann dann nur als Zusammenbruch, als »Wiederkehr des Verdrängten«[32] auf mediale Vollzüge selbst zurückschlagen, und zwar ganz im Sinne der Shannonschen »feindlichen Interzeption«. Damit ist für Medien ihr absolut Anderes stets *Trauma*, das im Gestus zwangsneurotischer Kompensation »bewältigt« werden muss. Und diese Wiederkehr des Verdrängten zeigt sich dann in den »Monstrositäten« medialer Selbst-überbietung:

> »Medienkultur erfährt daran ihre Monstrosität. Indem sich das mediale Kon-strukt nirgends selbst ins mediale Kalkül fügt, produziert es seine unablässige Forcierung. Diese ist dessen interner Verfehlung geschuldet. Es gibt eine ›Wut‹ der Überschreibung, der Umformatierung und Konvertierung in andere Medien, die ihr Versagen zu kompensieren trachtet. [...] Kein Medium geht

---

31 Eine Denkfigur, der auch die Kritik an dieser etwa bei Flusser und Baudrillard noch verhaftet bleibt. Vgl. hierzu auch Tholen 2002, S. 26–34.
32 Mersch 2002a, S. 68.

im anderen auf; vielmehr wuchert an seinen Rändern die Vervielfältigung, der Sturz in die ›Überblendung‹ (Virilio).«[33]

Wo bisher nur von »Medien« die Rede war, kommt immer mehr in den Blick, welcher theoretische Gegner hier eigentlich adressiert ist: *Digitale* Medien. Die »Wut« digitaler »Überblendungen« münde, dieser Diagnose zufolge, in »Turmbauten aus Mediatisierungen«,[34] in der schließlich »sämtliche disparate Formate unters einheitliche Schema des Digitalen« gepresst werden.[35] In digitalen Medien kommt die Entwicklung medialer Überschreibungswut dann an ihren apokalyptischen Kulminationspunkt:

»Sie projizieren nicht Wahrnehmungen, sondern verrechnen *Marken*: leere Zeichen oder Signifikanten, deren Referenz ausfällt und die nur mehr als ›reine formale Systeme‹ funktionieren. Ihr Formalismus rechnet mit Ziffern, nicht mit Zeichen, weshalb es verfehlt wäre, den Computer, sei es ›semiotisch‹ oder ›symbolisch‹, als ›Text-Maschine‹ zu apostrophieren. Nicht die Sprache bildet sein Paradigma, sondern die Syntax.«[36]

Mit dem Begriff der »Marke« ist indessen der Verweis auf Derridas »Ultrastrukturalismus« verbunden, und jene Überbietung des Saussurschen Zeichenmodells wird innerhalb der medienkritischen Positionen nicht nur Dieter Merschs zusammen mit der Funktionsweise digitaler Medien und der Kybernetik als verhängnisvolle Radikalisierung des neuzeitlichen Rationalismus innerhalb der Mediengeschichte verortet. In einer Art medienhistorisch gewendeten »Dialektik der Aufklärung« mündet die Rationalisierung und Mathematisierung der Frühen Neuzeit seit Descartes und Alberti dieser Argumentation nach in die Barbarei schrankenloser Formalisierung, die sich im di-

---

33   Ebd., S. 68.
34   Ebd., S. 68.
35   Ebd., S. 68.
36   Ebd., S. 75. Tatsächlich ist es ein wichtiger Unterschied, ob man in bezug auf digitale Medien von »symbolischen« oder »semiotischen« Maschinen spricht. Während Lucia Santaella vom Computer als einer »semiotischen Maschine« sprechen kann, weil sie das triadische Zeichenmodell von Peirce *inklusive Interpretant* innerhalb des Funktionsgefüges des Computers aufweist (Santaella 1998), entspricht der Begriff »symbolisch« in diesem Zusammenhang einer offeneren Perspektive, die Symbolisches im Einklang mit Lacan, nicht mit »Zeichen« gleichsetzt.

gitalen Medium dann als »Universelle Diskrete Maschine« tyrannisch manifestiere. Die Logik dieser historischen Erzählung fängt stets – d.h. spätestens seit Heideggers »Zeit des Weltbildes« – bei Descartes an und setzt sich fort in »der Formalisierung von Naturgesetzen, die deren Prinzipien auf die Entwicklung und Dynamik des Technischen anwendbar macht. [...] Ihr Ideal findet sich in einer *Synopsis*, deren ästhetische Basis die Geometrie der Zentralperspektive als Theorie mimetischer *perfectio* darstellt.«[37] In diesem fortan radikal okularzentristischen »Zeitalter der Repräsentation« (Foucault) kulminiere die »Despotie der Präsentmachung«[38] dann in Jeremy Benthams *Panopticum*, »als Phantasma totaler Kontrolle«.[39] Analog-Medien verdanken sich dieser Logik zufolge noch dem Paradigma dieser »*Repräsentation*«, indem die *Präsenz*, wenn auch in stark defizitärer (weil mediatisierter) Form immerhin noch im medialen Artefakt als Spur eines einstmals präsentisch Anwesenden eingezeichnet bleibt. Das Argument hierbei ist, wie schon zu sehen war, dass analog hergestellte medientechnische Artefakte wie Fotografien oder Tonbandaufzeichnungen qua Spur oder Abdruck immer noch, wenn auch nur parasitär, ihre Existenz dem Abgebildeten verdanken, also mit ihrem Referenten indexikalisch verbunden bleiben (Kittlers physikalisch-informationstheoretisches »Reelles«). Sei es als optochemische Reaktion in der Fotografie, sei es als Einschreibung von Schallwellen auf einem Wachszylinder. Dass innerhalb einer solch mimetisch-indexikalischen Repräsentationslogik nicht einmal mehr Sprache und Schrift als Medien konzipiert werden können, bleibt ein offenes Problem einer solchen Argumentation.

Der Bruch mit diesem »Zeitalter der Repräsentation« innerhalb der Medientechnologien finde zu dem Zeitpunkt statt, an dem die Turingmaschine, als symbolische Maschine *par excellance,* in Form der Von-Neumann-Architektur in das physisch »Reale« binär operierender Computerhardware eintritt. Binär operierende Systeme stehen dabei unter der Ägide der *Entscheidbarkeit*, des Entweder/Oder ihrer Algorithmen. Friedrich Kittlers Diktum, dass nur sei, was schaltbar sei, ist (wie bereits erwähnt) der Slogan dieses kybernetischen Paradigmas. Das grundlegende Argument gegen digitale Medien ist nun,

---

37   Mersch 2002a, S. 70.
38   Ebd., S. 71.
39   Ebd., S. 71.

dass aufgrund der technischen Abhängigkeit dieser vom Kriterium
der Entscheidbarkeit eben all jenes zwischen den Intervallen von 0
und 1 »entschlüpfe«, was sich diesem Kriterium nicht fügt:

> »Weder Gemälde noch Kunstwerke überhaupt lassen sich ohne Einbuße
> digitalisieren: Sie zahlen den Preis der Künstlichkeit – wie die Fehlerlosig-
> keit des digitalen Sounds im Synthesizer. Die Unmöglichkeit bedeutet keine
> Frage technischer Perfektion, sondern folgt der Tatsache, daß Materialitäten
> weder aus Diskretierungen hervorgehen noch sich in Programme einkleben
> lassen.«[40]

Die genuine Unübersetzbarkeit eines singulären Medienphäno-
mens (etwa eines Gemäldes) in ein anderes Medium unter dem Ver-
dikt der Verlustfreiheit ist nun allerdings kein alleiniges Spezifikum
digitaler Medien. Denn ein Gemälde lässt sich *ohne Einbußen* weder
in digitalen Medien speichern, noch filmen, fotografieren, beschreiben oder tanzen. Nicht nur, dass hier unter der Hand ein Unterschied
zwischen analogen und digitalen Repräsentationen gemacht wird,
der medientechnisch letztlich nicht haltbar ist.[41] Viel schwerwiegen-
der ist, dass durch den hier angewandten, rein an der *semiosis* orientierten Medienbegriff nicht recht in den Blick genommen werden
kann, dass die Singularität eines Phänomens auch und gerade in seiner *medialen* Spezifität begründet ist. Wenn Mersch beschreibt, dass
an Malerei »noch die kleinste reliefartige Erhebung relevant« sei, »die
spezifische Dichte und Intensität der Linienführung und des Pinsel-
strichs, seine Pastosität oder Feinheit, der Stoff der Leinwand, der
ihren besonderen Farbeindruck erst prägt«,[42] so ist dem nur unein-
geschränkt zuzustimmen. Allerdings sind hiermit exakt jene *aisthetischen Ermöglichungsbedingungen* von Malerei beschrieben, die –

---

40 Ebd., S. 79.

41 »Sofern digitalisierte Daten Abtastungen (von Licht oder Schall oder anderen
Phänomenen) und somit auf gewisse Weise immer noch indexikalische Zeichen
sind, bleiben sie auf die reale Welt bezogen.« Schröter 2004, S. 347. Ein ebensol-
ches Phantasma ist die »Fehlerlosigkeit« des digitalen Synthesizersounds. Fehlerlos
ist ein »digitaler« Ton nur im Sinne seiner technischen Verfasstheit, d.h. seiner verlustfreien Kopierbarkeit. Sobald ein solcher Ton allerdings zu hören ist, ist er wie
alle anderen Töne an die kontingenten Gegebenheiten seines jeweiligen Ereignens
gebunden (Sequenzer, Raumakustik, Amplifizierung, Modulation etc.).

42 Mersch 2002a, S. 79.

wenn Medientheorie überhaupt einen heuristischen Wert haben soll, der von der Semiotik nicht bereits abgedeckt wird – *ihre mediale Verfasstheit im Spannungsfeld von aisthesis und semiosis bedingen.* Denn Aspekte wie Pastosität und Beschaffenheit der Leinwand sind ja nicht *per se* relevant, sondern nur im Hin-und-Her von Präsenz- und Sinneffekten (Gumbrecht), »mittelbarer Unmittelbarkeit« (Benjamin) oder in der Dynamik des Heideggerschen »Streits«. Natürlich sind die medialen Verfasstheiten innerhalb dieser Dynamiken bei Malerei und digitalen Medien, bei Fotografie und Grammophon, Sprache und Musik jeweils höchst verschieden. Jedoch ist hier noch nicht einzusehen, warum das eine gegenüber dem anderen als defizitär oder gar »monströs« abgewertet werden sollte. Insofern müsste die medien*ästhetische* Spezifität auch digitaler Medien ersteinmal in den Blick genommen werden, wobei zu vermuten ist, dass für ein solches Vorhaben das entschiedene Generalverdikt einer doppelten Defizienz (medial *und* digital, letzteres verstanden als Steigerungsform medialer Uneigentlichkeit) nicht eben förderlich ist.

Es ist an dieser Stelle – um beim Beispiel des Bildes zu bleiben – hilfreich, zwischen *digitalisierten* und digital *generierten* Bildern zu unterscheiden. Erstere sind Bilder, »die insofern an die fotografischen Bilder anschließen, weil sie wie diese auf einer Abtastung von Licht beruhen«,[43] während digital generierte Bilder Effekte algorithmischer Verfahren sind, die keinen indexikalisch-repräsentationalen Bezug zu einem »Außen« aufweisen.[44] Dabei ist natürlich zu beachten, dass die Grenzen hier fließend sind. Sobald ein Bild digitalisiert ist, steht es natürlich jedweder »Manipulation« und digitalen »Generierung« offen, während genuin digital generierte Bilder wieder einer »analogen« Arretierung zugeführt werden können, etwa wenn ein am Rechner erstellter »Film« zwecks Vorführung auf 35mm-Filmmaterial kopiert wird.

---

43 Schröter 2004, S. 337.
44 Dies gilt selbstverständlich ebenso für Töne oder »Sounds«. Ein digitaler »Sampler« überträgt analoge in digitale Signale, wobei das so entstandene »Sample« jederzeit indexikalisch auf das Ausgangsmaterial bezogen bleibt. Ein »Synthesizer« hingegen generiert Töne und Sounds aufgrund von Algorithmen. Der Eindruck der »Künstlichkeit« angesichts solcher Phänomene verdankt sich oftmals allein ästhetischen Konventionen, die zum Beispiel innerhalb der elektronischen Musik absichtsvoll subvertiert werden.

Das eigentlich philosophische Skandalon digitaler Medien liegt in ihrer Fähigkeit zur radikal *nicht-repräsentationalen*[45] Generierung von Medienphänomenen. Das Unheimliche an digitalen Medien ist, dass diese *als einzige* in der Lage sind, überhaupt identische Kopien *ohne Einbußen* von etwas herstellen zu können.[46] Das allerdings auch nur unter der Voraussetzung, dass dieses »Etwas« *selbst bereits digital kodiert ist*. Die Idee einer »verlustfreien« Kopie ist innerhalb einer Repräsentationslogik an sich bereits ein Paradox, denn eine solche Idee subvertiert bereits die Unterscheidung von Original und Kopie, auf der sie beruht. Eben jenes Paradox ist allerdings der Witz digitaler Medien. Dieser Umstand hat wiederum zur Folge, dass Oppositionen wie Original und Kopie ihre Unterscheidungskraft verlieren, denn es gibt hier kein Kriterium mehr, das zum Beispiel zwischen einem digitalen Bild und dessen digitaler »Kopie« auf technischer Ebene irgendeinen Unterschied festlegen könnte.[47] In digitalen Medien ist daher alles Kopie oder alles Original. Hierin liegt das eigentlich Neue,[48] und dieses Neue ist in der genuinen Indifferenz

---

45   Nicht-Repräsentational bezeichnet hier natürlich allein die medientechnische Verfasstheit, *nicht* die semiotischen Aspekte, die sich dieser Verfasstheit verdanken, also in den Oberflächenphänomenen (Bildern, Tönen, Hypertext usw.) jederzeit anzutreffen sind.

46   Die Beunruhigung, die darin liegt, sucht seit langem in der Figur des *Doppelgängers* die Künste heim.

47   Dass seit einiger Zeit versucht wird, diesen »Mangel« mittels digitaler Signaturen oder »Wasserzeichen« zu kompensieren, ist nur eine Bestätigung dieser Verunsicherung. In Analogmedien fällt diese Unterscheidung bekanntlich leichter, denn nicht nur, dass es keine verlustfreie Übersetzung von einem Medium in ein anderes gibt, auch die Vervielfältigung innerhalb derselben analogen Medientechnik geht immer mit einem Datenverlust einher, der aus physikalisch beobachtbaren Abnutzungserscheinungen resultiert. Demgegenüber ist natürlich zu betonen, dass auch die verlustfreie Kopierbarkeit digital codierter Daten nur eine Möglichkeit, ein Ideal ist, das in der Alltagspraxis nur selten zu beobachten ist. Lev Manovich hat zu Recht darauf hingewiesen, dass aufgrund der in der Praxis verwendeten Kompressionsverfahren der Datenverlust in digitalen Medien oftmals immens ist und noch höher als bei Analogmedien ausfallen kann (Vgl. Manovich 2001, S. 54–55). Das ändert allerdings nichts an der Tatsache, dass verlustfreies »Kopieren« in digitalen Medien zumindest *möglich* ist, während man in Analog-Medien den »Abrieb« einfach aus physikalischen Gründen nicht verhindern kann.

48   ... das auch nur insofern neu ist, als digitale Medien in ihrer Indifferenz gegenüber Kategorien wie Original und Kopie erst jetzt mit jener »Entauratisierung« ernst machen, die Walter Benjamin im »Kunstwerkaufsatz« bereits anhand analoger Reproduktionsmedien aufzuweisen versuchte. In diesem Sinne spricht Dieter

des Entscheidbarkeitskriteriums formaler Sprachen gegenüber Kategorien wie Wahrheit oder Sinn fundiert.

»Hingegen Fragen als entscheidbar zu präjudizieren, bedeutet, zu einer ganz anderen Art von Fragen überzugehen. Es sind solche, die auf mögliche Antworten hin bereits vorentschieden sind. Sie bilden dann keine offenen Fragen mehr; Fragen, die so oder so beantwortet oder vielleicht auch stehen gelassen werden können, deren Antwort womöglich sogar in der Frage selber oder auch in ihrer Zurückweisung bestünde. Anders gesagt: wir verlieren den Sinn fürs Fragliche.«[49]

Nicht so sehr die Mathematisierung und Rationalisierung selbst sind also hierbei das Ziel der Kritik, sondern die *Indifferenz* »*spielerischer Unverbindlichkeit*«, die aus diesen resultiere: »Mit dem Computer ergibt sich ein Zuwachs an spielerischer Unverbindlichkeit. Diskursive Strategien beginnen aufzuweichen oder sich ganz zu verflüssigen. So nistet sich – gleichsam inmitten einer scheinbar uferlosen Steigerung des Vernünftigen – ein Element des Nicht-Diskursiven ins Denken.«[50] Irritierenderweise zeigt sich an diesem Punkt, dass es scheinbar ein »gutes« und ein »schlechtes« Nicht-Diskursives gibt. Einerseits ist es ja gerade ein wichtiges Kriterium von Präsenz, Ereignis und Materialität nicht im diskursiven Denken aufzugehen, ja sich diesem geradezu zu entziehen, andererseits wird das Nicht-Diskursive als Vorwurf der Defizienz gegen die Funktionslogik digitaler Medien ins Feld geführt. Mersch beschreibt diesen Widerspruch präzise:

»Es gibt damit zwei Arten von Gegenwarten: Einmal die Gegenwart im Sinne der Aura, des Unverfügbaren, wie sie der *Aisthesis* zukommt und der Logik der Alterität gehorcht und deren Widerfahrnis ins Ausgesetztsein zwingt, zum anderen Gegenwart in der Bedeutung des Nachträglichen, des Mediatisierten oder Ver-Gegenwärtigenden, zu dem ich mich verhalten kann oder

———
Mersch zunächst mit vollem Recht vom »Verlust der Aura«: Vgl. Mersch 2002a, S. 106–115.
49   Mersch 1991, S. 112. Dies ist das neuralgische Zentrum präsenztheoretischer Medienkritik. Diese Kritik kann dann in der Folge ins Politische und Soziale verlängert werden. Vgl. Flusser 1997b, S. 209.
50   Mersch 1991, S. 118.

auch nicht und das mir jederzeit erlaubt zurückzutreten. Diese spricht die Wahrnehmung im Ganzen an, die aus der Struktur ihrer Responsivität auf eine Anwesenheit verweist, die nicht Spur ist; jene vermag dagegen allein nur durch das Mediatisierte hindurch die Bahnung eines Unwiederholbaren ausmachen, die an eine Anwesenheit gemahnt, die durch die Ordnung der Wiederholung längst schon getilgt worden ist. Die Eindringlichkeit des Aisthetischen geschieht so im Angesicht auratischer Präsenz, *auch wenn die philosophische Sprache von ihr nur eine paradoxale Zeugenschaft geben kann.* Dem medial Vermittelten bleibt diese hingegen aus, weil sie immer schon eine Sekundarität, eine ›Schneidung‹, das Spiel von Wiederholung, Zeichen und Differenz voraussetzt. Sie läßt Auratisches nur im Bruch aufscheinen.«[51]

Es lohnt sich, folgenden Halbsatz genau zu betrachten: »Diese [Unverfüglichkeit des Aisthetischen] spricht die Wahrnehmung im Ganzen an, die aus der *Struktur* ihrer Responsivität auf eine Anwesenheit *verweist, die nicht* Spur ist«.[52] Hier zeigt sich in der Beschreibung des Unverfüglichen der Präsenz jene »paradoxale Zeugenschaft«, deren Aufweis Mersch nicht umsonst in diesem Absatz kursiv setzt. Die Artifizialität der getroffenen Unterscheidung von »vorträglicher« und »nachträglicher« nicht-diskursiver Präsenzerfahrung wird hier nicht unterschlagen, sondern philosophisch gerade zur Disposition gestellt. Denn der Satz, dass die Unverfüglichkeit amedialer und asemiotischer Präsenz eine *Struktur* beinhalte, die auf etwas *verweise*, zeigt noch in der Leugnung die gegenseitige Interdependenz in der Differenz von *aisthesis* und *semiosis*, die im »Streit« der Paradoxie hier noch auf der Theorieebene ausgetragen wird. »Struktur« und »Verweis« sind ja Begriffe, die deutlich der Sphäre der *semiosis* entnommen sind und sich noch im Gewahren von Alterität in ihrer Unabweisbarkeit ebenso zeigen, wie jene Alterität in der »Nachträglichkeit« medialer Wiederholung. Die Trennung von »vorträglicher« (unverfüglicher) und nachträglicher (medialer) Präsenz lässt sich indes nur auf der Grundlage eines stark an der *semiosis* orientierten Medienbegriffs durchhalten und es ist zu fragen, ob diese Differenz nicht aufzulösen ist, um auch jene Präsenzerfahrung in den Blick bekommen zu können, die sich in der *Gegenwendigkeit* (auch digitaler) Medienphänomene zeigt. Diese beiden »Formen« der Präsenz könn-

51 Mersch 2002a, S. 109.
52 Kursivierung von mir, M.R.

ten sich im Zuge dessen als zwei Seiten *derselben* Medaille erweisen, welche die Differenz von *aisthesis* und *semiosis* nicht überdeckt, sondern allererst sichtbar macht.

5. Die Gegenwendigkeit digitaler Medien

Das Medium Computer in seiner Gegenwendigkeit näher ins Auge zu fassen gestaltet sich schwierig, wenn ein Medienbegriff zugrunde gelegt wird, der zu stark im Hinblick auf Zeichenprozesse und Informationstheorie konstruiert ist. Denn auffällig ist, dass sich die Funktionsweise digitaler Medien und die Überzeugungskraft der aus ihnen geborenen »Simulakren« nicht allein aus der Eigenlogik formaler Sprachen heraus erklären lassen. Natürlich ist Mersch zuzustimmen, dass das Entscheidbarkeitskriterium auf abstrakter Ebene eine folgenschwere Vorentscheidung bedeutet, die bereits durch die Struktur ihres Anfangs ausschließen muss, was sich diesem Kriterium nicht fügt. Während natürliche Sprachen bekanntlich dem Satz vom ausgeschlossenen Dritten widersprechen können, also durchaus ein Satz zugleich a *und* nicht-a bedeuten kann, ist eine rhetorische Figur wie die der *Ironie* unter dem Entscheidbarkeitsparadigma unmöglich. Formale Sprachen kennen keine »uneigentliche« Rede, das ist gerade ihre Pointe und Bedingung ihrer Möglichkeit. Während jedoch der Begriff der »symbolischen Maschine« bis zu einem gewissen Grad Metapher bleibt, ist der Verbund von Hardware und Software im physikalisch »Realen« des Computers ein folgenreicher Schnitt. Hier tritt der Faktor *Zeit* hinzu und macht aus Anfangspunkt, Alphabet und Transformationsregel ein *selbstständig prozessierendes Performativ*. Programm*abläufe* in digitalen Medien zeigen sich als Amalgam aus Ereignishaftigkeit (des aktuellen Vollzugs im *Jetzt* ihrer Anwendung) und Wiederholung (des Programmcodes), und insofern (allerdings *nur* insofern) kann der Computer als performatives Medium schlechthin begriffen werden:

> »Augenfällig ist zunächst, dass Computer Daten nicht allein speichern und übertragen, sondern algorithmengesteuert auch umformen. Im Kern des Computers sitzt ein Prozessor; die Berechnungen selbst sind zeitgebunden und haben prozessualen Charakter; und da der Ablauf der Berechnung automatisch verläuft, ist das Ergebnis zumindest prinzipiell unabsehbar und

offen. [...] Der Computer schafft es, dass seine Zeichen tatsächlich unmittelbar praktisch werden. Er schafft eine Kette zwischen einer symbolisch-konstruktiven Modellbildung und zweitens einer praktisch-empirischen Verifikation«[53]

Dies ist mit Bernhard Siegerts Kommentar zu der kleinen Leibniznotiz »Das Ding ist, ist nicht« in Beziehung zu setzen:

»Das Paradox des Satzes wird aufgelöst durch den Vollzug seiner Lektüre, durch den Akt seiner Verarbeitung durch die Augen oder die Sprechwerkzeuge, nicht durch das, was er bedeutet. ›Ein Ding ist‹ – Pause – ›ist nicht‹. Wovon der Satz spricht, ereignet sich im Vollzug seiner Performanz: Eine Pause ist, und ist nicht. Logik wird widersprochen durch einen Kurzschluß zwischen Signifikat und Performanz, der präzise ein Signal definiert.«[54]

Siegert zeigt hier bereits bei Leibniz jene die Logik formaler Sprachen *durchkreuzende* Vollzugseigenschaft auf, die erst im Medium Computer ihre Realisierung findet. Zwar arbeitet der Computer nicht mit Zeichen, sondern mit »Marken«, dem »Platzverweis« (Tholen/Lacan)[55] von 0 und 1, der in reiner Syntaktik verbleibt und dem Entscheidbarkeitskriterium unterworfen ist, *jedoch ist das Korrelat dieser Syntaktik im Verbund von Hard- und Software überhaupt nicht Semantik, sondern der »Kurzschluß zwischen Signifikat und Performanz«. Das bedeutet: Im Medium Computer fällt Semantik mit Performativität, Bedeutung mit Vollzug zusammen.*

---

53 Winkler 2004, S. 106–107 und 108–109. Die Idee von der totalen Verfügbarkeit digitaler Medien ist bereits auf der Ebene der Programmierung ein reines Phantasma. Bereits Joseph Weizenbaum hat in den siebziger Jahren in Anlehnung an Norbert Wiener betont, dass nur den allerwenigsten Programmen eine theoretische Fundierung zugrunde liegt, die einem »Masterplan« gleich von der Idee bis zu Anwendung reiche: »*Aber die meisten gegenwärtig verfügbaren Programme, vor allem die umfangreichsten und wichtigsten unter ihnen, sind in diesem Sinne nicht theoretisch fundiert.* Sie sind heuristisch, und zwar nicht unbedingt in dem Sinne, daß sie sich in ihrem Inneren heuristischer Methoden bedienen, sondern daß ihre Bauweise Faustregeln folgt, Strategemen, die unter den meisten vorhersehbaren Umständen zu ›funktionieren‹ scheinen, und die auf anderen Ad-hoc-Mechanismen beruht, die von Zeit zu Zeit zusätzlich eingebaut werden.« Weizenbaum 1977, S. 305.
54 Siegert 2003, S. 226.
55 Tholen 1994.

Wovon ein Programmcode »spricht«, ereignet sich im Moment seiner prozessualen Performanz, so dass der einzige Unterschied zwischen der Logik formaler Sprachen und der *Vollzugs*logik des Programmcodes im Akt seines elektronischen Ereignens besteht, den Siegert in seiner folgerichtig betitelten »Passage des Digitalen« bereits bei Leibniz vorweggenommen sieht. Dieser Unterschied ist allerdings entscheidend, denn hierdurch dreht sich – um für einen Moment innerhalb semiotischer Terminologie zu bleiben – das Verhältnis von Repräsentation und Repräsentiertem, von Zeichen und Bezeichnetem um: Innerhalb der performativen Prozessualität digitaler Medienvollzüge verweisen »Zeichen« nicht mehr auf ein ihnen Vorhergehendes, sondern *erzeugen* im Vollzug erst das, worauf sie sich »beziehen«, d.h. hier kommt die These von der genuinen *Nachträglichkeit* des Medialen in einen fundamentalen Erklärungsnotstand.

Dadurch, dass der Computer in der Lage ist, durch seine ihm eigene Performativität radikal nicht-repräsentationale Medienphänomene generieren zu können, kommt ausgerechnet unter den Vorzeichen des Digitalen jeder Medienbegriff an seine Grenzen, der sich zu stark am Vorbild einer auf Referenz und »verlustfreien Übertragung« basierenden *semiosis* und Informationstheorie orientiert, weil mit einem solchen Medienbegriff digitale Medien streng genommen gar nicht mehr als Medien konzipiert werden können. Denn auf technischer Ebene gehorchen digital generierte Phänomene nicht mehr dem Konzept »sekundär-parasitärer« *Re*präsentation, sondern vielmehr dem genuin performativer *Präsentation*.[56]

Digital generierte Medienphänomene sind nicht in erster Linie Wiederholung, sondern Ereignis, nicht Sinn- sondern Präsenzeffekt, oder im Sinne Clément Rossets: nicht *Double*, sondern *Reales*. Genauer: Sie sind *sowohl* das eine *als auch* das andere.

---

56 »In short, *the avantgarde became materialized in a computer.* Digital-cinema technology is a case in point. The avant-garde strategy of collage reemerged as the ›cut and paste‹ command, the most basic operation one can perform on digital data. The idea of painting on film became embedded in the paint functions of film-editing software. The avant-garde move to combine animation, printed texts, and live action footage is repeated in the convergence of animation, title generation, paint, compositing, and editing systems into all-in-one packages.« Manovich 2001, S. 307. Diesem Argument wäre die »performative Wende« in den Künsten der sechziger Jahre in diesem Sinne noch hinzuzufügen.

Um Missverständnissen vorzubeugen: Es geht an dieser Stelle einmal mehr allein um die medien*technischen* Vollzugslogiken digitaler Medien, also um jene Mechanismen, die dem, was dann letztlich auf irgendeinem Bildschirm erscheint oder sich in Fabrikationsstraßen vollzieht, zugrunde liegen. Ebenso wenig sind damit schon jene Diskursstrategien im Blick, die in der Programmierung selbst am Werk sind. Es wäre ebenso verführerisch wie fatal, von der genuinen Performativität digitaler Medien auf eine irgendwie geartete »magische« Qualität dieser zu schließen, die etwa im Computer das Ideal einer Universalsprache verwirkliche, die dann sehr schnell mit einem göttlichen »Schöpferwort« (à la Benjamin) kurzgeschlossen werden könnte. Demgegenüber geht es an dieser Stelle einzig und allein um den Aufweis, dass digitale Medien die Theorie dazu zwingen, bestimmte bequem gewordene Begriffsoppositionen in Bewegung zu versetzen. Dass diese in ihren jeweiligen theoretischen Kontexten stark metaphysisch aufgeladen sind, ist nicht das Problem des Computers, sondern eines der Theorie, die sich eben deshalb wiederum seit Mitte der achtziger Jahre durch das Medium Computer auf fruchtbare Weise verunsichert sieht. Hier liegt auch der Unterschied zwischen meinem Ansatz und dem Friedrich Kittlers, der aufgrund der aufgezeigten Vollzugslogik digitaler Medien zu dem Schluss kommt: »Die digitale Bildverarbeitung fällt also, gerade weil sie im Gegensatz zu hergebrachten Künsten gar keine Abbildung sein will, mit dem Reellen zusammen. Was sich in Siliziumchips, die ja aus dem selben Element wie jeder Kieselstein am Wegrand bestehen, rechnet und abbildet, sind symbolische Strukturen als Verzifferungen des Reellen«.[57] Der hier vollzogene Kurzschluss zwischen »Reellem« und Digitalem ist, wie ich zu zeigen versucht habe, in einer theoriestrategischen Verkürzung des Lacanschen Begriffs des Realen begründet, die »Reelles« sehr stark mit physikalischer Faktizität, sprich *Natur*, engführt. Hier wird die Problematik einer solchen Engführung sehr deutlich, denn wenn das »Reale« mit Natur zusammenfällt, wird aus der genuinen Performativität digitaler Medien sehr schnell ein »Book of Nature«, und romantische Sprachmagie wird zu Medienmagie, digitaler Code zum »Schöpferwort«. Im Gegenzug wäre auf einem Begriff des Realen zu beharren, der dieses nicht mit physikalischer Faktizität gleichsetzt, sondern als Widerfahrnis einer

---

57   Kittler 2002, S. 320.

radikalen Alterität rekonstruiert, deren Verhältnis zur »Natur« erst in einem zweiten Schritt in den Blick zu nehmen wäre.

Der Computer verdankt sich also als Medium einer konstitutiven Paradoxie, die Oppositionen wie Symbolisches und »Reales«, Wiederholung und Ereignis, Sinn- und Präsenzeffekte von vornherein aufweicht. In diesem Sinne bleibt Merschs Diktum, dass sich in der »uferlosen Vernunft« formaler Sprachen in der Vollzugslogik digitaler Medien ein radikal Nicht-Diskursives »einniste«, in vollem Umfang gültig, denn die Bezeichnung »Einnisten« beschreibt präzise jene Irritation, die bereits in den Konnotationen der »Bug«-Metapher virulent wurde: Einbruch des »Unreinen«, Insektenhaft-Störenden, kurz: *turbatio*.[58] In der Koinzidenz sich vermeintlich ausschließender Ebenen ist die Gegenwendigkeit digitaler Medien begründet, und an diesem Punkt ist eine strenge Dichotomie von reiner Gegenwart und medialer (im Sinne von sekundär-defizitärer) *Ver*-Gegenwärtigung nicht mehr konsistent aufrechtzuerhalten.

6. Zur inneren Logik von *aisthesis* und *semiosis*: Amorph versus Isolation (Winkler)

Auch für Hartmut Winkler stehen Medien unter der Ägide der *semiosis*: Medien seien Technologien, die »von der Sprache her« gedacht werden müssen.[59] In seiner Habilitationsschrift »Docuverse. Zur Medientheorie des Computers« verfolgt Winkler daher ein doppeltes Projekt: Einerseits geht es darum, Medienvollzüge als Zeichenprozesse zu denken, ohne dabei die Begriffe reduktiv aufeinander zu beziehen, und andererseits, den Diskurs der Medientheorie über

---

58 Die turbatorische Materialität digitaler Bilder macht sich stets in jenen Pixelfehlern und Kompressionsartefakten bemerkbar, die als solche heute schon kaum noch wahrgenommen werden, weil sie zu medialem Alltag geworden sind. »In contrast to the nineteenth-century panorama that it closely emulates, QuickTime VR continously deconstructs its own illusion. The moment you begin to pan through the scene, the image becomes jagged. And if you try to zoom into the image, all you get are oversized pixels. The representional machine keeps hiding an revealing itself.« Manovich 2001, S. 207. Ein solches Erlebnis, das etwa auch »Google Earth« beschert, ist stets ein simples, dafür umso deutlicheres Beispiel für das Hin und Her von Auffälligkeit und Aufsässigkeit in digitalen Medien.

59 Winkler 1997, S. 366. Winkler verwendet die Begriffe »Zeichensystem« und »Sprachsystem« weitgehend synonym.

seine verdeckten »Wunschkonstellationen« aufzuklären. Winklers und Merschs Vorhaben zeigen sich bei aller offensichtlichen Verschiedenheit dabei als erstaunlich komplementär, denn beiden Theoretikern geht es um die entschiedene Zurückweisung der These vom Medienapriori. Während das allerdings bei Mersch im Zuge einer Rehabilitierung der »Eigensinnigkeit« amedial gedachter *aisthesis* geschieht, versucht Winkler aufzuzeigen, was die These vom Medienapriori unterschwellig motiviert. Und an dieser Stelle ergeben sich interessante Konvergenzen.

In »Docuverse« wird die Unterscheidung Analog/Digital auf jene von amorph/isoliert zurückgeführt: »›Isolation‹ soll bezeichnen, daß die distinkten Einheiten, bevor sie zur Auswahl zur Verfügung stehen, der amorphen, kontinuierlichen Umwelt überhaupt erst abgerungen werden müssen bzw. auf das Amorphe als ihr Gegenüber immer schon bezogen sind.«[60] Computer sind dieser Logik zufolge Medien der Isolation *par excellence*, deren Ermöglichungsbedingung ein gewaltsamer Einschnitt im »Realen« ist, das als amorph gedacht auch hier der »Isolation« formaler Distinktion gegenübergestellt wird. Dieses Bild entspricht der Shannonschen Gegenüberstellung von Rauschen und Signal, der wiederum Friedrich Kittler entscheidende Impulse verdankt, auf den sich Winkler explizit bezieht.[61] Deutlich ist auch hier, dass die »Isolation« defizitär und tyrannisch gedacht ist. Winkler zitiert Henri Bergson: »Um jene Verwandlung zu vollziehen, bedarf es nicht der Aufhellung des Gegenstandes, sondern im Gegenteil der Verdunkelung gewisser Seiten an ihm, der Verminderung um den größten Teil seines Wesens, so daß der Rest, statt wie ein Ding in die Umgebung eingeschachtelt zu sein, sich wie ein Gemälde davon abhebt.«[62] Mit dem Verweis auf Bergson deckt Winkler gleichzeitig den lebensphilosophischen Begründungszusammenhang auf, der dieser Unterscheidung zugrunde liegt:[63]

---

60 Winkler 1997, S. 225.

61 Ebd., S. 223.

62 Ebd., S. 261. Winkler zitiert Bergson 1991, S. 8.

63 So auch Georg Christoph Tholen: »In der zeitgenössischen Debatte um die kulturstiftende Rolle der neuen Medien ist der lebensphilosophische Diskurs ähnlich wie um 1900 wieder virulent geworden, seine Vorzeichen oszillieren gemäß seiner imaginären Logik zwischen positivem und negativem Pol. Denn gleichwohl ob der Kulturzerfall beklagt, das Ende des Menschen beschworen oder dieses als Ende der Geschichte gefeiert wird, der Kult des apriorischen Verdachts gegenüber den dem

»Wahrscheinlicher, als daß Bergson sich dem Vitalen erst zuwendet, ist, daß das Bild des Lebendigen als ein Denkanreiz seiner Philosophie von Beginn an zugrunde liegt. Das Etikett der ›Lebensphilosophie‹ hält die Tatsache fest, daß seine Kategorien sich in scharfer Polarität zur Welt des Toten, Teil- und Quantifizierbaren entfalten und das Lebendige, mehr noch als ›Wolken, Kriegen und Wellen‹, dessen Geltungsbereich limitiert. Bergson favorisiert die Kontinuität, weil es ihm um eine Erkenntnis geht, die, wie Oger sagt, ›den natürlichen Konturen der Sache zu folgen sucht.‹ ›Die wirkliche Bedeutung Bergsons (...) (besteht) in einer neuen Grundhaltung zur Welt und zum eigenen Ich: nicht mehr die Haltung einer stolzen Souveränität, die berechnend und handelnd eingreift, sondern einer Haltung bedingungsloser Sympathie und Daseingönnens.‹«[64]

Winklers plausible These in Bezug auf digitale Medien ist nun, dass die affirmative Theorie des Medienapriori (gemeint sind vor allem Friedrich Kittler und Norbert Bolz) den radikalen »Isolationismus« formaler Sprachen im digitalen Medium wieder in den Stand tyrannischer »Souveränität« erhebt und somit Bergsons Grundhaltung um hundertachtzig Grad dreht. Dies ist auch ein medienkritischer Ausgangspunkt postmetaphysischer Präsenztheorie, insbesondere bei Dieter Mersch. Die kulturhistorische Eigenlogik der zugrunde liegenden Unterscheidungen entwickelt Winkler in drei Schritten. Mit Hilfe von Klaus Theweleits Rekonstruktion der »Männerphantasien« präfaschistischer Freicorps gelangt Winkler zu einer ersten Frontstellung, die die Angst vor dem Amorphen in den Kontext männlich-chauvinistischer Selbstermächtigung stellt:

»[...] dem geformten, militärischen Kollektiv gegenüber steht die formlose Menge, die wie eine Flut gegen alles Feste anbrandet und alles, was Form hat, unter sich begräbt; den Männern gegenüber stehen die Frauen, als Demonstrantinnen Teil dieser Menge, als Huren Symbol einer bedrohlichen Sexualität, oder ins Weiß der Krankenschwester gebannt zur potentiellen Gattin fetischisiert. Dem Festen steht das Flüssige gegenüber, das tückisch sogar das eigene Körperinnere einnimmt; und das im Gewaltakt hervorstürzende

---

Wesen des Menschen fremden oder ihm abträglichen Effekten der Technik und Maschinen ist strukturell die These des neurokulturellen Kurzschlusses von Mensch und Maschine (de Kerckhove, Bolz) verwandt.« Tholen 1998, S. 63.

64   Winkler 1997, S. 264. Auslassungen und Ergänzungen: Winkler.

Blut wird gleichzeitig als reinigend wie als das Zentrum des Bedrohlichen gesehen.«[65]

Auf dieser Grundlage koppelt Winkler in der Folge den Diskurs, der durch diese Oppositionen eröffnet wird, an Genderkonnotationen, die mitunter zu der Vermutung Anlass geben, hier würden spezifisch »männliche« und »weibliche« Denkweisen behauptet, denen dann bestimmte Medientechniken entsprächen.[66] Dieser problematischen These kann im Folgenden nicht nachgegangen werden; man muss ihr jedoch nicht folgen, will man den Dichotomien nachspüren, die sich in jenen Oppositionen verbergen, auf denen weite Teile postmetaphysischer Präsenztheorie ebenso basieren wie die Unterscheidung von Digital und Analog. Ein zweiter Themenkomplex, der das Amorphe dem Fest-Isolierten gegenüberstellt, ist der Foucaultsche »Dämon der Ähnlichkeit«, der das Subjekt dissoziiert, indem er die Unterscheidung von Ich und Nicht-Ich untergräbt. Foucaults Gegenüberstellung von repräsentationaler und taxonomischer *episteme* aus »Die Ordnung der Dinge« folgend, resümiert Winkler:

»Sprachliche Differenzen sind gegen das Schwirren des Ähnlichen gesetzt und sie wirken gegen dessen Distraktion; daß Sprache aber keineswegs ausschließlich Differenzen verwaltet, sondern eben auch Ähnlichkeiten, ist ein Widerhall des bedrohlich Amorphen innerhalb der Sprache selbst. Und wer allein die Differenz zur selbstverständlichen Basis alles Sprachlichen erklärt, geht leicht in die Falle, die Macht dieses Gegenübers zu unterschätzen.«[67]

In der Koinzidenz von »Original« und »Kopie« hat sich jedoch gezeigt, dass bereits auf einer basalen medientechnischen Ebene der »Dämon der Ähnlichkeit« auch Bestandteil, ja Konstituens digitaler Medien selbst ist. Die so klare Distinktion zwischen Isolation und

---

65   Ebd., S. 302.
66   In diesem Fall Computer = maskulin, Film = feminin. Siehe in diesem Sinne kritisch auch Lauer 2004, S. 241. Dass eine solche Genderzuordnung nicht bruchlos aufgeht, zeigen bereits die Permutationen, die den Unterscheidungen in der Theorie widerfahren. Während bei Serres das »Harte« für die Materialität des Nicht-Zeichenhaften steht, ist diese Ebene bei Winkler das »Amorphe«. Andererseits wird das »Sanfte« der Zeichenwelten dann zum »Festen« der Isolation, das bei Winkler wiederum das Reich der Zeichen eröffnet.
67   Winkler 1997, S. 308–309.

Amorphem (im Sinne des die Isolation Dissoziierenden) lässt sich nicht umstandslos auf jene von Digital und Analog übertragen, denn in der Funktionsweise der Turingmaschine, deren Indifferenz gegenüber Kriterien wie Original und Kopie, hat sich der »Dämon der Ähnlichkeit« immer schon »eingenistet«. An dieser Stelle wird das »Fort-Da« Spiel, das nicht nur die Opposition von Anwesenheit und Abwesenheit, sondern auch die von Ich und Nicht-Ich inauguriert, unterlaufen. Der »Isolationismus«, der schon im »Fort-Da« Spiel vorgezeichnet ist und die Urszene des Binarismus bildet, wird ausgerechnet innerhalb der Funktionslogik digitaler Medien suspendiert.

Schließlich tritt bei Winkler jenes »Andere« der Isolation auf den Plan, von dem letzteres sich grundsätzlich abzuspalten versucht: »Unter den Phantasmagorien des bedrohlich Amorphen ist als nächstes, selbstverständlich, der Schmutz zu nennen, der alles Saubere umgibt, dem das Saubere abgerungen ist und der dennoch immer die Oberhand behält.«[68] Nach einem extensiven Enzensberger-Zitat aus dessen »Versuch über den Schmutz«, das auf grandiose Weise substantivierte Adjektive des Ekligen und Dreckigen aufeinander häuft, kommentiert Winkler:

> »Vom Vergnügen abgesehen, soll das ausführliche Zitat zeigen, daß bereits die schiere Pluralität so etwas wie Schmutz erzeugt. Vielfalt hat auch dann noch etwas Erschreckendes, wenn sie in sprachlich domestizierter Form auftritt; und um so mehr die Vielfalt des Natürlichen und Organischen, das per se dem Flüssigen und Amorphen sich zuneigt. Organismen erscheinen akzeptabel, solange sie eine saubere Grenze zum Umraum aufrechterhalten; wo Produkte des Stoffwechsels diese Grenze irritieren, Inneres nach außen tritt oder die Oberfläche Veränderungen zeigt, wird es kritisch; und ebenso, wenn die Organismen zu klein und zu zahlreich sind wie im Fall der Insekten, oder gar der Mikroben, die insgesamt dem Schmutz zugerechnet werden.«[69]

An dieser Stelle angelangt offenbart sich die Nachtseite jener Präsenzerfahrung, die unabweisbar in die Wahrnehmung ekstatisch »hineinsteht« und sich nicht ignorieren lässt, bei Mersch allerdings

---

68   Ebd., S. 302.
69   Ebd., S. 304.

ebenso konsequent ausgespart bleibt wie bei anderen Vertretern postmetaphysischer Präsenztheorie. Der Lacansche Begriff des Realen hat diese dunkle Seite stets mitgeführt und als jenes »wesentliche Objekt« bezeichnet, »das kein Objekt mehr ist, sondern jenes Etwas, angesichts dessen alle Worte aufhören und sämtliche Kategorien scheitern, das Angstobjekt par excellence.«[70] Bei Julia Kristeva wird dieses unmögliche Objekt zum »Abjekt«: Weder Subjekt noch Objekt, sondern im Dazwischen angesiedelt, ein Widerwärtiges/Widerständiges, das gleichzeitig affiziert und abstößt. Winfried Menninghaus hat (auch im Anschluss an Kristeva) gezeigt,[71] dass der Modus dieser Präsenzerfahrung der *Ekel* ist, der als »dunkle« Seite ästhetischen Erlebens von der klassischen Ästhetik stets mitthematisiert wurde.[72] Winklers Beispiel zeigt auch, damit eine grundsätzliche These Kristevas illustrierend, dass sich Ekel nicht nur angesichts unmittelbarer aisthetischer Affektion einstellt, sondern bereits *in* einem Medium (in diesem Fall der Sprache) als *Überdrussekel* generiert werden kann. Nur: Was hat das noch mit digitalen Medien zu tun, die doch denkbar weit von den Kontaminationen organischer »Wetware« entfernt scheinen?

---

70 Lacan 1980a, S. 210–211.

71 Menninghaus 2002.

72 »Mendelssohn und Kant hatten die Empfindung des Ekels als eine ›dunkle‹ Empfindung bestimmt, die so kategorisch ein ›Wirkliches‹ indiziert, daß sie die Unterscheidung von ›wirklich‹ und ›eingebildet‹ – und damit die Bedingung ästhetischer Illusion – durchschlägt: *es ekelt mich, also erfahre ich etwas als unbedingt wirklich (und nie als Kunst).*« Ebd., S. 18.

7. Auf dem Weg zu einer Ästhetik der Störung

»Ich will mit der menschlichen Wahrnehmung arbeiten und versuchen,
etwas aufzubauen, etwas Physisches. [...] Ich wollte den Zuschauer auf
physiologische Weise überraschen und es gibt immer Leute, die finden,
dass die Bilder hässlich sind. Deshalb gab es auch wirklich extreme
Reaktionen, das denke ich zumindest. Ich konnte zum Beispiel lesen
›Wie hässlich!‹, ›Scheußlich!‹, ›Zum Kotzen!‹... .«[73]

Dass innerhalb dieser Arbeit mehr als einmal Filme als Beispiele her-
halten mussten, ist nicht nur auf die persönlichen Neigungen des
Autors zurückzuführen. Das Medium Film steht vielmehr in einem
aufschlussreichen Spannungsverhältnis zu digitalen Medien und es
wird zum Schluss darum gehen, die medienästhetischen Valenzen
der *digital cinematography* etwas genauer zu beleuchten. Denn die
Gegenwendigkeit digitaler Medien zeigt sich nicht nur in den »Zusammenbrüchen« und Ausfällen der Computer oder in der pixeligen
Materialität schlecht komprimierter Daten, sondern auch in jenen
Irritationen, die sich noch in den ästhetischen Strategien digitaler
Illusionstechniken des Mainstreamkinos »einnisten«.

Zunächst ist natürlich auffällig, dass sich die Dichotomisierung
von Analog und Digital zu weiten Teilen dem Vorbild des Films verdankt, der als klassisches Analog-Medium nicht nur die Authentizität
fotografischer Indexikalität mit sich führt, sondern als *Bewegungs-
bild* (Deleuze) das analoge Kontinuitätsbeispiel *par excellence* abgibt.
Dies ist schon bei Kittler zu beobachten, dessen Arnheim-Referenz
entscheidend für dessen Applikation der Lacanschen Ordnungen auf
Medienphänomene ist. Zur Indexikalität der Fotografie kommt im
Film noch die Ikonizität der Bewegungsillusion hinzu, welche die
Fotografie aus ihrer Totenstarre befreit und deren genuine Referenzi-
alität aisthetisch überbietet. Der Repräsentationslogik medialer Vollzüge wächst angesichts des Mediums Film eine besondere Evidenz-
kraft zu, und nicht nur Siegfried Kracauer hat in seiner »Theorie des
Films« diesem Medium jene »Errettung der äußeren Wirklichkeit«[74]

---

73 Original-Ton PITOF, Regisseur des ersten komplett digital produzierten Main-
streamfilms VIDOCQ, Frankreich 2001. Quelle: Zusatzmaterial der DVD-Version, In-
terview mit dem Regisseur.
74 »Filme sind, anders gesagt, in einzigartiger Weise dazu geeignet, physische

zugetraut, die von der digitalen »Agonie des Realen« denkbar weit entfernt scheint. Auch bei Hartmut Winkler spielt die Gegenüberstellung von Film und Computer eine entscheidende Rolle[75], wenn es darum geht, das Analoge mit dem Digitalen zu kontrastieren. Auf der anderen Seite des Theoriespektrums lässt Lev Manovich seine Theorie der »Neuen Medien« einer bestimmten diskursgeschichtlichen Urszene entspringen, in der Film und digitale Medien nicht auseinanderfallen, sondern konvergieren. Zum Modell der Turingmaschine heißt es in »The Language of New Media«:

»The machine operated by reading and writing numbers on endless tape. At every step the tape would be advanced to retrieve the next command, read the data, or write the result. It's diagram looks suspiciously like a film projector. Is this a coincidence? [...] The cinematic apparatus is similar to a computer in one key respect: A computers program and data also have to be stored in some medium. This is why the Universal Turing Machine looks like a film projector. [...] The histories of media and computing became further entwined when German engineer Konrad Zuse began building a computer in the living room of his parent's appartement in Berlin – the same year that Turing wrote his seminal paper. Zuse's computer was the first working digital computer. One of his innovations was using punched tape to control computer programs. The tape Zuse used was actually discarded 35mm movie film.«[76]

Für Manovich, dessen impliziter Medienbegriff in »The Language of New Media« stets audiovisuelle Medientechnologien meint, nimmt das Bild des Binärcodes, der auf Zuses 35mm Film über den ikonischen Code des Films gestanzt ist, jene Medienkonvergenz vorweg, die aus dem Computer erst ein Medium macht. Denn die militärhistorische Herkunft und Nutzung des Computers, die auch Paul Virilio und Friedrich Kittler immer wieder betonen, verwendet diesen als

---

Realität wiederzugeben und zu enthüllen, und streben ihr deshalb auch unabänderlich zu. [...] Die einzige Realität aber, auf die es hier ankommt, ist die wirklich existierende, physische Realität – die vergängliche Welt, in der wir leben. (Physische Realität wird im folgenden auch ›materielle Realität‹ oder ›physische Existenz‹ oder ›Wirklichkeit‹ oder einfach ›Natur‹ genannt werden. [...] Schließlich empfiehlt sich noch der Ausdruck ›Leben‹ [!..].« Kracauer 1985, S. 55.

75   Winkler 1997, S. 185–191.
76   Manovich 2001, S. 24–25.

Rechenmaschine und nicht als Medium. Digitale *Medien* indes sind für Manovich heute wieder das, was sie an ihrem Ursprung bereits waren: Ein Amalgam aus Symbolischem und Imaginärem. Obwohl Manovichs diskursgeschichtliche Urszene ihre Suggestivkraft eher aus ihrer Metaphorizität bezieht, zeigt das Bild des mit Binärcode bestanzten Filmmaterials zumindest jene Gewaltsamkeit, die heute als Argument *gegen* die *digital cinematography* ins Feld geführt wird. Die Argumentationslinien gleichen dabei der Kritik an digitalen Medien überhaupt und müssen daher nicht noch einmal im Detail wiederholt werden.[77] Innerhalb der Filmtheorie ist der Ton allerdings mindestens ebenso scharf wie in der Medienkritik postmetaphysischer Präsenztheorie, auch wenn die Kritik mitunter völlig anderer Provenienz ist. Alexander Kluge vertritt zum Beispiel die Ansicht, dass digitale Medien dem »Wesen« des Filmischen radikal widersprechen:

> »Im binären Prinzip steckt sozusagen bereits ein Programmschema: Der Satz vom ausgeschlossenen Dritten. Unter lebendigen kulturellen Verhältnissen gilt dagegen der Satz vom eingeschlossenen Dritten, so daß sämtliche binären Programmierungen den lebendigen Zusammenhang der Mitteilung zerstören. Man kann daher durch binäre Logiken etwas herstellen, was augenscheinlich funktioniert, aber es verändert radikal die authentischen Verhältnisse in der Wirklichkeit: die Nebensachen sind weg. [...] Die Stellung des Kinos ist dazu verblüffend gegnerisch [...] es arbeitet die Ausdrucksweise des Films mit sogenannten Nebenvalenzen, [...] Zwischenwerten. Der Unterschied zwischen bloßem Gebrauchsprodukt und Filmkunst zeigt sich regelmäßig in sogenannten Zwischenvalenzen, die außerhalb des Filmprodukts nicht greifbar sind und zum großen Teil bereits beim Vorzeigen des Films im Fernsehprogramm verschwinden.«[78]

Das Problem ist, dass hier ästhetische Konventionen umstandslos mit »authentischen Verhältnissen in der Wirklichkeit« verwechselt werden. Auf ein adäquates medientheoretisches Niveau gebracht könnte gezeigt werden, dass mit jenen »Nebenvalenzen« und »Zwischenwerten« filmischer Materialität zum Beispiel das Korn analogen Filmmaterials gemeint sein könnte, dessen Eigenschaft es tatsächlich ist, bereits im »Vorzeigen des Films im Fernsehprogramm«

---

77 Vgl. exemplarisch Hoberg 1999, Binkley 1993 oder Rötzer 1991, S. 44.
78 Kluge 1985, S. 71–72.

nicht mehr sichtbar zu sein: »Im Unterschied zum Pixel, der durch eine feste Position innerhalb des geometrischen, horizontalen und vertikalen Bildrasters definiert wird, sind die Körner in der analogen Filmemulsion zufällig verteilt.«[79] Das zufällige Flirren des Filmkorns auf der Leinwand ist natürlich im Prinzip eine Störung in Reinkultur, *Rauschen* im Sinne einer *ekstasis* des Realen und genau als eine solche hat dieses Phänomen im Verlauf der Mediengeschichte des Films augenscheinlich eine signifikante Verwandlung erfahren: *von der Störung zum Garant der Authentizität filmischer Repräsentation,* ja Agens filmischer »Lebendigkeit« selbst: »Indem die Bilder sich durch die Verteilung der Körner minimal voneinander unterscheiden, wirkt auch eine statische Filmeinstellung ohne bewegte Objekte lebendig und scheint eine eigene Form der Zeitlichkeit zu entwickeln.«[80] Barbara Flückiger zählt noch eine Reihe weiterer Störungen auf[81] und kommt zu dem Schluss, dass sich die Konjunktur dieser innerhalb der *digital cinematography* heute dem Umstand verdankt, dass analoge Störungen die Künstlichkeit digitaler Bilder durch die Vertrautheit mit diesen zu ästhetischer Konvention gewordenen Störungen *als Film* authentifizieren. »Es ließe sich also feststellen, dass gegenwärtige Störungsverfahren, selbst wenn sie so weit getrieben werden, dass sie den Rahmen des Unsichtbaren verlassen, in letzter Instanz doch dem Zweck dienen, mathematisch automatisierte Abläufe mit einem unregelmäßigen, teilweise sogar individuell von Hand erzeugten Raster zu überlagern.«[82] Ein immer wieder zitiertes Beispiel hierfür ist Steven Spielbergs JURASSIC PARK (USA, 1993), ein Film, der zusammen mit James Camerons TERMINATOR 2 (USA, 1991) allgemein als einer jener Filme gilt, die den Boom digitaler Bildbearbeitung im Mainstreamkino entscheidend befördert haben.[83] Spielberg ließ in seinem Film computergenerierte Dinosaurier durch Landschaften laufen, die auf herkömmliche, analoge Weise fotografisch aufgenommen wurden. In der Kombination von digital erzeugten und analog aufgenommenen Bildern wurde dabei ein Eindruck von *Fotorealis-*

79 Flückiger 2004, S. 410.
80 Ebd., S. 410.
81 Neben dem Filmkorn noch *Motion Blur*, also Bewegungsunschärfe, Diffusion im Sinne von Überblendungseffekten, *Lens Flare*, optische Verzeichnungen und Vignettierungen.
82 Flückiger 2004, S. 427.
83 Manovich 2001, S. 200.

mus erzielt, der zum damaligen Zeitpunkt etwas völlig Neuartiges war. Jedoch:

>»Typical images produced with 3-D computer graphics still appear unnaturally clean, sharp, and geometric looking. Their limitations especially stand out when juxtaposed with a normal photograph. Thus one of the landmark achievements of *Jurassic Park* was the seamless integration of film footage of real scenes with computer-simulated objects. To achieve this integration, computer-generated images had to be degraded; their perfection had to be diluted to match the imperfections of film's graininess.«[84]

Die digital generierten Bilder mussten also dem Vorbild analoger Filmbilder angepasst werden, um einer ästhetischen Erwartungshaltung entsprechen zu können, der das, was einstmals Störung filmischer Transparenz war, *nun zu aisthetischer Garantie von Authentizität geworden ist. Medialität wird so zum Residuum des Auratischen.*[85] »With the help of special algorithms, the straight edges of computer-generated objects are softened. Barely visible noise is added to the overall image to blend computer and film elements.«[86] Eine Ästhetik der Störung müsste genau bei solchen Bruchstellen ansetzen, *an denen Störungen ihren Status als ekstasis des Realen verlieren und in Zeichenphänomene transformiert werden.* Hier zeigt sich das Ineinander von *aisthesis* und *semiosis* ebenso in voller Entfaltung wie jenes von Transparenz und Opazität, denn was einstmals als Wahrnehmungsstörung medialer Transparenz im Wege stand, wird nun zu ästhetischer Strategie und es ist kaum überraschend, dass sich diese Dynamik am deutlichsten in Zeiten eines Medienumbruchs

---

84 Ebd., S. 201–202.
85 In medienhistorischer Retrospektive fällt so ein neues Licht auf Walter Benjamins Begriff der Aura. Benjamin sah in den zu seiner Zeit aktuellen Medientechnologien Film und Fotografie Techniken, die durch das Element der Reproduzierbarkeit jene Aura erodieren, die in der Singularität von Kunstwerken unter bestimmten Umständen noch anzutreffen sei. Heute nehmen analoge Medien wie der Film den Platz ein, der für Benjamin im Kultwert des Singulären das Auratische begründet. Almuth Hobergs Satz, dass das Original eines analogen Medienartefakts kostbar sei, da es »die einmalige Manifestation eines stattgefundenen Geschehens« darstelle, spricht für eine bereits beginnende Reauratisierung analoger Medientechnologien im Zeitalter eines digitalen Medienparadigmas, das die Unterscheidung von Original und Kopie erst jetzt wirksam unterläuft.
86 Manovich 2001, S. 202.

zeigt. Um beim Beispiel zu bleiben: Erst im Kontrast zu digital gene-rierten Bildern wird die ästhetische Valenz der turbatorischen Mate-rialität des Analog-Films sichtbar, um dann *semiotisiert* in das neue Medium re-integriert zu werden, indem zum Beispiel künstlich hin-zugefügtes »Filmkorn« natürlich keine Störung im Sinne einer *ek-stasis* des Realen mehr ist, sondern als Inszenierung auf diese nun-mehr ikonisch *verweist*. Medienumbrüche machen somit Störungen als Materialität der Kommunikation nicht nur sichtbar, sondern auch ästhetisch disponibel.

Aber sind derlei Beispiele nicht geradezu überdeutliche Präze-denzfälle einer selbstreferenziellen, zum Spektakel gewordenen In-szenierung jener von Dieter Mersch postulierten medialen »Über-schreibungswut«, die ihr eigenes Versagen durch die Anhäufung von *special effects* zu überblenden versucht? Vielleicht. Selbst Lev Mano-vich, dessen Theoriearchitektur und Perspektive denkbar weit von denen Dieter Merschs entfernt sind, sieht in den digital generierten Bildern die Vorwegnahme einer Zukunft, die in reiner Formalisierung mündet und das »Reale« körperlicher Präsenz hinter sich gelassen hat. Vielleicht könnte sich aber auch die Vermutung begründen las-sen, dass sich bereits in der vermeintlich präsenzvergessenen »Über-schreibungswut« digitaler Medien längst eine Irritation »eingenistet« hat, die umso insistierender wird, je mehr sich die digital generierten Bilder einem »Realismus«[87] annähern, der noch zu Zeiten von Ter-minator 2 undenkbar war. Während in Terminator 2 die computerge-nerierte Version einer menschlichen Gestalt aufgrund der damaligen technischen Limitationen weder auch nur einigermaßen realistisch animiert noch texturiert werden konnte, haben heutige Versuche in dieser Richtung bereits eine völlig anderes Niveau erreicht:

Auffällig an einem vollständig digital generierten, derart am Vor-bild des Fotorealismus orientierten Film wie The Final Flight of the Osiris (es gibt hier keine einzige fotografische Filmaufnahme, weder analog noch digital) ist die *Überschärfe* eines jeden noch so kleinen Details. Jede Hautfalte, jedes Barthaar, der kleinste Schweißtropfen

---

87 Lev Manovich hat darauf hingewiesen, dass in der der Rede vom »Realismus« digitaler Bilder stets *Fotorealismus* gemeint ist. Das ist deshalb von entscheidender Bedeutung, da die Vergleichmaßstäbe hier *intermedial* angelegt sind und nicht auf einer wie auch immer gearteten »objektiven« Realität beruhen: »For what is faked is, of course, not reality but photographic reality, reality as seen by the camera lens.« Manovich 2001, S. 200.

Links: Abb. 49: Still aus Terminator 2, USA 1991.
Rechts: Abb. 50: Still aus The Final Flight of the Osiris, USA 2002.

und noch das subtilste Wechselspiel von Hautoberfläche, Pigmentierung und Lichtreflexion ist in aller hyperrealen Deutlichkeit zu erkennen. All das verdankt sich komplexer Algorithmen, die heute in der Lage sind, diverse Textur-*Layers* ineinander zu schichten, um damit die Gesetze der Optik möglichst exakt zu simulieren. Dazu kommt, dass die Auflösung eines solchen Bildes im Gegensatz zum analogen Filmbild frei skalierbar ist und somit Detailtiefen erreicht werden können, wie sie keinem Analog-Film je zu Gebote standen. In der Konvergenz dieser und anderer Faktoren ergibt sich eine *Promiskuität des Details* (Baudrillard),[88] die diejenige analoger Fotografie bereits weit übersteigt. In der noch recht kurzen Geschichte der *digital cinematography* griff diese Promiskuität des Details sehr schnell auf den Bildraum über. Das sogenannte *compositing* erlaubt ein Bild aus einer Vielzahl disparater Elemente in im Prinzip beliebiger Fülle zusammenzustellen. Das Bild ist nicht mehr an die realen Gegebenheiten eines Drehorts gebunden:

In Star Wars: Episode II wurde einer Szene am Ufer des Comer Sees eine Reihe von Wasserfällen hinzugefügt. In Casshern dissoziiert die Fülle an Objekten mitunter den Bildzusammenhang bis fast an den Rand der Abstraktion. Der daraus entstehende Eindruck ist der eines überwältigenden *Kitschs*.

Einer der ersten Mainstream-Filme, die komplett digital produziert wurden (von der Aufnahmetechnik bis zur Postproduktion), ist Vidocq (Frankreich, 2001). Hier wird eine digitale Kamera auch zur Aufnahme von »real-life«-Schauplätzen und Akteuren genutzt. Auch hier lässt sich die Promiskuität des Details und des Bildraums beobachten, die von der Bildkomposition noch forciert wird.

---

88   Baudrillard 1990, S. 116.

Digitale Filmkameras kennen keinen Tiefenunschärfeeffekt[89], wodurch der Bildvordergrund ebenso scharf gestellt werden kann, wie der Horizont. Gleichzeitig können extreme Nahaufnahmen mit schnellen Bewegungen kombiniert werden. Der Effekt auf einer Kinoleinwand ist überwältigend, geradezu physisch spürbar. Die Fülle der Bildinformationen gerät hier zu einem Vexierbild aus Bildrausch und Bildrauschen, in dem zuweilen nichts mehr zu sehen ist, außer einer mit aller Gewalt zur Schau gestellten Sichtbarkeit selbst. VIDOCQ ist eine visuelle *tour de force*, die neben der erwähnten absoluten Tiefenschärfe auch noch auf schnelle Schnitte, entfesselte Kamera und eine Überfülle innerhalb der *mise-en-scène* setzt, um jene Wahrnehmungsüberwältigung zu erzielen, die offenbar das erklärte Ziel des Regisseurs war (siehe Eingangszitat). Und immer wieder extreme Großaufnahmen, die aus Gesichtern amorphe Fleischmassen aus Sekreten, Schmutz und Haaren machen, die aus dieser Nähe nur von digitalen Kameras im Fokus gehalten werden können.

»Baudrillard [hat] in einer aperçuhaften Bemerkung aus *Videowelt und fraktales Subjekt* die Wirkungen von Vergrößerungen als Zerstörung des Erotischen gebrandmarkt: ›Aus nächster Nähe betrachtet, gleichen sich alle Körper und Gesichter. Die Großaufnahme eines Gesichts ist ebenso obszön wie ein von nahe beobachtetes Geschlechtsteil. (...) Der Promiskuität des Details und der Vergrößerung des Zooms haftet eine sexuelle Prägung.‹ Das Bestechende der Beobachtung läßt sich an Reklamebildern demonstrieren: Das extreme *Blow Up* läßt die Haut zum Objekt eines vulgären Voyeurismus werden. Es reduziert die präsentierten Körper auf die Frivolität einer Nacktheit ›ohne Blöße‹.«[90]

In weniger eleganten Formulierungen wird daher mit einer gewissen Folgerichtigkeit mitunter von »Digitalpornos« gesprochen. Und tatsächlich nimmt diese Argumentation eine wichtige Spur auf. Während Mersch mit Baudrillard im obigen Zitat noch von analoger Fotografie ausgeht, ist in den genannten Beispielen der *digital cinematography* ein Überbietungsgestus sichtbar, der auf das turbatorische

---

89 »It can have unlimited resolution and an unlimited level of detail. It is free of the depth-of-field effect, this inevitable consequence of the lens, so everything is in focus.« Manovich 2001, S. 2002.
90 Mersch 2002a, S. 100.

Moment medialer Vollzüge zurückverweist. In der Promiskuität des Details und im *Kitsch* überfüllter Bildräume wird die visuelle »Obszönität« bis an jene Grenze getrieben, die in *Ekel* umschlägt. Dies ist die innere Logik der »Blendräume« digitaler »Überschreibungswut« in der *digital cinematography*.

Winfried Menninghaus hat in seiner wegweisenden Studie zum Begriff des Ekels von einer »Hyper-Realität des Ekelhaften«[91] gesprochen, die somit zuletzt noch mit der vielzitierten »Hyper-Realität« digitaler Medien in Beziehung zu setzen ist. Ekel ist »eine sich aufdrängende Präsenz«[92] auf deren Ausschluss die Ästhetik seit der Mitte des 18. Jahrhundert basiert: »Das ›Ästhetische‹ ist das Feld jenes ›Gefallens‹, dessen schlechthin anderes der Ekel ist: so lautet seine kürzeste, einzig unumstrittene und dennoch fast völlig vergessene Basisdefinition.«[93] Jedoch:

> »Eine genaue Lektüre der ›klassischen‹ ästhetischen Theorie führt gleichwohl auf unerhört komplizierte Beziehungen zwischen ›Ekel‹ und ästhetischem ›Gefallen‹. Die überraschendste Entdeckung ist diese: wie allzu ›lautere Süßigkeit‹ steht das Schöne geradezu grundsätzlich und von sich aus in Gefahr, an sich selbst in ein Ekelhaftes umzuschlagen – sofern seine ›Reinheit‹ nicht durch etwas, das nicht (nur) schön ist, kontaminiert und ergänzt wird.«[94]

Schlüsselbegriff ist hier derjenige des Sättigungs- oder Überdrussekels, der sich aus einem *Zuviel* ergibt. Hier kann selbst das reine »Schöne« zum »Vomitiv«[95] werden, solange nicht etwas hinzukommt, das die Perfektion irritiert und damit in Bewegung versetzt. Die Antwort der klassischen Ästhetik: »Als Remedium gegen die ekelhafte Sättigung, als ein Anti-Vomitiv wird die berühmte Unendlichkeit des Ästhetischen erfunden: als eine reflektierende Erfahrung nämlich, die sich niemals schließen und daher auch niemals vollständig sät-

---

91 Menninghaus 2002, S. 164.
92 Ebd., S. 7.
93 Ebd., S. 15.
94 Ebd., S. 15.
95 Ebd., S. 40. »Sättigungsekel am Schönen selbst erschließt zugleich eine Perspektive auf die Kategorie des Kitsch: ›Kitsch ist‹, so Adorno, das Schöne, das ›wegen der Absenz seines Widerparts‹ zugleich sich selbst ›widerspricht‹, das gerade kraft seiner Ungebrochenheit aus sich heraus in ein ›Häßliches‹ umschlägt.« Ebd., S. 47. Menninghaus zitiert Adorno 1970, S. 77.

tigen kann.«[96] Im digitalen Bild »nistet« sich auf eine vergleichbare Weise der Überdrussekel zum Beispiel im Furor der Promiskuität des Details ausgerechnet in jenes Medium ein, dessen Charakteristikum es ja sei, als »symbolische Maschine« eben jene Unabschließbarkeit des Signifikantenuniversums zu verbürgen, die in ihrer »spielerischen Unverbindlichkeit« bereits die Kantsche Ästhetik als Abwehr gegen die andrängende Präsenz des Ekels errichtet hatte. Jenseits von »Zusammenbrüchen« und schlichten Dysfunktionalitäten zeigt sich so im visuellen Ekel digitaler Bilder auf ästhetischer Ebene das Widerfahrnis einer Alterität, die noch in jene kühle Zeichenwelt ekstatisch hineinsteht, die als Bollwerk der »Isolation« sich gegen einen solchen Andrang des Amorphen gerade zu wappnen versucht: »Noch der medial simulierte Ekel nämlich schlägt eine Brücke zum dunklen, ›dichten‹ und ›intensiven‹ Kontinent elementarer körpervermittelter (Selbst-) Wahrnehmung.«[97]

Ähnlich wie Lumières Kamera sich in der Frühzeit des Kinos allein an der Bewegung der Blätter und der Einfahrt eines Zuges delektieren konnte, schwelgen die Macher der *digital cinematography* noch in den reinen Möglichkeiten des neuen Mediums, dessen Neuigkeit allein noch so in den Bann schlägt, dass sie sich noch selbst genügt. Ein Ende dieser Entwicklung ist aber absehbar. In der die Grenze zum Ekel mitunter bereits überschreitenden Dichte visueller Überfülle ist innerhalb der *digital cinematography* bereits eine Bewegung zu spüren, die über das Medium Film hinausdrängt, das die mediale Spezifität des Digitalen nicht mehr fassen kann und daher aisthetisch sozusagen aus »allen Nähten platzt«. Während der Ekel als eine Form jener *ekstasis* des Realen begriffen werden kann, die sich bereits heute sichtbar irritierend in die Ästhetik digitaler »Perfektion« einmischt, so ist noch kaum abzusehen, welche Störungen in Zukunft ihre ästhetische Valenz aufgrund von weiteren Medienumbrüchen

---

96 Menninghaus 2002, S. 15. Diese extrem knappe Zusammenfassung der fast sechshundert Seiten starken Arbeit Menninghaus' kann natürlich die enorme Subtilität und den Materialreichtum der Analyse nicht einmal ansatzweise wiedergeben. Es ist jedoch zu betonen, dass die Theorie des Ekels ins Zentrum des Theoriebestands postmetaphysischer Präsenztheorie gehört, weil sie eine ganze Phänomenologie und Theorie von Präsenz, Ereignis und Materialität beinhaltet, die noch kaum in den Blick genommen ist.
97 Menninghaus 2002, S. 25.

zeigen werden. Zumindest könnte eine Medienästhetik der Störung dabei helfen, diese Dynamiken im Spannungsfeld von *aisthesis* und *semiosis* sichtbar zu machen.

VI. Schluss

Mit einem Denken der Differenz Ernst zu machen, ist eine Herausforderung besonderer Art, denn es handelt sich hierbei nicht um eine Methode, sondern um eine *Praktik*; eine stete Übung, die auch dem Leser manche Zumutung nicht ersparen kann. Zu diesen Zumutungen gehört, dass die Begrifflichkeit, die sich einem in weiten Teilen paradox verfassten Phänomen wie dem der Störung nähern will, sich selten in fein abgezirkelten Thesen verdichten lässt. Während es auf den ersten Blick so scheinen konnte, als wäre mit dem Begriff der Störung ein Paradebeispiel eines anti-hermeneutischen Präsenzeffekts beschrieben, zeigt sich bei näherer Betrachtung, dass Oppositionen wie Sinn/Präsenz oder Transparenz/Opazität nicht dichotomisch auseinanderfallen, sondern zuinnerst miteinander verflochten sind.

Der Begriff »postmetaphysische Präsenztheorie« benennt dabei eine bestimmte Spurensicherung innerhalb der Philosophie der letzten 20 bis 30 Jahre. Teile der Theorie reagieren in dieser Zeit auf eine Krise des *linguistic turn* und der Semiotik mit der Aufwertung von Präsenzphänomenen, die sich dem Register der *semiosis* entziehen. Das seit Mitte der achtziger Jahre boomende Interesse an Phänomenen der Performativität, Ereignishaftigkeit und Materialität kulminiert dabei in einer Rehabilitierung der *aisthesis*, die der *semiosis* zunehmend gegenübergestellt wird. So gelten bei Autoren wie Dieter Mersch, Gernot Böhme oder Hans-Ulrich Gumbrecht auf Sinn und Bedeutung zentrierte Theorien und Methoden von der Hermeneutik bis zur Semiotik gegenüber Wahrnehmung und Präsenzerfahrungen als defizitär.

Die Entwicklung postmetaphysischer Präsenztheorie läuft zudem mit einer mediengeschichtlichen Umwälzung parallel, die als deren Horizont gedeutet werden muss. Während sich nämlich die Theorie zunehmend mit Phänomenen befasst, die sich dem Register der Zeichen entziehen, treten gleichzeitig jene »symbolischen Maschinen« ihren Siegeszug an, die ihrerseits als informationsverarbeitende Systeme scheinbar nicht einmal mehr der Kategorie des Zeichens bedürfen um zu funktionieren. *Die im Zuge postmetaphysischer Präsenztheorie stattfindenden Aufwertungen von Präsenz, Materialität, Performativität und Leiblichkeit können als Antwort auf die von wei-*

ten Teilen der Medientheorie der neunziger Jahre postulierte »Agonie des Realen«, auf das »Verschwinden des Körpers« oder das »fraktale Subjekt« gelesen werden, für die die elektronischen und insbesondere die digitalen Medien – etwa bei Baudrillard, Flusser, Mersch, oder Rötzer – verantwortlich gemacht werden. Demgegenüber konnte gezeigt werden, dass diese »Antwort« der Theorie nicht nur als Gegenbewegung und Restauration der genannten Phänomene zu verstehen ist, sondern durch die Eigenlogik digitaler Medien selbst motiviert wird, deren Vollzugseigenschaften ebenso wie zum Beispiel Phänomene der Performativität, Materialität und Ereignishaftigkeit in der Kunst die Frage nach dem Verhältnis von aisthesis und semiosis neu stellen.

Innerhalb dieser Theoriekonstellation erfüllt die Medientheorie eine Scharnierfunktion, die allerdings heute zunehmend in Vergessenheit zu geraten droht. Avancierte Medientheorie interessiert sich nicht erst seit Mitte der achtziger Jahre, sondern bereits bei Benjamin ebenso wie innerhalb der sog. »Toronto-School« für die materiellen Bedingungen der Möglichkeit von Wahrnehmung. Die grundlegende Hypothese einer solchen Medientheorie ist, dass die Unterscheidung von Medium und Zeichen konsequent durchzuhalten ist. Auf die Wichtigkeit dieser scheinbar trivialen Unterscheidung hat Friedrich Kittler nachdrücklich hingewiesen.

Während also kontemporäre Medientheorie in ihrem Ausgang vom Begriff der »Materialität der Kommunikation« die Prämissen postmetaphysischer Präsenztheorie ausdrücklich teilt, zeichnet sich inzwischen bei Autoren wie Mersch, Böhme, Winkler, Wiesing oder Gumbrecht ein Medienbegriff ab, der Medien und Medialität der Seite der *semiosis* zuschlägt und somit die Unterscheidung von Zeichen und Medium wieder verwischt. Hier zeigt sich eine Gegenläufigkeit von Präsenz- und Medientheorie, die durch den an die Adresse der digitalen Medien gerichteten Vorwurf des präsenzvergessenen Ultrastrukturaliamus entscheidend gespeist wird. *Demgegenüber ist auf einer Medienästhetik zu beharren, welche die Interdependenz in der Differenz von aisthesis und semiosis betont und nicht versucht, das eine auf das andere zu reduzieren. Nur dann behält Medientheorie ihre differentia specifica gegenüber der Zeichentheorie bei.*

Das Verhältnis von Sichtbarem und Unsichtbarem, Vollzug und Entzug, Transparenz und Opazität gehört seit Aristoteles' Bestimmung des Mediums als des »Dazwischen« im Vollzug der Wahrnehmung zum Kernbestand des Nachdenkens über Medialität. Das

Faszinosum medialer Vollzüge besteht darin, dass Medien Entitäten sind, die etwas in Anwesenheit bringen, indem sie selbst »verschwinden« (man sieht nicht die Leinwand, sondern den Film; liest nicht Buchstaben, sondern Worte; sieht nicht Licht, sondern Farben usw.). Mediale Vollzüge sind an diese Dynamik gebunden. *Das Unheimliche der Medien liegt in ihrer Selbstsubtraktion, ihrem Zurücktreten hinter sich selbst.*

Aus dem Umstand, dass Medien – unter dem Gesichtspunkt ihrer instrumentellen Gefügigkeit – scheinbar notwendig selbst nicht in Erscheinung treten können, resultiert der generelle »Verdacht« (Boris Groys) ihnen gegenüber und aus der genuinen Nicht-Präsenz der Medien dann ihre Verortung im Register des Symbolischen. Denn Medien scheinen eben durch ihren Selbstentzug auf konstitutive Weise abwesend, flüchtig, ephemer und immateriell zu sein, was eben jenem durch Derrida von jeder Präsenz entkernten Zeichenkonzept entspricht, gegen das postmetaphysische Präsenztheorie beharrlich anschreibt.

Übersehen wird dabei, dass Medien eine paradoxe Gleichzeitigkeit von Anwesenheit und Abwesenheit vollziehen, die mit der Idee des Zeichens (das für etwas anderes in absentia steht) unvereinbar ist und dazu zwingt, das Verhältnis von Transparenz und Opazität nicht als dichotomisch, sondern als graduell zu bestimmen, Kurz: Im medialen Vollzug sind Transparenz und Opazität keine Gegensätze, sondern zwei Aggregatzustände derselben Dynamik. Der Begriff der Störung ist dabei ein bisher wenig beachteter Schlüssel, der diese Dynamik beobachtbar macht.

Störungen sind Ereignisse, in denen sich Medien als Medien zeigen. Die Verschmutzung des Filmstreifens legt sich über das Bild und stört die »Durchsicht« auf die mise-en-scène, eine Durchsicht, die sich damit als medieninduzierte »Illusion« entlarvt. Im statischen Rauschen des Funkgeräts wird die Bedeutung des Gesprochenen unverständlich und die Sprache zeigt sich in ihrer Lautlichkeit. Im Rauschen zeigt sich eine *Gegenwendigkeit*, die das Gelingen medialer Vollzüge durchkreuzt.

Dieser sich in der Gegenwendigkeit zeigende Eigensinn ist aber nicht das schlichtweg auszuschließende »Andere« des Medialen (wie bei Shannon und Kittler und auf andere Weise bei Dieter Mersch), sondern kann mit einigem Recht geradezu als Konstitutivum medialer Vollzüge, als Materialität der Kommunikation par excellence konzep-

tioniert werden. Entscheidend ist dabei jedoch, dieses Rauschen nicht als »versteckten Sinn« zu re-semiotisieren (das ist das grundsätzliche Problem bei Shannon, Kittler und noch bei Martin Seel), sondern die darin sich zeigende radikale Alterität als solche offen zu halten.

In diesem Sinn können Martin Heideggers Zeuganalysen von »Sein und Zeit« bis zum »Ursprung des Kunstwerkes« als medienästhetische Störungstheorie *avant la lettre* gelesen werden. Wie Medien wird Zeug im Modus der Störung »aufsässig« und offenbart seine dinghafte Vorhandenheit (Modus der Opazität), welche die dienliche Zuhandenheit (Modus der Transparenz) des Zeugs durchkreuzt. Entscheidend ist jedoch, dass Heidegger – nicht umsonst am Beispiel des Zeichens – einen Modus dieser »Aufsässigkeit« entdeckt, die nun unter dem Namen der »Auffälligkeit« die zuhandene Dienlichkeit des »Zeigzeugs« Zeichen nicht etwa durchkreuzt, *sondern allererst ermöglicht*. Damit etwas als Zeichen fungieren kann, muss es sich auf irgendeine Weise von seinem Hintergrund abheben, »auffällig« werden, allerdings so, dass die auffällige Materialität als dem Prozess der Semiose genuin Fremdes stets mitgeführt wird. *In mediale Vollzüge sind im Modus des »Streits« und der Gegenwendigkeit eine Interdependenz von Transparenz und Opazität, Vollzug und Entzug konstitutiv eingeschrieben, die auf Anerkennung von Alterität drängt.*

Mittels obiger Problemkonstellationen kann auch eine Vorstellung von der Materialität des Digitalen entwickelt werde, die nicht in der physikalischen Stofflichkeit einer Hardware, sondern in einem komplexen Begriff der Störung fundiert ist. Zu sehen war, dass zum Beispiel die Medienbegriffe Flussers, Merschs und Winklers durch ihre Engführung von Zeichen und Medium, diese sich in der Störung zeigende Materialität verfehlen müssen, da mediale Vollzüge auch und gerade in Gestalt der Störung immer Schwellenphänomene zwischen *aisthesis* und *semiosis* sind und eben diese Liminalität für Medialität konstitutiv ist.

Favorisiert man die *aisthesis* zu Ungunsten der *semiosis*, verliert man die Medialität des Mediums ebenso aus dem Blick wie im umgekehrten Fall (Winkler). Die Gegenwendigkeit *digitaler* Medien resultiert zuletzt aus ihrer prozessualen Eigenlogik: Indem die Funktionslogik des Computers darin besteht, selbstständig prozessierende Performativa zu erzeugen, wird die Unterscheidung von Präsenz- und Sinneffekt unterlaufen. Im Medium Computer triumphiert nicht etwa die Tyrannei »kalter Zeichenuniversen« über die Verletzlichkeit des kontinuierlichen »Analogen«, sondern gerade hier treten *Präsenzeffekte der semiosis* deutlich zu Tage, was wiederum die Theorie fruchtbar irritieren kann, die gerade angesichts digitaler Medien gezwungen ist, bequem gewordene Dichotomien zu überdenken. Daher ist es gerade der Medientheorie aufgegeben, die *Interdependenz in der Differenz von Sinn- und Präsenzphänomenen* zu betonen und zu beschreiben und hierin liegt ihre Aufgabe zum Beispiel im Hinblick auf die theoretischen Erfordernisse von Ästhetik und Bildwissenschaft.

Danksagung

Was nie in gebührender Deutlichkeit in Literaturlisten und Fuß-notenapparaten zur Geltung kommen kann, ist die immense Bedeutung, die den vielen Gesprächen, Repliken und Hinweisen zukommt, welche die Abfassung dieser Arbeit über die Jahre begleitet haben.

Der Deutschen Forschungsgemeinschaft verdanke ich ein Promotionsstipendium innerhalb des Graduiertenkollegs »Körper-Inszenierungen« unter der Leitung von Erika Fischer-Lichte. Ohne diese Unterstützung wäre diese Arbeit nicht möglich gewesen. Die offene, jederzeit auf höchstem wissenschaftlichen wie kollegialem Niveau angesiedelte Arbeitsatmosphäre dort übertraf vom ersten Tag an meine ohnehin schon zuversichtlichen Erwartungen. Gleiches gilt für Sybille Krämer und ihr Kolloquium, die sich von Anfang an mit präzisen Repliken und großer Geduld meiner oft noch rudimentären Ideen angenommen haben.

In diesen drei Jahren bot das Graduiertenkolleg die Gelegenheit mit vielen herausragenden Wissenschaftlern in direkten Austausch zu treten, ein Einfluss, der seine Spuren an allen Ecken und Enden des Textes hinterlassen hat. Unmöglich alle zu erwähnen, geschweige denn gebührend zu würdigen (viele Inspirationen, die zum Beispiel von Sybille Krämer, Dieter Mersch, Samuel Weber, Erika Fischer-Lichte oder Hans-Ulrich Gumbrecht ausgingen, sind innerhalb der Arbeit allgegenwärtig), jedoch möchte ich nicht versäumen den Mitgliedern des Graduiertenkollegs zu danken, insbesondere denjenigen, die unermüdlich, trotz aller terminlichen Widrigkeiten stets ihren Weg in die Steglitzer Grunewaldstraße gefunden haben, um sich unsere Vorhaben trotz vorgerückter Stunde aufmerksam anzuhören und zu kommentieren.

Sybille Krämers intellektuelle Offenheit, die sich nie scheut, immer wieder neu anzusetzen und ungewohnte Perspektiven zu erproben, sowie ihre spürbare Begeisterung für die Abenteuer und Umwege des Denkens, sind für mich stets Vorbild und Ermutigung gewesen auch selbst unkonventionelle Pfade zu betreten. Mirjam Schaub hat wahrscheinlich keine Vorstellung davon, wie sehr mir gerade ihr Zuspruch und ihre immer treffsicheren Anmerkungen in Zeiten des Zweifelns geholfen haben. Dass es so etwas wie echte Leidenschaft für die Theorie gibt, dafür ist auch Andreas Wolfsteiner ein quirliger

Beweis: Ihm, dem alten Tischtennisspieler, danke ich neben einigem anderen für die vielen intellektuellen Ballwechsel, die mich ständig mit neuen Blickwinkeln versorgt haben. Ulrike Hanstein, Wiebke-Marie Stock und Kyung-Ho Cha sei gedankt für ihre subtilen Analysen und ihr beharrliches Nachfragen, das mir mehr als einmal aus Konfusion und Sackgassen heraus half. Jeon-Suk Kim für ihren Ansporn und ihre Fähigkeit, manchmal »zu Papier werden« zu können, wovon ich viel gelernt habe. Rebecca Wolf und Andreas Wolfsteiner bin ich für die gewissenhafte Durchsicht des Typoskripts sehr dankbar.

Ohne Melanie Piva wäre allerdings überhaupt nichts möglich gewesen, weder privat noch beruflich, so dass mein größter Dank ihr auch dafür gilt, dass sie die oftmals kaum vermeidbare Vermischung dieser beiden Ebenen geduldig aushielt.

Während der Zeit im Graduiertenkolleg haben wir alle mit dem Tod unserer Kollegiatin Annette Althaus einen schweren Verlust hinnehmen müssen. Meiner einzigen »Mit-Lacanianerin«, die ich nur viel zu kurz habe kennen dürfen, ist das dritte Kapitel dieser Arbeit gewidmet.

Literaturverzeichnis

Adorno, Theodor W., 1998, »Einleitung zu Benjamins ›Schriften‹«, in: Ders.: *Noten zur Literatur*, Frankfurt/M, S. 567–583.

Adorno, Theodor W., 1970, *Ästhetische Theorie*, Frankfurt/M.

Austin, John Langshaw, 1986, *Zur Theorie der Sprechakte*, Stuttgart.

Barck, Karl-Heinz, 2003, »Connecting Benjamin. The Aesthetic Approach to Technology«, in: Gumbrecht, Hans-Ulrich; Marrinan, Michael (Hrsg.), *Mapping Benjamin. The work of art in the digital age*, Stanford, S. 39–53.

Barck, Karl-Heinz; Gente, Peter; Paris, Heidi; Richter, Stefan (Hrsg.), 1990, *Aisthesis. Wahrnehmung heute oder Perspektiven einer anderen Ästhetik*, Leipzig.

Barthes, Roland, 1974, *Die Lust am Text*, Frankfurt/M.

Barthes, Roland, 1981, *Das Reich der Zeichen*, Frankfurt/M.

Barthes, Roland, 1989, *Die helle Kammer. Bemerkungen zur Photographie*, Frankfurt/M.

Barthes, Roland, 1990, »Der Körper der Musik«, in: Ders., *Der entgegenkommende und der stumpfe Sinn. Kritische Essays III*, Frankfurt/M, S. 249–299.

Baudrillard, Jean, 1978, *Agonie des Realen*, Berlin.

Baudrillard, Jean, 1990, »Videowelt und fraktales Subjekt«, in: Barck, Karl-Heinz; Gente, Peter; Paris, Heidi; Richter, Stefan (Hrsg.), *Aisthesis. Wahrnehmung heute oder Perspektiven einer anderen Ästhetik*, Leipzig, S. 252–265.

Baudrillard, Jean, 1991, *Der symbolische Tausch und der Tod*, München.

Bauer, Markus, 2005, »Die Mitte der Mitteilung«, in: Schulte, Christian (Hrsg.), *Walter Benjamins Medientheorie*, Konstanz, S. 39–49.

Benjamin, Walter, 1977a, »Das Kunstwerk im Zeitalter seiner technischen Reproduzierbarkeit«, in: Ders.: *Illuminationen. Ausgewählte Schriften I*, Frankfurt/M, S. 136–170.

Benjamin, Walter, 1977b, »Auswahl aus der Berliner Kindheit um Neunzehnhundert«, in: Ders.: *Illuminationen. Ausgewählte Schriften I*, Frankfurt/M,. S. 279–289.

Benjamin, Walter, 1992, *Einbahnstraße*, Frankfurt/M.

Benjamin, Walter, 2002, *Medienästhetische Schriften*, Frankfurt/M.

Benjamin, Walter, 2002a, »Über Sprache überhaupt und über die Sprache des Menschen«, in: Ders.: *Medienästhetische Schriften*, Frankfurt/M, S. 67–83.

Benjamin, Walter, 2002b, »Über die Malerei oder Zeichen und Mal«, in: Ders.: *Medienästhetische Schriften*, Frankfurt/M, S. 271–276.

Benjamin, Walter, 2002c, »Lehre vom Ähnlichen«, in: Ders.: *Medienästhetische Schriften*, Frankfurt/M, S. 117–123.

Benjamin, Walter, 2002d, »Über das mimetische Vermögen«, in: Ders.: *Medienästhetische Schriften*, Frankfurt/M, S. 123–127.

Bergson, Henri, 1991, *Materie und Gedächtnis. Ein Abhandlung über die Beziehung zwischen Körper und Geist*, Hamburg.

Binkley, Timothy, 1993, »Refiguring Culture«, in: Hayward, Phillip; Wollen, Tina (Hrsg.), *Future Visions. New Technologies of the Screen*, London, S. 90–122.

Blümle, Claudia; von der Heiden, Anne (Hrsg.), 2006: *Blickzähmung und Augentäuschung. Zu Jacques Lacans Bildtheorie*, Berlin.

Böhm, Gottfried (Hrsg.), 1994, *Was ist ein Bild*, München.

Böhm, Gottfried, 2007, *Wie Bilder Sinn erzeugen*, Berlin.

Böhme, Gernot, 2001, *Aisthetik. Vorlesungen über Ästhetik als allgemeine Wahrnehmungslehre*, München.

Bohrer, Karl Heinz, 1981, *Plötzlichkeit. Zum Augenblick des ästhetischen Scheins*, Frankfurt/M.

Bolter, Jay David; Grusin, Richard, 2000, *Remediation. Understanding New Media*, Camebridge/London.

Bolz, Norbert; van Reijin, Willem, 1991, *Walter Benjamin*, Frankfurt/M/New York.

Bonsiepe, Gui, 1996, *Interface. Design neu begreifen*, Mannheim.

Borch-Jacobsen, Mikkel, 1991, *Lacan. The Absolute Master*, Stanford/California.

Bouasse, Henri, 1947, *Optique et Phonométrie dites Géométriques*, Paris.

Bowie, Malcolm, 1997, *Lacan*, Göttingen.

Bühl, Achim, 1996, *Cybersociety. Mythos und Realität der Informationsgesellschaft*, Köln.

Butler, Judith, 1997, *Körper von Gewicht*, Frankfurt/M.

Butler, Judith, 1998, *Haß spricht. Zur Politik des Performativen*, Berlin.

Carlson, Marvin, 1996, *Performance. A Critical Introduction*, London/New York.

Coy, Wolfgang, 1994, »Aus der Vorgeschichte des Mediums Computer«, in: Bolz, Norbert; Kittler, Friedrich; Tholen, Christoph (Hrsg.), *Computer als Medium*, München, S. 19–39.

Crary, Jonathan, 1996, *Techniken des Betrachters. Sehen und Moderne im 19. Jahrhundert*, Dresden/Basel.

Deleuze, Gilles (1993), *Logik des Sinns*, Frankfurt/M.

Deleuze, Gilles (1997), *Differenz und Wiederholung*, München.

Deleuze, Gilles, 1991, *Nietzsche und die Philosophie*, Hamburg.

Derrida, Jacques, 1983, *Grammatologie*, Frankfurt/M.

Derrida, Jacques, 1994, *Die Schrift und die Differenz*, Frankfurt/M.

Derrida, Jacques, 1995, »Die zweifache Séance«, in: Ders., *Dissemination*, Wien, S. 193–322.

Derrida, Jacques, 1997, *Einige Statements und Binsenwahrheiten über Neologismen, New-Ismen, Post-Ismen, Parasitismen und andere kleine Seismen*, Berlin.

Derrida, Jacques, 1999a, »Die différance«, in: Ders., *Randgänge der Philosophie*, Wien, S. 31–57.

Derrida, Jacques, 1999b, »Signatur Ereignis Kontext«, in: Ders., *Randgänge der Philosophie*, Wien, S. 325–353.

Didi-Huberman, Georges 1999, *Was wir sehen blickt uns an. Zur Metapsychologie des Bildes*, München.

Dosse, Francois, 1997, *Geschichte des Strukturalismus. Band 2: Die Zeichen der Zeit 1967–1991*, Frankfurt/M.

Dotzler, Bernhard J., 1996, *Papiermaschinen. Versuch über Communication & Control in Literatur und Technik*, Berlin.

Eco, Umberto, 1977: *Zeichen. Einführung in einen Begriff und seine Geschichte*, Frankfurt/M.

Eco, Umberto, 1991, »Über Spiegel«, in: Ders.: *Über Spiegel und andere Phänomene*, München, S. 26–62.

Eco, Umberto, 1994, *Einführung in die Semiotik*, München.

Eco, Umberto, 1999, *Die Grenzen der Interpretation*, München.

Ehlich, Konrad, 1998, »Medium Sprache«, in: *Forum Angewandte Linguistik Band 34*, Frankfurt/M., S. 9–21.

Evans, Dylan, 2002, *Wörterbuch der Lacanschen Psychoanalyse*, Wien.

Felman; Shoshana, 1983, *The Literary Speech Act. Don Juan with J.L. Austin or Seduction in Two Languages*, Ithaca N.Y..

Fischer-Lichte, Erika, 2004, *Ästhetik des Performativen*, Frankfurt/M.

Fischer-Lichte, Erika, 2001, »Wahrnehmung und Medialität«, in: Dies.; Horn, Christian; Umathum, Sandra; Warstat, Matthias (Hrsg.), *Wahrnehmung und Medialität*, Tübingen, S. 11–31.

Fischer-Lichte, Erika; Wulf, Christoph, 2001 (Hrsg.), *Theorien des Performativen. Paragrana 10*, Berlin.

Flückiger, Barbara, 2004, »Zur Konjunktur der analogen Störung im digitalen Bild«, in: Schröter, Jens;

Böhnke, Alexander (Hrsg.), *Analog/Digital – Opposition oder Kontinuum?*, Bielefeld, S. 407–429.

Flusser, Vilém, 1997a, »Auf dem Weg zum Unding«, in: Ders., *Medienkultur*, Frankfurt/M, S. 185–190.

Flusser, Vilém, 1997b, »Digitaler Schein«, in: Ders., *Medienkultur*, Frankfurt/M, S. 202–216.

Foster, Hal, 1996, *The Return of the Real*, Massachusetts.

Freud, Sigmund, 1993, »Das Unheimliche«, in: Ders., *Der Moses des Michelangelo. Schriften über Kunst und Künstler*, Frankfurt/M, S. 135–173.

Freud, Sigmund, 1975, *Studienausgabe Band II: Die Traumdeutung*, Frankfurt/M.

Freud, Sigmund, 1975b, »Jenseits des Lustprinzips«, in: *Studienausgabe Band III: Psychologie des Unbewußten*, Frankfurt/M, S. 213–271.

Freedberg, David, 1989, *The Power of Images. Studies in the History and Theory of Response*, Chicago–London.

Geimer, Peter, 2002, »Was ist kein Bild? Zur ›Störung der Verweisung‹«, in: Ders. (Hrsg.), *Ordnungen der Sichtbarkeit. Fotografie in Wissenschaft, Kunst und Technologie*, Frankfurt/M, S. 313–342.

Gekle, Hanna, 1996, *Tod im Spiegel. Zu Lacans Theorie des Imaginären*, Frankfurt/M.

Gierke, Christian, 2000, *Der digitale Film*, Hamburg.

Gondek, Hans-Dieter; Hofmann, Roger; Lohmann, Hans-Martin (Hrsg.), 2001, *Jacques Lacan – Wege zu seinem Werk*, Stuttgart.

Gumbrecht, Hans-Ulrich, 1988, »Rhythmus und Sinn«, in: Gumbrecht, Hans-Ulrich; Pfeiffer, Karl Ludwig (Hrsg.), *Materialität der Kommunikation*, Frankfurt/M, S. 714–729.

Gumbrecht, Hans-Ulrich, 2004, *Diesseits der Hermeneutik. Die Produktion von Präsenz*, Frankfurt/M.

Gumbrecht, Hans-Ulrich; Marrinan, Michael (Hrsg.), 2003, *Mapping Benjamin. The work of art in the digital age*, Stanford.

Gumbrecht, Hans-Ulrich; Pfeiffer, Karl Ludwig (Hrsg.), 1991, *Paradoxien, Dissonanzen, Zusammenbrüche. Situationen offener Epistemologie*, Frankfurt/M.

Hagen, Wolfgang, 2008, »Metaxy. Eine historiosemantische Fußnote zum Medienbegriff«, in: Münker, Stefan, Roesler Alexander (Hrsg.), *Was ist ein Medium?*, Frankfurt/M, S. 13–30.

Hankins, Thomas L.; Silverman, Robert J., 1995, *Instruments and the Imagination*, Princeton.

Hayles, N. Katherine, 1999, *How we became posthuman. Virtual bodys in Cybernetics, Literature, and Informatics*, Chicago.

Heidegger, Martin, 1993, *Sein und Zeit*, Tübingen.

Heidegger, Martin, 1994, *Holzwege*, Frankfurt/M.

Heidegger, Martin, 1994a, »Der Ursprung des Kunstwerks«, in: Ders., *Holzwege*, Frankfurt/M, S. 1–75.

Heidegger, Martin, 1994b, »Die Zeit des Weltbildes«, in: Ders., *Holzwege*, Frankfurt/M, S. 75–115.

Heidegger, Martin, 2004, »Das Ding«, in: Ders., *Vorträge und Aufsätze*, Stuttgart, S. 157–181.

Heider, Fritz, 2005, *Ding und Medium*, Berlin.

Hiepko, Andreas, Stopka, Katja (Hrsg.), 2001, *Rauschen. Seine Phänomenologie und Semantik zwischen Sinn und Störung*, Würzburg.

Hoberg, Almuth, 1999, *Film und Computer. Wie digitale Bilder den Spielfilm verändern*, Frankfurt/M/New York.

Jäger, Ludwig, 2004, »Störung und Transparenz. Skizze zur performativen Logik des Medialen«, in:

Krämer, Sybille (Hrsg.), *Performativität und Medialität*, München, S. 35–75.

Kamper, Dietmar; Wulf, Christoph (Hrsg.), 1982, *Die Wiederkehr des Körpers*, Frankfurt/M.

Kierkegaard, Sören, 1998, *Entweder – Oder*, München.

Kittler, Friedrich, 1986, *Grammophon, Film, Typewriter*, Berlin.

Kittler, Friedrich, 1993, *Draculas Vermächtnis. Technische Schriften*, Leipzig.

Kittler, Friedrich, 1995, *Aufschreibesysteme 1800/1900*, München.

Kittler, Friedrich, 2001, *Eine Kulturgeschichte der Kulturwissenschaft*, München.

Kittler, Friedrich, 2002, *Optische Medien*, Berlin.

Kluge, Alexander, 1985, »Die Macht der Bewußtseinsindustrie und das Schicksal unserer Öffentlichkeit«, in: Bismarck, Klaus von (Hrsg.), *Industrialisierung des Bewußtseins. Eine kritische Auseinandersetzung mit den ›neuen‹ Medien*, München, S. 51–129.

Kracauer, Siegfried, 1985, *Theorie des Films. Die Errettung der äußeren Wirklichkeit*, Frankfurt/M.

Krämer, Sybille, 1988, *Symbolische Maschinen*, Darmstadt.

Krämer; Sybille, 1997, »Zentralperspektive, Kalkül, Virtuelle Realität. Sieben Thesen über die Weltimplikationen symbolischer Formen«, in: Vattimo, Gianni; Welsch, Wolfgang (Hrsg.), *Medien –Welten – Wirklichkeiten*, München, S. 27–39.

Krämer, Sybille, 1998, »Das Medium als Spur und als Apparat«, in: Dies. (Hrsg.), *Medien – Computer – Realität. Wirklichkeitsvorstellungen und Neue Medien*, Frankfurt/M. S. 73–95.

Krämer; Sybille 2001, *Sprache – Sprechakt – Kommunikation. Sprachtheoretische Positionen des 20. Jahrhunderts*, Frankfurt/M..

Krämer, Sybille, 2003, »Erfüllen Medien eine Konstitutionsleistung? Thesen über die Rolle medientheoretischer Erwägungen beim Philosophieren«, in: Münker, Stefan; Roesler, Alexander; Sandbothe, Mike (Hrsg.), *Medienphilosophie. Beiträge zur Klärung eines Begriffs*, Frankfurt/M, S. 78–91.

Krämer, Sybille (Hrsg.), 2004a, *Performativität und Medialität*, München.

Krämer, Sybille, 2004b, »Friedrich Kittler – Kulturtechniken der Zeitachsenmanipulation«, in: Lagaay, Alice; Lauer, David (Hrsg.), *Medientheorien. Eine philosophische Einführung*, Frankfurt/M, S. 201–225.

Krämer, Sybille, 2004c: »Was haben ›Performativität‹ und ›Medialität‹ miteinander zu tun? Plädoyer für eine in der ›Aisthetisierungsleistung‹ gründende Konzeption des Performativen«, in: Krämer, Sybille (Hrsg.), *Performativität und Medialität*, München, S. 13–33.

Kristeva, Julia, 1978, *Die Revolution der poetischen Sprache*, Frankfurt/M.

Kristeva, Julia, 1982, *Powers of Horror. An Essay on Abjection*, New York/Chichester, West Sussex.

Kümmel, Albert; Schüttpelz, Erhard (Hrsg.), 2003, *Signale der Störung*, München.

Laermann, Klaus, 1986, »Lacancan und Derridada: Über die Frankolatrie in den Geisteswissenschaften«, in: *Kursbuch 84*, S. 34–43.

Lacan, Jacques, 1973, »Das Spiegelstadium als Bildner der Ich-Funktion, wie sie uns in der psychoanalytischen Erfahrung erscheint«, in: Ders., *Schriften I*, Olten, S. 61–71.

Lacan, Jacques, 1980a, »Zur Verneinung bei Freud«, in: Ders., *Schriften Band II*, Olten.

Lacan, Jacques, 1980b, *Das Seminar von Jacques Lacan Buch II (1954 – 1955) Das Ich in der Theorie Freuds und in der Technik der Psychoanalyse*, Olten.

Lacan, Jacques, 1986, *Das Seminar von Jacques Lacan Buch XX (1972–1973) Encore*, Weinheim-Berlin.

Lacan, Jacques, 1987, *Das Seminar von Jacques Lacan Buch XI (1964) Die vier Grundbegriffe der Psychoanalyse*, Weinheim-Berlin.

Lacan, Jacques, 1990, *Das Seminar von Jacques Lacan Buch I (1953–1954) Freuds technische Schriften*, Weinheim-Berlin.

Lacan, Jacques, 1996, *Das Seminar von Jacques Lacan Buch VII (1959–1960) Die Ethik der Psychoanalyse*, Weinheim-Berlin.

Lacan, Jacques, 1991, »Das Drängen des Buchstabens im Unbewussten oder die Vernunft seit Freud«, in: Ders., *Schriften II*, Berlin.

Lang, Hermann, 1993, *Die Sprache und das Unbewußte. Jacques Lacans Grundlegung der Psychoanalyse*, Frankfurt/M.

Langenmeier, Arnica-Verena (Hrsg.), 1993, *Das Verschwinden der Dinge*, München.

Lauer, David, 2004, »Hartmut Winkler – Die Dialektik der Medien«, in: Lagaay, Alice; Lauer, David (Hrsg.), *Medientheorien. Ein philosophische Einführung*, Frankfurt/M, S. 225–249.

Leikert, Sebastian, 2006, »Lacan und die Oberfläche. Zu einem Spiegelstadium ohne Spiegel«, in:

Blümle, Claudia; von der Heiden, Anne (Hrsg.): *Blickzähmung und Augentäuschung. Zu Jacques Lacans Bildtheorie*, Berlin, S. 91–103.

Lindner, Burkhardt, 2005, »Von Menschen, Mondwesen und Wahrnehmungen«, in: Schulte, Christian (Hrsg.), *Walter Benjamins Medientheorie*, Konstanz, S. 9–39.

Loleit, Simone, 2004, »›The Mere Digital Process of Turning Over Leaves‹. Zur Wort und Begriffsgeschichte von ›Digital‹«, in: Schröter, Jens; Böhnke, Alexander (Hrsg.), *Analog/Digital – Opposition oder Kontinuum?*, Bielefeld, S. 193–215.

Lukács, Georg, 1988, *Die Theorie des Romans*, München.

Manovich, Lev, 2001, *The Language of New Media*, Cambridge/MA.

Markner, Reinhard; Rehm, Ludger, 1999, »Bibliographie zu Walter Benjamin (1993–1997)«, in: Garber, Klaus; Rehm, Ludger (Hrsg.), *global benjamin. Internationaler Walter-Benjamin-Kongreß 1992*, Bd. 3., München, S. 1849–1916.

Menninghaus, Winfried, 1995, *Walter Benjamins Theorie der Sprachmagie*, Franfurt/M.

Menninghaus, Winfried, 2002, *Ekel. Theorie und Geschichte einer starken Empfindung*, Frankfurt/M.

Mersch, Dieter, 1991, »Digitalität und Nicht-Diskursives Denken«, in: Ders.; Nyiri, J. C. (Hrsg.), *Computer, Kultur, Geschichte. Beiträge zur Philosophie des Informationszeiltalters*, Wien, S. 109–127.

Mersch, Dieter, 2001, »Aisthetik und Responsivität. Zum Verhältnis von medialer und amedialer Wahrnehmung«, in: Fischer-Lichte, Erika; Horn, Christian; Umathum, Sandra; Warstat, Matthias (Hrsg.), *Wahrnehmung und Medialität*, Tübingen/Basel, S. 273–301.

Mersch, Dieter, 2002a, *Ereignis und Aura. Untersuchungen zu einer Ästhetik des Performativen*, Frankfurt/M.

Mersch, Dieter, 2002b, *Was sich zeigt. Materialität, Präsenz, Ereignis*, München.

Mersch, Dieter, 2004, »Medialität und Undarstellbarkeit. Einleitung in eine ›negative‹ Medientheorie«, in: Krämer, Sybille (Hrsg.), *Performativität und Medialität*, München, S. 75–97.

Moravec, Hans, 1988: *Mind Children: The Future of Human Intelligence*, Boston.

Nietzsche, Friedrich, 1988, *KSA I, Die Geburt der Tragödie, Unzeitgemäße Betrachtungen I–IV, Nachgelassene Schriften 1870–1873*, München.

Pagel, Gerda, 1991, *Lacan*, Hamburg.

Pfeiffer, Karl Ludwig, 1999, *Das Mediale und das Imaginäre*, Frankfurt/M.

Pias, Claus (Hrsg.), 2003, *Cybernetics – Kybernetik. The Macy Conferences 1946–1953*, 2 Bände, Zürich/Berlin.

Pias, Claus, 2004, »Elektronenhirn und verbotene Zone. Zur kybernetischen Ökonomie des Digitalen«, in: Schröter, Jens; Böhnke, Alexander (Hrsg.), *Analog/Digital. Opposition oder Kontinuum? Zur Theorie und Geschichte einer Unterscheidung*, Bielefeld, S. 295–311.

Proust, Marcel, 1981, *In Swanns Welt. Auf der Suche nach der verlorenen Zeit. Erster Teil*, Frankfurt/M.

Rautzenberg, Markus, 2002, *Spiegelwelt. Elemente einer Aisthetik des Bildschirmspiels*, Berlin.

Rheinberger, Hans-Jörg, 2005, *Iterationen*, Berlin.

Roesler, Alexander; Stiegler, Bernd, 2005, *Grundbegriffe der Medientheorie*, Paderborn.

Rosset, Clément, 1988, *Das Reale. Traktat über die Idiotie*, Frankfurt/M.

Rosset, Clément, 2000, *Das Reale in seiner Einzigartigkeit*, Berlin.

Rötzer, Florian (Hrsg.), 1991, *Digitaler Schein. Ästhetik der elektronischen Medien*, Frankfurt/M.

Rötzer, Florian, 1991b, »Mediales und Digitales. Zerstreute Bemerkungen eines irritierten informationsverarbeitenden Systems«, in: Ders. (Hrsg.), *Digitaler Schein. Ästhetik der elektronischen Medien*, Frankfurt/M, S. 9–81.

Sanio, Sabine; Scheib, Christian (Hrsg.), 1995, *Das Rauschen*, Hofheim.

Santaella, Lucia, 1998, »Der Computer als semiotisches Medium«, in: Nöth, Winfried; Wenz, Karin (Hrsg.), *Medientheorie und die digitalen Medien*, Kassel, S. 121–159.

Shapiro, Frank R., 1987, *Entomology of the Computer Bug: History and Folklore*, American Speech, vol. 62, no. 4, Apr. 1987.

Scheffczyk, Adelhard, 1988, »Vom Zeichen des Wesens zum Wesen des Zeichens: Husserls und Heideggers semiotische Philosophie«, in: *Zeitschrift für Semiotik* 10.3, S. 229–259.

Schmitz, Gerhard, 2001, »Das Seminar von Jacques Lacan. Aspekte seiner Geschichte«, in: Gondek, Hans-Dieter; Hofmann, Roger; Lohmann, Hans-Martin (Hrsg.), *Jacques Lacan – Wege zu seinem Werk*, Stuttgart, S. 203–236.

Schönhammer, Rainer, 2001, »Taumel-Kino. Zur Psychophysiologie der Bilderwelten aus dem Computer«, in: Bürdek, Bernhard E. (Hrsg.), *Der digitale Wahn*, Frankfurt/M, S. 65–82.

Schröter, Jens, 2004a, »Intermedialität, Medienspezifik und die universelle Maschine«, in: Krämer, Sybille (Hrsg.), *Performativität und Medialität*, München, S. 385–413.

Schröter, Jens, 2004b, »Analog/Digital – Opposition oder Kontinuum?«, in: Ders., Böhnke, Alexander (Hrsg.), *Analog/Digital – Opposition oder Kontinuum?*, Bielefeld, S. 7–33.

Schröter, Jens, 2004c, »Das Ende der Welt. Analoge vs. digitale Bilder – mehr oder weniger ›Realität‹«, in: Ders., Böhnke, Alexander (Hrsg.), *Analog/Digital – Opposition oder Kontinuum?*, Bielefeld, S. 335–355.

Schulte, Christian (Hrsg.), 2005, *Walter Benjamins Medientheorie*, Konstanz.

Seel, Martin, 2003, *Ästhetik des Erscheinens*, Frankfurt/M.

Seel, Martin, 1996, *Eine Ästhetik der Natur*, Frankfurt/M.

Seitter, Walter, 2002, *Physik der Medien. Materialien – Apparate – Präsentierungen*, Weimar.

Serres, Michel, 1987, *Der Parasit*, Frankfurt/M.

Serres, Michel, 1998, *Die fünf Sinne. Eine Philosophie der Gemenge und Gemische*, Frankfurt/M.

Shannon, Claude E.; Weaver, Warren, 1963, *The Mathematical Theory of Communication*, Chicago.

Siegert, Bernhard, 2003, *Passage des Digitalen. Zeichenpraktiken der neuzeitlichen Wissenschaften 1500–1900*, Berlin.

Siegert, Bernhard, 2006, »Der Blick als Bild-Störung. Zwischen Mimesis und Mimicry«, in: Blümle, Claudia; von der Heiden, Anne (Hrsg.): *Blickzähmung und Augentäuschung. Zu Jacques Lacans Bildtheorie*, Berlin, S. 103–127.

Sloterdijk, Peter, 1994, »Sendboten der Gewalt. Zur Metaphysik des Action-Kinos. Am Beispiel von James Camerons *Terminator 2*«, in: Rost, Andreas (Hrsg.), *Bilder der Gewalt*, Frankfurt/M, S. 13–34.

Sonderegger, Ruth, 2001, »Ist Kunst was rauscht? Zum Rauschen als poetologischer und ästhetischer Kategorie«, in: Hiepko, Andreas; Stopka, Katja (Hrsg.), *Rauschen. Seine Phänomenologie und Semantik zwischen Sinn und Störung*, Würzburg, S. 29–43.

Steiner, George, 1990, *Von realer Gegenwart*, München.

Tenner, Edward, 1996, *Why Things Bite Back: Technology and the Revenge of Unintended Consequences*, New York.

Tholen, Georg Christoph, 1994, »Platzverweis. Unmögliche Zwischenspiele von Mensch und Maschine«, in: Bolz, Norbert; Kittler, Friedrich; Tholen, Christoph, *Computer als Medium*, München, S. 111–139.

Tholen, Georg Christoph, 1998, »Die Zäsur der Medien«, in: Nöth, Winfried; Wenz, Karin (Hrsg.), *Medientheorie und die digitalen Medien*, Kassel, S. 61–89.

Tholen, Georg Christoph, 2002, *Die Zäsur der Medien. Kulturphilosophische Konturen*, Frankfurt/M.

Virilio, Paul, 1986, *Ästhetik des Verschwindens*, Berlin.

Vogel, Matthias, 2001, *Medien der Vernunft*, Frankfurt/M.

Waltz, Matthias, 2001, »Ethik der Welt – Ethik des Realen«, in: Gondek, Hans-Dieter; Hofmann, Roger; Lohmann, Hans-Martin (Hrsg.), *Jacques Lacan – Wege zu seinem Werk*, Stuttgart, S. 97–130.

Weber, Samuel, 1985, *Rückkehr zu Freud. Lacans Ent-Stellung der Psychoanalyse*, Berlin.

Weber, Samuel, 1996, »Mass Mediauras, or: Art, Aura and Media in the Work of Walter Benjamin«, in: Ders., *Mass Mediauras. Form, Technics, Media*, Stanford, S. 76–108.

Weber, Samuel, 2003, »Walter Benjamin: Medium als Störung«, in: Kümmel, Albert; Schüttpelz, Erhard (Hrsg.), *Signale der Störung*, München, S. 31–43.

Weizenbaum, Joseph, 1977, *Die Macht der Computer und die Ohnmacht der Vernunft*, Frankfurt/M.

Wellbery, David, 1993, »Die Äußerlichkeit der Schrift«, in: Gumbrecht, Hans-Ulrich; Pfeiffer, Karl-Ludwig, *Schrift*, München, S. 337–348.

Wenzel, Horst, 2003, »Von der Gotteshand zum Datenhandschuh. Über den Zusammenhang von Bild, Schrift, Zahl«, in: Krämer, Sybille; Bredekamp, Horst (Hrsg.), *Bild – Schrift – Zahl*, München, S. 25–57.

Widmer, Peter, 2001, »Zwei Schlüsselkonzepte Lacans und ihre Bedeutsamkeit für die Praxis«, in: Gondek, Hans-Dieter; Hofmann, Roger; Lohmann, Hans-Martin (Hrsg.), *Jacques Lacan – Wege zu seinem Werk*, Stuttgart, S. 15–49.

Wiesing, Lambert, 2005, *Artifizielle Präsenz. Studien zur Philosophie des Bildes*, Frankfurt/M.

Winkler, Hartmut, 1997, *Docuverse. Zur Medientheorie des Computers*, München.

Winkler, Hartmut, 2004, »How To Do Things With Words, Signs and Machines. Performativität, Medien, Praxen, Computer«, in: Krämer, Sybille (Hrsg.), *Performativität und Medialität*, München, S. 97-113.

Winthrop-Young, Geoffrey, 2005, *Friedrich Kittler zur Einführung*, Hamburg.

Wirth, Uwe (Hrsg.), 2002, *Performanz. Zwischen Sprachphilosophie und Kulturwissenschaften*, Frankfurt/M.

Wolf, Mark J.P., 2003, »Abstraction in the Video Game«, in: Wolf, Mark J.P.; Perron, Bernard (Hrsg.), *The Video Game Theory Reader*, New York, S. 47-67.

Wolfsteiner, Andreas, 2005, »SYNC.(CHRON)I(ZI)TÄT«, in: *Grenzen und Schwellenerfahrungen*, Sprache und Literatur Band 95, 36. Jahrgang 2005, S. 120-139.

Žižek, Slavoj, 1991, *Liebe Dein Symptom wie Dich selbst. Jacques Lacans Psychoanalyse und die Medien*, Berlin.

Žižek, Slavoj, 2000, *Mehr-Genießen*, Wien.

Žižek, Slavoj, 2001, »From Virtual Reality to the Virtualization of Reality«, in: Trend, David (Hrsg.), *Reading Digital Culture*, Malden/Massachusetts/Oxford, S. 17-23.